U0484419

昆玉河畔·首都师范大学哲学学术丛书

现代之后的儒学

——冯友兰新理学及现代新儒学研究

陈鹏 著

总　序

如果给哲学以一个意象，那么“水”或许是最自然的选择。无论在最早的希腊哲学家泰利斯那里，还是在很早的中国哲学著作《管子》那里，“水”都被认为是万物的始基或本原。它是印度的“四大”（地、水、火、风）、中国的“五行”（水、火、木、金、土）和希腊的“四元素”（水、火、土、气）之一。水是生命的源泉，生命都是从水中成长起来的。水是文明的源泉，人类所有古老的文明都是在一些大河流域内诞生的。甚且，水是人类借以自我意识的中介，在人类没有发明镜子前，水正是人类从中发现自我形象的自然的镜子。哲学是人类自我意识的表征，是人类思想和不断再思想的学科。也许正是由于这一缘故，水被人们和哲学家们所关注，乃至“水”成为最古老的哲学范畴或最古老的哲学范畴之一。在《圣经·旧约全书》“创世记”第一章中，神（上帝）创造一切，但却没有创造水。水跟神（上帝）一样原始。当代科学证明了：地球最宝贵的资源是蔚蓝色的水。假如水资源耗竭殆尽，人类的末日也就真正来临了。换句话说，只要在任何一颗星球上发现了水，就有了生命的前景，也有了智慧和爱的希望……

我们已经步入这样一个时代：通过全球卫星定位系统，你我在地球任一位置上，均可即时寻找到对方的位置。现在我告诉你：中国·北京……在我们国家的首都，水资源的匮乏已经给人们带来了深切忧患。但是，在两个湖泊——昆明湖和玉渊潭间，流淌着一条这样的河流，她的名字叫作“昆玉河”。我们在昆玉河畔生活、工作和学习。在喧嚣和骚动的闹市中，有一群人沉思着，迷恋着，像昆玉河一样静静地流淌，默默地流淌……

在现代社会，哲学已经被边缘化。但任何关于“哲学终结”的理论却全都没有实际地“终结哲学”。哲学附着并渗透于人类的生活中。人类具有理性，经常并习惯于思考生活，这就是哲学存在的前提。在哲学所发源的希腊古典时代，人们认定人类的目的是追求幸福生活，认定幸福的生活就是德性的和理性的生活，认定哲学的生活方式就是理性的和德性的生活方式。所谓德尔斐神庙的箴言：“认识你自己”和“万勿过度”，正是这个意思。哲学正是这样获得了自由、高贵和光荣。如今，哲学应当回到古典精神中去，首先并且主要成为一种生活方式。哲学既不仅仅是一种学业，谋取学历和学位；也不仅仅是一种职业，谋取职务和职称。哲学不是“饭碗”，不是为了“吃饭”所谋求的种种指标体系。而今，献身于哲学事业的人们，尤其应当“在无名中生存”，从权力、金钱和名声的浮躁中解放出来，生活着并且理性地思考着自己的和人类共同的生活。

但是，哲学并不限制于唯一现实的世界，而是开辟了种种可能的世界。哲学是一张比任何地图都更加复杂、更加丰富的地图。在这张地图上，你有你的位置，我有我的位置。你有你的世界，我有我的世界。位置不仅存在于你我所生活的物质世界中，而且存在于你我所生活的精神世界中。是的，我们正在致力于自我定位的尝试。编选“昆玉河畔·首都师范大学哲学学术丛书”的宗旨是：弘扬首都师范大学哲学学科学术成就，系统推出具有一定学术知名度和公共影响力的老中青学者学术代表作，推动首都师范大学哲学学科学术研究。丛书采用“昆玉河畔”名称，以便提炼特色，打造品牌。入选书目既包括个人学术自选集，也包括集体学术自选集；既包括学者文库，也包括学生文库，以及学科手册等。我们计划分 3 批出版，每批共出版 10 种。这套丛书正像这条河流一样，映照着我们自己的存在。

从 20 世纪 80 年代中期以来，首都师范大学哲学学科经历了两代人甚至三代人的发展。第一代学者的治学体现了理论联系实际以及史论结合的学风，他们那种敢于直面现实的理论勇气、敢于破除教条的思想锐气，反映了20世纪80年代以来思想解放的时代风气。第二代学者治学，或阐释、或考证、或梳理，其严谨、其细致、其精微，既注意思想资源的开发，又注意当代价值的挖掘，他们这种治学态度，无不反映了20世纪90年代以来学术转向的时代风气。近几年来，通过人才的引进、整合和培养，首都师范大学哲学学术队伍不断壮大，尤其第三代学者的崛起，必将带来新的前景、新的希望。

当然，首都师范大学哲学学术团队依然处于幼年时期，许多成果不够成熟，甚至充满稚气。推出这套丛书，等于一次亮相。但是，序曲已经奏响，序幕已经拉开，演出已经开始，我们期待的是理解、热情和公正的批评。

“昆玉河畔·首都师范大学哲学学术丛书”编委会

自　序

追着20世纪80年代初的文化热，我选择了哲学，从金属锻造专业本科直接转向了中国哲学，硕士论文做的是唐君毅，博士论文做的是冯友兰，这也注定了我与现代新儒学的缘分。博士毕业(1995年)已经20余年，于我这实在是一个三心二意的20年:想做学问，又不甘心，教学10年，出版10年;做着中哲，看着西哲，想着伦理道德建设，还瞄着语言产业。

我的研究领域主要是冯友兰新理学和现代新儒学。有一段时间对现代伦理道德建设有过浓厚的兴趣，现在则更关注德性问题本身以及儒家德性哲学的当代转化问题。另外，因为参与《20世纪西方哲学东渐史》丛书项目(2002年出版)的缘故，一度研究过20世纪新实在论在中国的传播，也算是由冯友兰新理学衍生出来的研究线索。这本论文集的主要内容也就是上述四个方面。

第一组文章是"冯友兰新理学研究"。学术界通常认为冯友兰的新理学是程朱理学与西方新实在论的结合，这当然没有问题，但是，新理学更重要的方法运用和方法意义在于其对于"分析"的充分运用，新理学的"分析"不仅是逻辑分析以及理论表达的形式化要求，更是对"形上独断"的超越，我们甚至可以称新理学为"分析的儒学"。我对于新理学的研究也逐渐聚焦于这个"分析"的精神与方法。

《冯友兰论中国哲学的近代化》(1996年)是我正式发表的第一篇学术论文。冯友兰是在"未来世界哲学"的视野下来建立他近代化的新理学。冯认为"未来世界哲学"一定比中国传统哲学更理性主义一些，比西方传统哲学更神秘主义一些。在新理学中，这个理性精神表现在逻辑分析方法的运用;这个神秘主义表现在"负的方法"(对不可言说的言说)的运用，以及理性终会意识到自身的界限而让位于静默和直觉。冯友兰自觉以此中国新哲学的目标来建立他的新理学。

《理:形式本体与道德本体》试图说明新理学形上学与程朱理学形上学的根本差异。新理学基本是按照共殊线索以逻辑化、形式化的方法建立一分析的形上学,在此,"理"不是绝对的一元本体,更不是道德本体,至多只是一形式本体(万物统一于理)。旧理学的形上学虽在一定程度上是讲共殊问题,但主要是讲道德的本体问题或本体的道德问题,旧理学之"理"是一既"绝对"又"遍在"的道德本体。新理学的形式之理实际上抽掉了这些属于旧理学的实质性内涵。

《超越理性的理性》讨论新理学的"负的方法"。对于新理学,如没有"正的方法",就没有基本的逻辑方析,不仅不会有完整的形上学,甚至连"学"字也无法立足。同时,正的方法如没有发展至负的方法,没有意识到某种超越经验的"某物"是不可思议、不可言说的,则说明我们的"思"没能发展至顶点,没能达到它最后的界限。负的方法仍是一种思议言说,是思其不能思、说其不能说,它不是直觉本身,却在为直觉预留地盘。新理学对"负的方法"的疏释和整理具有重要的方法论意义。

《接着新理学讲》讨论应该在怎样的线索下接着新理学讲下去。文中指出新理学启示了两种重要的哲学路向:一是理性主义哲学传统的建立,一是世界哲学意识或者整体哲学意识。所谓理性主义哲学传统在中国的建立,是指引入以方法理性和认知理性为主要内容的理性主义哲学,以弥补中国哲学传统在此向度上的不足。所谓世界哲学意识,也是一种"整体哲学"意识或"理本位"意识,它强调不只是从民族传统出发,也不只是从单一的向度出发,而是从真实或真理的"整体"和"普遍"出发,来丰富、发展我们的传统。

《新理学与西方哲学》分析了新理学得以建立的西方哲学资源。冯友兰认定"共相""殊相"问题是真正的哲学问题,它不仅是存有的问题,也是认识和方法的问题;它不仅是柏拉图的主要问题,也是程朱哲学的主要问题。冯友兰对共殊问题的认识和运用贯穿了他的整个哲学生涯。冯友兰从现代西方新实在论特别是他的老师蒙太格(W P. Montague)那里吸收了关于共相论的系统观点;并在西方哲学的最新发展中(如维也纳学派),充分吸收逻辑分析法,最终完成了方法与本体的统一,建立起一个"逻辑化"的形上学。

《"民族性"的分析与重建》着重揭示新理学"理本位"的文化观。冯友兰认为,文化民族主义所讲的民族文化,实质上都是某种文化,即某文化类型或文化特征,它对应着某种文化之理,而任何文化之理从义理上说,都是公共的普遍的,它不专属于某个民族。文化的民族性只有历史的意义。冯反复申言,我们不能从全牛底、个体底眼光看待中国文化、西方文化,如此,我们就无法进行文化之间的相互交融。冯友兰的文化类型说,实质上是主张用义理的、分析的、要素的观点看文化,而不是过分地强调文化要素之间的有机性、整体性、历史性。某种文化属性对于某民族是偶然的,一个民族的文化为了自身的发展在必要时要通过改变它的文化要素而实现文化类型的转变。

《将分析进行到底》(2002 年)旨在揭示新理学的分析方法和分析精神,以及新理学内部对于这种分析精神的障碍。新理学是一个广泛整合的哲学系统,它意味着各种逻辑线索的汇结,这种汇结的后果之一是使新理学陷入了分析(形式的释义)与建构(形上独断和价值建立)、抽象了解与精神境界的内在紧张。一些学者认为,缓解此内在紧张的一个路向就是放弃形式化、分析化、知性化的努力,在精神实质上回归传统。本文认为,还存在着另一种解构—重构路向,就是发展新理学自身所遵循的"学"的意识,进入一种彻底的"分析",不作任何"独断"的形上设定和"自我取向"的价值建立。这一路向,意在坚决贯彻事实与价值、描述与建构的逻辑分判,使哲学成为纯粹分析的、描述的客观之"学"。这在某种程度上是以《新理学》来批评《新原人》,同时还是以一种更彻底的分析精神来批评《新理学》。

《一个“分析的”现代儒学》是一篇近作(完稿于2015年底),是为纪念冯友兰先生诞辰120周年而撰写的,也是对13年前《将分析进行到底》一文的补充和某种程度的修正。本应前后相随的两篇文章,竟相隔了13年。《一个“分析的”现代儒学》试图更加准确、充分地探讨新理学的分析精神和分析方法,并且止于对这种分析进行客观呈现,而不急于作得失评价。文中指出,新理学的“分析”实际上涉及多重意义上的运用,它至少体现在三个层次上:1.作为形上立场的分析;2.作为建立形式系统的分析;3.作为释义(呈现内在蕴涵)的分析。从这个角度看,新理学是对传统儒学进行“分析化”的现代转换,可以称之为“分析的儒学”。此种努力使得新理学在现代新儒学中占有独特的地位。

第二组文章是关于当代伦理道德建设的。我一方面喜欢纯哲学,可能是以前喜欢数学的缘故;另一方面又有比较强的现实感,这或许是一直处于“基层”的缘故。上个世纪90年代中旬,道德滑坡和道德重建问题一时成为社会的热点问题,我承担了一个“当代伦理道德建设的系统研究”的科研项目。为这个项目,我当时已经撰写了十多万字的研究文稿,由于各种原因,竟无疾而终了,仅正式发表以下两篇小文。

《现代伦理建设研究(1995—1996)》一文从社会转型与伦理转型、现代伦理的基本原则与基本结构、现代伦理建设的操作程序与步骤等三个方面综述1995、1996两年来的主要理论观点。

《略论当代伦理转型》基于“道德社会学”的视角,来疏理当代伦理转型的几个基本问题。学界大都习惯性地把伦理道德问题当作个人的“心理活动”,而忽视了个人道德活动与外在社会环境的紧密关联,尤其忽视了一种新的道德机制和道德系统的生成是一项复杂的社会综合工程。文中特别强调,社会制度对社会成员的行为有非常现实的约束、范导、整合、评价、奖惩等功能,它是现实利益关系的范型,也是现实社会伦理原则的体现,此类制度伦理对个人道德行为起着最基本的范导和支配性的作用。不合理的制度(即不合理的制度伦理)必然破坏各项社会运作的道德性。

制度本身不规范、不公正，就相当于游戏规则的扭曲，在这种情况下，利益博弈游戏的结果不可能得到大多数社会成员的认同，社会制度就很难有效整合各类社会群体的利益需求，道德失范也就不可避免了。作为基础性、强制性、规范性的伦理设置，制度建设已成了当前道德建设的关键环节，尽管它是一个他律的系统。

第三组文章是“新实在论在中国”研究。2002 年前后，首都师范大学出版社承担了我的老师汤一介先生主编的出版项目“20 世纪西方哲学东渐史丛书”，我是这个项目的牵线人，也是这套丛书的常务副主编，同时承担了其中《新实在论在中国》的撰写任务（与张耀南合著）。这里选编了两篇相关论文，并节选了《新实在论在中国》中的两段文字。

《“清华哲学学派”与“学”的自觉》从“学的自觉”和“学术独立”来梳理“清华哲学学派”的思想线索。“清华哲学学派”是指上个世纪 20～40 年代以清华哲学系同仁为主体力量的一个哲学流派，其主要成员有冯友兰（长期担任文学院院长兼系主任）、金岳霖（哲学系的创立者，曾任系主任）、张申府、张岱年等。因他们都有新实在论倾向，又被称为“清华实在论学派”。中国在近代以后，“学术独立”往往在两种意义上被使用，一是指摆脱对西学的依附，寻求民族文化学术的独立；一是指学术的价值即在于学术本身。后者才是根本。“清华哲学”显示了前所未有的自家建立新哲学的学术方法和学术意识，金岳霖有《论道》和《知识论》，冯友兰以“贞元六书”成新理学，张申府自成“大客观论”和“解析的唯物论”，张岱年于四十年代有《知实论》《事理论》《天人简论》等。由此可见“清华哲学”的哲学建立在现代中国哲学中的重要地位。

《金岳霖新玄学：实在的分析与构造》是对金岳霖道论形上学的简要评析。金岳霖以道、太极、式、理、能、可能、个体、时空、历程、关系、性质等概念为核心展开对实在的分析与构造，他的哲学探索一方面显示出外科手术般的概念分析和逻辑演绎，一方面又尽可能地容纳宏观、多元、差异、偶然和融通。文中指出，金岳霖道论里的实在或存在既不是布拉德雷神秘的绝对,也并不呈现为罗素那种彼此分离的原子或原子事实,而是展开为既有独立性又具有相互联系的世界,这个世界虽然也统一于一个整合性的“道”,但这个道并不意味着严整的秩序或界限,事物在道里面还是可以“徘徊徘徊,还是可以怡然自得”。金岳霖道论形上学的哲学意义急待挖掘。

《张申府的“大客观论”》是对张申府“纯客观法”或“大客观论”的简要考察。张申府的大客观论是从客观出发,扩大客观的范围,把主观也容纳于其中,“不以主观为观点,更不僭以主观当客观,但也不抹杀主观的地位”。这个统合主客的大客观论与新实在论者摩尔、培里的客观主义价值论在方法上是一致的,即价值虽有主观的成分,但是在一定条件下,价值作为主客之间的“关系质”是不依赖我们的认识或判断的。跳出主客,“主客对待”也是客。张申府的大客观论在方法上给予我们特别的启示,我们常常陷入简单化的“主客”对峙,而其实所谓主、客以及超主客都是处于不同的主客层次或主客视角。

《是是非非——评陈大齐的是非论》着重考察陈大齐客观主义的是非论。由于柏拉图式实在论的影响,陈大齐基本采取了客观主义的价值论立场,凡事都是“正理一条,蛮理千条”,只有绝对的是非而没有相对的是非,相对的是非也是具体的、客观的,因而在某种角度上也是绝对的。正理是唯一的,人们迟早会认识到这一点,“只是有人多走些弯路,有人少走些弯路”。陈大齐试图消解的不是价值的相对性,而是价值的多元性,这基本上否定了基于主体的多样选择的价值空间。在这一点上,旧玄学的本质主义和现代的唯科学主义是一致的。唯一正确的价值标准就“在那儿”,重要的是我们能不能“发现”这个标准,以及如何“实现”这个标准。

第四组文章是现代新儒学研究。从冯友兰新理学进入现代新儒学的系统研究是很自然的事,我在硕士生阶段就已经开始接触港台新儒家。写完《新实在论在中国》之后,我即着手对现代新儒学的整个发展历程进行系统研究,可不久就去了出版社,算是“双肩挑”。下班之余,我坚持“做完”了这个项目，于 2007 年出版了《现代新儒学》一书。这本书现在看起来是比较粗浅、浮泛的，感觉做得比较好的是关于李泽厚和成中英的部分。后来，我一度想系统整理现代新儒学的境界论，结果只是开了个头，就再无延续。最近，一直在思考“儒家传统德性哲学的当代转换”问题，就有了《“个体化”之后的儒学》一文。

《立学与立教：重建儒家信仰的社会化途径》针对儒学重建的学院化趋向，讨论重建儒家文化的社会化途径。文章认为学院化既成就了儒学，也限制了儒学。在现代大学学科化、职业化的背景之下，儒学研究只是一种对象化的学术行为，不一定蕴含着真切的良知体证和德性实践，儒学的活动基本上封闭于学院，静处于文字，孤悬于理想。一种意义系统要想实现社会化、大众化，尽可能地发挥对社会的影响力，就必须在一定程度上通过制度化、组织化的方式，进行各种各样的社会传播和社会组织活动，以实现它的社会影响。而这一社会化过程可以简称为文化运作或精神运作的制度化过程。儒学的意义系统要想成为一种更具影响力的文化意识形态，就必须有一个社会化、制度化的过程。

《回应西方：现代新儒学的境界之思》意在阐明境界化的生命取向是现代新儒学回应西方文化的重要方式。文章认为，现代新儒学的一个基本方向是淡化了传统儒学政治整合、制礼作乐等的社会功能，而关注于德性主体的建立和生命境界的提升；并依此来批评西方物化的、机械的、支离的生活方式。这类批评往往表现为以德性批评功利、以直觉批评理智、以浑融批评支离、以情趣批评物化、以内在批评外在等。它是以“境界人生”批评“物化人生”，此境界是德性的、内在的、天人合一的，生机活泼的。在声势空前的西化浪潮面前，保守主义一开始不知不觉地把文化比较的位置“收缩”到了“准宗教”的心性学层面，也似乎只有如此，传统儒学才有足够的资源“超越地回应”科学和民主。

《“现代之后”的儒学》较系统地讨论李泽厚的儒学思想。李泽厚深受马克思哲学和康德哲学的影响，承续中国“实用理性”“乐感文化”“一个世界”“度的艺术”的哲学传统，逐渐建立其“人类学历史本体论”的哲学架构。人类学历史本体论是以工具本体(科技—社会发展的外王)和心理本体(文化心理结构的内圣)为根基，阐释自由直观、自由意志和自由审美的人类主体结构，重视个体生存的意义归宿；以充满情感的“天地国亲师”的宗教性道德，范导自由主义理性原则的社会性道德，依此重建“内圣外王之道”；以情感、审美为本体解决散文化时代的个体生活依归，并最终确立天人合一、美乐悦神的天地境界。李泽厚也称其人类学历史本体论为“儒学四期”，由于“儒学四期”着重解决现代化之后的人生归极问题，我们不妨视之为一种“现代之后”的儒学。

《从主体世界到整体世界》较系统地讨论成中英的儒学思想。成中英意图建立一个更具整合性、开放性的儒学体系，这个体系的核心部分是创造的、和谐的本体宇宙论，这是一个充满生机的整体本体模型，存在被理解为和谐的、辩证展开的系统。与此相应，成中英对现代新儒学的心性偏向给予了相当程度的批判和扭转。在他看来，当前儒学重建的一个重要向度是反省儒学过度主体化、内在化的弊端，而面向生活世界，正视客体与知识，积极参与社会建设和文化创造。为此，成中英在本体论、认识论、方法论上进行了一系列的重要探索，为客观性、外向性的儒学重建作出了重要的努力，在现代新儒学的发展历程中具有特别的意义。

《个体化时代的儒学》主张由德性形上学转向德性社会学，并在全新的社会关系形态即“个体化”的视野下来探讨个体德性问题。文中指出任何对个体德性的某种本质性的预设或认定都属于超越的层次而没有进入具体生活世界，我们必须看到个体德性与具体生活世界的关联，个体的德性现实是在共同体生活实践中养成的，不是德性支配生活，而是生活养成德性。这不再是德性本体论，而是德性生成论或是德性生活论。传统儒学的仁学本体或良知本体与传统的家庭生活共同体相适应。在家庭和乡村共同体中，个人利益和个人地位是依附在人伦关系和天然的血缘情谊之中，传统的德性生活只能围绕宗法人伦来展开。而在当代社会，宗法人伦关系已经从社会关系的主体退缩到边缘的地位，个体化及其生活世界开始形成，个体德性生活在新的生活方式和新的社会关系中将呈现全新的面貌，身份伦理向职业伦理、忠孝伦理向契约伦理、推爱伦理向平等伦理等的转变将不可避免。在一个多元、开放的生活世界中，德性才能真正实现自身。

是为序。

| 目录 |

冯友兰新理学

冯友兰论中国哲学的近代化

——兼论新理学的方法自觉

中国现代哲学史中,冯友兰先生的新理学("贞元六书")是为数不多的具有相当影响的哲学体系之一。迄今为止,对新理学的研究已经历了(或正在经历)三个时期:四十年代、解放后的三十年、八十年代以后。四十年代的研究主要是针对《新理学》(1939年)一书;虽然对其他部分也有所涉及,却是零零星星不成系统。当时,贞元六书刚刚出齐(1946年),再加上持续战争,人心难静,还不可能对新理学的整个体系作细致而系统的研究。解放后三十年研究的主要任务是批判新理学的唯心主义或资产阶级的反动本质。这种研究多出于一种政治化的意识形态而缺少自觉的学理探究。八十年代的研究一开始基本上是重复四十年代的水平,然后才逐渐出现一些较深入、较系统的探讨。我们是在一度疏离或扭曲了健康纯正的学风之后,才又重新学着去掌握学术研究的基本精神和基本方法。也许还要过一段较长的时间,才能真正读懂新理学;也可能是常读常新。

本文主要讨论冯友兰对中国哲学近代化的思考及其在新理学中的实际应用,以说明其中国哲学近代化理论与其哲学观、中西哲学(民族哲学)观、哲学发展观和未来世界哲学观的整体架构。于此着重揭示冯的思想在此方面普遍的方法意义。

一、哲学(应)是什么

理解冯"求共相之理"的哲学观是理解其整个哲学体系的基础,也是理解其中国哲学近代化理论的首要前提。由于西方哲学理论逻辑的熏陶,冯友兰对理论(知识系统或学)的明晰性有着充分的方法自觉,因此,冯对于自己的哲学观和哲学方法提供了清楚而系统的说明。冯的哲学观可分为两个"部分",一是哲学体系观,是对整个哲学系统的看法;一是形上学(哲学系统中的一部分)观,专门讨论什么是形上学。

冯早在博士论文《人生理想之比较研究》(1923年)"绪论"中,就说明了自己的哲学系统观。他认为,哲学之组成应包括三个部分:宇宙论——对于世界之道理,人生论——对于人生之道理,知识论——对于知识之道理。其中,宇宙论又可分二部:本体论——研究存在之本质及真实之要素,宇宙论——研究世界之发生及其历史(狭义的)。人生论亦有二部:心理学——研究人究竟是什么,伦理学等——研究人究竟应该怎样。知识论亦有二部:知识论——研究知识之性质,(狭义的)论理学——研究知识之规范。①

如果仅从哲学的组成看,此哲学观与西方传统哲学并没有多少明显的区别。可是,冯友兰又明确指出,哲学之(究竟)目的在于确定"理想人生",哲学是"求好之学"。(整个)哲学可说是一种广义的"人生哲学"。到《新知言》(1946年),冯干脆把哲学定义为"对于人生底,有系统底,反思底,思想"。② 至于知识论,则与人生论"究竟无极大的关系"。此种哲学"人生化"的趋向,则主要是中国哲学传统的影响。同时,在这个广义的(人生)哲学系统中,宇宙论又被赋予相当重要的地位,冯认为,"宇宙论与人生论相即不离,人生论皆根据于宇宙论"。因为"吾人若不知宇宙及人在其中之地位究竟'是'如何,吾人实不能断定人究竟'应该'如何"。③ 显然,这种宇宙论与人生论、"是"与"应"的明确分疏,以及由

① 参见冯友兰:《三松堂全集》第一卷,河南人民出版社,1985年,第352—354页。
② 同上,第五卷,1986年,第165页。
③ 同上,第353页。

“是”到“应”、由“实有”到“应有”的论证自觉，应主要是西方认知理性的影响。如果把冯的宇宙论看成为人的价值取向（人性）确立超验的、客观的本体依据的话，那么，此种统一“应然”与“本然”或“必然”的努力，又可看成朱熹与柏拉图相印证的结果。

在上述哲学观中，冯提供了哲学的目的与哲学系统的组成，以及哲学系统中各组成部分的大致轮廓及其相互关联。在这个哲学体系中，可以说宇宙论与人生论占据了几乎全部的内容。那么，究竟什么是宇宙论？又什么是人生论呢？

从《新理学》起，冯开始着重讨论什么是宇宙论，用冯的说法是《新理学》主要讲“自然”。《新理学》中的“哲学”“形上学”或“最哲学底哲学”主要就是指这个讲“自然”的宇宙论。在此形上学的建立过程中，冯特别强调“逻辑底分析”或“形式底释义”的方法。在《新理学》，冯对哲学的定义是：

> 哲学乃自纯思之观点，对于经验作理智底分析，总括，及解释。而又以名言说出之者。哲学之有靠人之思与辩。①

其中的所谓“纯思”就是“逻辑分析”或“形式底释义”。“形式底释义”实际上有两层意思：一是“形式底肯定”，只肯定到“有”，而不肯定“有者”具体“是什么”。比如，哲学是“讲理之学”，其所谓“讲理”只是“形式底”肯定“有理”，而不必肯定理的具体内容。这就是所谓“哲学对于真际，只有形式地有所肯定，而不事实地有所肯定”②，亦即“不特别对于实际有所肯定”。如果说科学也是“讲理之学”，那么科学是“积极底”讲，要讲出理之“具体内容”。这是哲学与科学在方法上的根本区别。另一是“形式底释义”即演绎分析，是从内涵多的概念推延到内涵少的概念，后者是前者的“逻辑底涵蕴”，由此建立的命题是分析命题。冯试图通过此种“形式

---

① 冯友兰：《三松堂全集》第一卷，第7页。

② 同上，第11页。

底”方法来保证其形上学命题的永“真”性。

根据这种“形式化”的哲学方法，冯认为，哲学对“实际”的唯一肯定只能是“实际存在”“某物存在”，整个形上学体系就是从这个最基本的经验前提中被推延出来。具体地说，新理学的全部观念或概念，都是从“有某事物”这句话中演绎出来；或者说，新理学的全部概念都涵蕴在“有某事物”这一命题之中。① 新理学形上学的推延过程可以大致描述如下：从“殊相”（有某物）到“共相”（有某种事物），而有“事”与“理”，进而有“实际”与“真际”“存在”与“存有”的区分。从“形式”与“质料”来分析“实际存在”之要素，又有“理”与“气”的对应。由“存在”之整体“流行”（动），而有“道体”；由一切“存有”之全（静），而有“大全”。由此，新理学形上学成为一系统的存有（宇宙、自然）论，是对“存有（有）”与“存在（存）”的形式的或一般的释义。

至于新理学形上学的推论过程在多大程度上是一个纯粹演绎的过程，还可以再作讨论。在此，我们主要是指出两点，一、新理学形上学的分析推演必须依据一个综合性的“假定”（有物存在），否则，新理学形上学命题就成了空而不灵的纯形式命题，哲学也就混同于逻辑。二、新理学形上学面临由“个体”推到“类”的困难。这就决定了新理学的共相仍是一个“假定”，而不是一个分析的结论。

冯这种“形式化”的哲学观及其在新理学的运用，主要是受西方认知理性的传统特别是维也纳学派的影响。冯的哲学观的一个基本的出发点就是哲学与科学的某种“质”的区别。一般说来，强调哲学与科学的区别可有两种不同的线索：一是人生问题与科学问题的不同；一是一般对象与特殊对象的不同。沿着第一种线索，会逐渐区分出善与真、价值取向与客观知识、价值理性与认知理性、直觉与分析、文化与自然、人文与科学等，而哲学当然属于前者。沿着后一种线索，哲学最终会成为“一般的”“形

① 参见冯友兰：《中国哲学简史》，北京大学出版社，1985 年，第 371 页。

式的”分析。冯在建立其形上学时，是把“存与有”(宇宙、自然)当作客观的 认知对象，只是关注“自然”之“真”，而非“人生”之“善”，这样，冯就只能以“形式之真”与“实际之真”，而不是“真”与“善”来区分哲学(形上学)与科学。冯这种由形而上学的“形式性”来说明其“真理性”的方法，基本上就是对维也纳学派试图取消形上学的回应。维也纳学派基于科学(知识)命题的综合特征与实证方法，认为形上学是貌似综合命题的“伪科学”，形上学命题对世界的种种肯定都是不可证实的，它不可能是关于世界的“知识”而至多只是“概念的诗歌”。冯友兰同意形上学不是经验科学意义上的知识体系，却反对形上学仅一种简单的直觉或情感。冯认为，形上学仍是一种“真”的“学”，仍是一个严谨的理性过程。由此，冯确定了以最少的综合肯定“有物存在”为起点的“形式底释义”的形上学方法，形上学与科学的区别就成了“一般分析”与“具体综合”的区别。从这个意义上说，新理学形上学的基本方法，又类似于亚里士多德对形上学只研究“有”本身而不是“有”的一部分的界定。受中国传统哲学影响的是，冯认为，此形上学的意义不在于提供知识，也不仅仅是一种“纯粹的分析活动”，而在于“提高人的精神境界”。

冯的哲学观又是不断发展的，对具体哲学问题的探讨时常返回到对哲学方法的再反省。通过《新原人》(1943 年)，在由宇宙论到人生论、由理性觉解到精神境界的过渡中，冯逐渐认识到“负的方法”的重要。冯在《中国哲学简史》中，对此有所总结，他说：

> 我在新理学中用的方法完全是分析的方法。可是写了这部书以后，我开始认识到负的方法也重要……现在，如果有人要我下哲学的定义，我就用悖论的方式回答：哲学，特别是形上学，是一门这样的知识，在其发展中，最终成为“不知之知”。如果的确如此，就非用负的方法不可。……哲学的发展使它最终达到超越 这经验的“某物”。在这个“某物”中，存在着从逻辑上说不可感只可思的东西……也有

既不可感，而且严格说来，亦不可思者。①

由此，形上学的方法不仅有逻辑分析，还有"对不可思议者的思议"。

总上所述，冯友兰哲学观的要点是：1. 哲学在于确定理想人生；2. 哲学系统至少有宇宙论与人生论，人生论根据于宇宙论；3. 哲学是求普遍的超越的客观的理；4. 哲学（形上学）是形式地讲理；5. 哲学（形而上学）的完整方法是正负结合；6. 哲学（形上学）的意义在于提高人的精神境界。在此，我们应特别注意冯友兰哲学与逻辑的非同寻常的关系。

这个哲学观是比较清楚的，但也有一些矛盾和不足之处。例如，一方面，冯试图用共相之理来统一"所以然"与"所当然"；一方面冯又主张"真"与"善"的明确分疏，致使新理学的宇宙论（形上学）成为一种客观的求"真"系统，新理学由此陷入由宇宙论到人生论亦即由"是"推到"应"的理论困境。而且，由于知性分析的"彻底"运用，新理学宇宙论几乎被完全地形式化了，宇宙论所要确定的"是"成了"空灵之说"，至多只是形式地肯定价值：有理（标准、目的）。到《新原人》，形上学也就只能成为"精神境界"的"觉解前提"，而不是提供了"精神境界"的本体依据。另外，冯对形上学与人生论各自的方法特征分疏不够。冯对形上学的方法说明比较详细，对人生论的建立方法及人生论与形上学的关联则缺少足够的论述，也许是缺少足够的自觉的了解。冯在《新理学》与《新原人》中，实际上是建立了两种不同趋向的人生论：在前者，人生论倾向于对人生作客观的描述和形式的分析，这是对价值的描述和解释（价值是什么）；在后者，人生论主要是论证理想人生，这是对价值的论证和建构（价值应是什么）。前者可以是对最基本的经验（有物，有人，有人群）作知性的分析，后者则必须有"直觉"的"价值肯定"，且后者的系统完成又需以前者为理论基础。从《新理学》到《新原人》，不仅是从宇宙到人生、从正的方法到

① 参见冯友兰：《中国哲学简史》，北京大学出版社，1985 年，第 374 页。

负的方法;在某种程度上,也是从"认知理性"到"价值理性",从"性质底了解"到"意义底了解"。冯充分注意到正(理性主义)与负(神秘主义)的对应,却在一定程度上忽视了"客观求知"与"价值认定"的差异及其在中西哲学中的重要地位。新理学因此遭致比较激烈的批评。

二、哲学之发展

基于以上的哲学观,冯友兰提出其著名的"接着讲"的哲学发展观。

首先,冯认为哲学(主要是形上学)的发展不可能是全新底,不可能完全超出前人的轮廓。一是因为哲学只对事物作"形式底"释义,"并不取真际之理,一一知之。更不必将一理之内容,详加研究"。① 哲学家始终是"以心观大全",而不求实际知识,不像科学家是"今日格一物,明日格一物",可以不断获得新知。这是就哲学之对象(真际)说。一是哲学之道理由思得来,"人之思之能力是古今如一,至少亦可说是很少有显著底变化"。② 对哲学之大体轮廓,及其中之主要道理,"此后哲学家之所见,可更完备精密,但不易完全出前人之轮廓"。③ 这是就哲学之方法(纯思)说。从逻辑上说,这两点就是冯所谓哲学之所以为哲学的根本义。古今哲学,既然都是哲学,必定有其可统一的层面,诸如统一的对象、方法等。后人之哲学当然不可能完全超出前人的轮廓。冯在此强调古今哲学间无"显著底"变化,不是着眼于古今哲学逻辑上的统一,而是着眼于哲学的"空灵"特征。形上学既然只是对最一般的"有"作"形式底"释义,那么,它与丰富的实际或经验在"究竟上"就没有多大的关联。

冯认为,哲学之发展虽不能是全新底,却可以是较新底。此种"较新

① 《三松堂全集》第四卷,河南人民出版社,1986年,第17页。
② 同上。
③ 同上。

底”哲学发展主要表现在以下三个方面：

1. 语言、文法的不同。“有相同，或大致相同底道理，而各时代之哲学家，各以其时代之言语说之。即成为其时代之新底哲学系统。”①这主要是表述符号（能指）的不同，而不是哲学本身（所指之理）的不同。

2. 经验的不同。“（对）一时代新经验之分析解释，亦即可成为一时代之新哲学”，如“南岳山是不变底，但上南岳山之路，则可随时增加”。这是对象不变而把握对象的层面或角度发生了变化。这种变化与形上学本身也是无关的。因为形上学最后只依据于唯一的经验前提“有物存在”，再丰富的经验，也要被抽象、还原、简化成基本经验“有物存在”，丰富的经验只是提供丰富的说明。

3. 思考能力（逻辑能力）的不同。在此，冯特别强调逻辑的进步。冯说：“逻辑为训练人之思之能力之主要学问。今人对于逻辑之研究，比之古人，实大有进步。……用训练较精底思之能力，则古人所见不到者，今人可以见到，古人所有观念之不清楚者，今人可使之清楚。”②这就是所谓“虽不出前人轮廓，却益趋完备精密”。

由此可以看出，对于哲学之发展或新哲学之出现，冯不是着眼于“内涵的”层面，即理的新发现；而是着眼于“语言和逻辑的”形式层面，即对理的更清晰的言说、更丰富的说明、更详细的论证等。这与冯“形式化”（对实际不著肯定）的哲学观是一致的。综上所述，冯友兰的哲学发展观可以概括如下：1. 哲学的发展离不开哲学史，现在的哲学是“把过去哲学家的理论推到逻辑的结论”。也就是把过去哲学家已经讲、想要讲可能讲、应该讲的却讲不清楚或未能讲的，讲出来或更清楚、更系统地讲出。这就是冯著名的“接着讲”。2. 哲学的发展基本上是逻辑（思考能力）的发展，现在的哲学主要是过去哲学的更清晰的、更细致的、更完整的形式。

---

① 《三松堂全集》第四卷，河南人民出版社，1986 年，第 18 页。

② 同上，第 19—20 页。

由此可见逻辑分析在冯友兰哲学(不论是在哲学之构成,还是哲学之发展中)中的地位。

“接着讲”的“接”字很妙,所谓“接”当然有继承的一面,有与古人一致的地方;同时,“接”又不完全是“照着讲”,又有自家的创新。一字“接”,巧妙地融合了继承与创新。冯友兰讲“接着讲”,主要是为了自别于“照着讲”,而实际上,“接着讲”似乎更适合于描述民族哲学或哲学传统的“发展”。一种哲学传统的形成,必须一种恒定久远的历史传承;而同时,这种传承,又必须是不断发展不断创新的。因为它必须面对新的时代、新的生活、新的思想的种种挑战,作出“创造性”的回应,才可能有继续传承下去的生命力。

三、中西哲学(民族哲学)与未来世界哲学

由于强调哲学对象(理)的客观、超验、普遍、永恒,冯友兰哲学一开始就有一种鲜明的纯理特征。冯认为:“就理方面说,哲学只有一个。”①哲学就其所求之理本身来说,是超越时空、超越实际的;是客观、普遍的;亦可说是“世界的”(对民族或国别的超越)。

所以,从理方面说,冯不承认有所谓“民族底哲学”,所谓“民族哲学”,只是历史的、语言的或情感的,而不是义理的。冯说:

> 我们以为民族哲学之所以为民族底,不在乎其内容而在乎表面。我们以为民族哲学之所以为民族底……其显然底理由是因为某民族底哲学,是接着民族的哲学史讲底,是用某民族的语言说底。……就哲学说,这些分别是表面底、是外在底、是不重要底。但就民族说,这些分别又不是表面底,是内在底,是很重要底。②

① 冯友兰:《三松堂学术文集》,北京大学出版社,1984年,第433页。
② 同上,第432页。

这种“民族性”的意义不在于“义理”，而在于可以使本民族的人获得一种“情感上底满足”或“精神上底团结”。对于一味固守所谓“民族性”，冯持明确的批评态度，他说：“如果事实上哲学家受所谓民族性的拘囿，哲学的目的，正是要打破这些拘囿，而求普遍底公共底义理。如果有所谓民族性，哲学家讲哲学的时候，正要超过之。”①

基于哲学的纯理特征，在讲民族哲学之发展时，冯所关注的主要是哲学义理本身的进步和完善。民族哲学首先是哲学本身，民族哲学的发展，在根本上就是哲学本身的发展。在这个过程中，冯更强调“民族哲学”对自身之“民族性”的超越，从而容纳或开创出新的理性形式，并进行新的综合。这样，民族哲学的发展主要不是“民族传统”的加强或充实，而是基于客观、普遍的理本身，对民族传统的超越、弥补和开拓。这是冯友兰中国哲学近代化理论的主要特征。

冯友兰这种求客观之理的哲学观，必然使其哲学方法基本上表现为求“客观知识”的“认知理性”，其哲学之发展实际上也就成了“认知理性”的发展。此种“认知理性”的发展，遵守一种固有的内在的逻辑，即认知的“整全化趋向”。此种“整全理性”，不仅要求“思”的明晰与精确，且要求“思”的全面。所谓全面的“思”，就是关于对象的（尽可能）的“完全的”认知，它与“部分的”“机械的”“抽象的”等认知相对。比如，对整体中尽可能多的因素（精微面、细分面）进行新的整合（广大面），就是理性整全化的重要目标之一。又如，“思”不仅要思考思自身，而且要思考非思维的过程（行为、非理性、潜意识等）。冯对这种理性的整全化过程，虽无详细的讨论，但他确是以“整全理性”来判断中西哲学的优劣，来理定中西哲学的发展。

贞元六书以后，在《中国哲学简史》一书和《中国哲学与未来世界哲学》一文中，冯开始明确讨论中国传统哲学对“未来世界哲学”的可能的

---

① 冯友兰：《三松堂学术文集》，北京大学出版社，1984年，第432页。

贡献，同时，这也是对新理学的方法总结和方法评估。于此，冯提出了所谓“未来世界哲学”的基本轮廓：由结合正负方法的“形上觉解”以达到极高明而道中庸、既出世又入世的“人生境界”。以此“未来世界哲学”为标准，中国哲学的发展，正好是“继开”两面。一方面，“未来世界哲学”的任务就是提高人的精神境界，直至帮助人达到与宇宙同一、既出世又入世的“天地境界”（理想人生）。此一方面，是中国传统哲学的内在精神，应是中国哲学之发展的“传承面”。另一方面，“未来世界哲学一定比中国传统哲学更理性主义一些，比西方传统哲学更神秘主义一些。只有理性主义与神秘主义的统一才能造成与整个未来世界哲学相称的哲学”。①在此，中国哲学的发展就是要吸收西方哲学的逻辑分析法，此方法是点石成金的“手指头”，是思想清晰的必要条件。此一方面则是中国哲学之发展的“创新面”。

冯关于“未来世界哲学”的运思可分疏为二种相互联系的过程，一是依据于“理性整全化”的内在逻辑，寻求理性自身之整全的过程；一是由中西各家哲学的比较与综合并印证于实际生活，再概括出更完整的哲学系统的过程。此种更完整的哲学观来源于对中西哲学史的分析与综合，最后又成为哲学的标准或中西哲学的归宿，即“未来世界哲学”。此“未来世界哲学”是传统中西哲学超越自身的“整全化”建构，它应该更接近普遍的、完全的“理”或“理性”本身。

四、中国哲学的近代化与新理学

通过以上讨论，冯友兰关于中国哲学近代化的理论基本上是不言自明了。简单地说，冯的中国哲学近代化理论，就是他的“未来世界哲学”的理论。此过程是基于理性的整全化逻辑，由中西哲学各家各派之分析，

① 《中国哲学与未来世界哲学》，载于《哲学研究》1987年第6期。

得出“未来世界哲学”的基本构架。然后，以此“未来世界哲学”为标准，选择中西哲学的合理素材，整合出新的哲学系统。其中分析与整合、建构与反省、从特殊到一般都是不断互动的、不断发展的。中国哲学的近代化可以说就是中国哲学的“世界化”或“整全化”。

在这个过程中，中国传统哲学有无生命力，要取决于在“未来世界哲学”中有无它的地位；也就是取决于它对“哲学本身”或“人类生活本身”有无普遍的价值和效用。同时，这个过程又必是中国传统哲学突破自身、超越自身、弥补自身的过程，此方面集中体现为中国哲学的时代性变革。如果单从超越传统的变革与创新看，中国哲学的近代化基本上就是中国哲学的“西方化”。冯友兰在讨论中国哲学之近代化时，特别重视中国哲学的开创性发展，亦即中国哲学的“西方化”层面，具体地说，就是要经历一场“西方近代逻辑学的洗礼”。冯认为：

> 西方哲学对中国哲学的永久性贡献，是逻辑分析方法。……它给予中国人一个新的思想方法，使其整个思想为之一变。……重要的是这个方法，不是西方哲学的现成的结论。①
>
> 新的近代化的中国哲学，只能是用近代逻辑学的成就，分析中国传统哲学中的概念，使那些似乎是含混不清的概念明确起来。②

新理学就是在上述哲学观的直接观照下的产物，同时，以上的哲学观又是在新理学的具体建构中才逐渐得以明确的。也就是说，新理学是在“方法自觉”下的自觉建构，新理学自觉其对象、方法、过程、内容、目的等，也自觉其在中国哲学、西方哲学以及未来世界哲学中的地位；同时，通过新理学的具体建构，哲学方法又不断得到反省和重建。新理学“方法自觉”的精义即在于此。

在新理学中，冯友兰试图提供了一种(更)整全的、理想的哲学图景：

① 《中国哲学简史》，第365页。

② 《中国现代哲学史》，中华书局香港有限公司，1992年，第207页。

宇宙论与人生论相结合、正的方法与负的方法相结合、理性觉解与精神境界相结合。从《新理学》到《新原人》，基本上是从宇宙论到人生论。此说明，对人生之真正了解，必须是人生问题与宇宙问题相结合，这是整个哲学系统的完整。在《新原人》，是从觉解到境界，此说明，对人生之完全了解，必须是精神境界与理性觉解相结合，这是人生论（狭义的）的完整。在《新知言》，是从正的方法到负的方法，此说明，对形上学之完全了解，必须是正的方法与负的方法相结合，这是形上学的完整。尤其是对正负方法的整合，集中体现了冯对"整全理性"的一种架构尝试。冯说："一个完全的形上学系统，应当始于正的方法，而终于负的方法。如果它不终于负的方法，它就不能达到哲学的顶点。但是如果它不始于正的方法，它就缺少作为哲学的实质的清晰思想。"①经此，冯在一个特定的层面上，把正负方法（多元）整合为一个新的方法整体（多元综合）。冯"未来世界哲学"的基本含义也就是理性主义（正）与神秘主义（负）的结合。

在这个趋向"未来世界哲学"的整全化的建构中，新理学不仅整理出中国传统哲学对"未来世界哲学"的可能的贡献（天地境界和负的方法），同时，也充分肯定和并实际运用了西方哲学的逻辑分析法。新理学对逻辑分析方法的运用是比较彻底的。比如，新理学以其清楚的结构、严密的论证、明晰的表述、方法的自觉等成为中国哲学史中首先具备明晰的形式系统的哲学体系。又如，新理学认为形上学是一种"形式底"释义，此"形式底"释义实际上就是形式的分析，致使新理学形上学成为一个具有四组命题的分析化的逻辑架构。新理学自身也强调，"虽是接着中国哲学的各方面的最好底传统"，却是"经过现代的新逻辑学对于形上学的批评"。②因此，新理学，尤其是《新理学》一书，常给人一种很"洋气"的感觉。从哲学本身来说，逻辑分析方法是"清晰"的保证；从中西哲学之关系说，它是

① 《中国哲学简史》，第381页。

② 参见《三松堂全集》第五卷，第148页。

中国哲学的“西方化”;从中国哲学的时代性转折来说,它是中国哲学之近代化的关键一环。

通过以上讨论,我们可以基本看出冯友兰关于哲学、哲学之发展、中西哲学、民族哲学、未来世界哲学的整体架构。本文不及详论冯在此方面的理论得失,而着重引出冯的思想在此方面的方法启示。分疏开来可有以下几点:1. 方法意识和方法建立。这是一种学科方法的自觉与反省,它体现在哲学探讨中,就是对哲学之对象、方法、内容、结论、目的等的自觉与反省。从理性的角度讲,它是理性之所以为理性者,它集中体现了理性的自我批评与自我建立的特点。新理学是自觉彰显理性精神的。2. 哲学的理论意识或“学”的自觉。新理学始终以为哲学是一种“学”,是“思议”和“言说”的系统。这就确定了哲学必定是“思议的”和“言说的”,而不在“思议” 和“言说”之外。这是我们言说哲学和发展哲学的首要前提。3. 哲学、理性和理的“本体意识”,这里的“本体意识”就是“自身意识”的意思。新理学是从客观的“理”本身(认知对象)、完全的“理性”本身(认知方法与过程)、完全的“哲学”本身(认知结果)出发来思考哲学问题的。新理学首先关注的是,哲学是什么?根本关注的是,完全的哲学是什么?4. 世界哲学意识,亦即是哲学的整全化或理性的整全化意识。新理学的中国哲学的近代化,就是中国传统哲学的整全化或世界化。至于在这个过程中,中国哲学或是继承传统或是融收西方;是发挥道家,还是重建儒家,均是服务于世界化或整全化的根本目的。复古也好、复兴也好、重建也好、西化也好,均不是究竟。从这个意义上说,新理学自称为“新”“理学”并不合适,反而是自限其精神。

(原载《中国哲学史》1996 年第 1 期)

理:形式本体与道德本体

——新理学与程朱理学的一种比较

新理学旨在建立一近代化的中国哲学,冯友兰认为,新理学不是“凭空创造”一新哲学,而是接着中国传统哲学特别是宋明道学中的程朱理学(以下称旧理学)讲的。与“照着讲”相对,“接着讲”确乎是在标明新理学的创新面,不过,如撇开与“照着讲”相对的语境,“接着讲”实际上意味着继承与创新的统一。既然是“接着讲”,就必有所“接”,就必有继承或依照的部分,否则就成了与传统哲学无关的“凭空创造”;同时,又必有自家的创新,不然就成了“照着讲”,也就与近代化的新哲学毫无干系。

根本的问题是新理学如何继承如何创新,新理学究竟依据怎样的理论线索来进行继承与创新。此历史的纵向的研究应当是理解和评估新理学的一个重要方面。本文拟通过新旧理学的核心范畴“理”来比较新旧理学形上学的差异,特别是它们在方法上的差异。

一、本体之理

在具体讨论新旧理学的理范畴之前,有必要说明一下本文对何为宇宙论、形上学和本体论的看法,一以为讨论和比较的基准。为了问题的简化和明晰,也为了贴近新旧理学的“形上学系统”,我们在此暂时撇开哲学史关于这些问题的烦琐多样的界说,而从新旧理学中引出有关结论。新旧理学系统中一个基本的部分就是对“一切”存有作“整全的”而不是“部分的”研究,从对象上说,它是宇宙论,也可以说是存有论:它是对一切存有之“整体”即“宇宙”的研究;也是对一切存有作“最普遍”地研究,探求一切存有的普遍性质。从目的上说，它是形上学也是本体论：它试图揭示形下事物“背后”的形上本原或形上本体。一个较完整的“形上学系统”对这些问题都会有所涉及，只是侧重不同而已。在此，我们不妨笼统称之为形上学。形上学的核心就是本体，形上学是以本体范畴来完成对一切存有的“整体的”和“普遍的”释义。本体的基本含义是：1. 宇宙的本原和归宿，这是对整体宇宙之始与终的释义；2. 存有的本质（或要素、根据、基础、原因、统一等），这是对一切存有作普遍的释义。也可以说：形上学命题的主辞就是“宇宙”或“存有”，“宇宙”是一总名，“存有”是一类名。

新旧理学形上学的共同之处在于，它们都选择了抽象性规律性道理性的存有形式作为实际事物的本体，其理本体既不是一种特殊的物，也不是一种意志、精神或生命。它们可说都是某种意义上的抽象实在论或实在论。在新旧理学，理是物之则，是事物之所以然，是某种事物所以“是”某种事物者，它表现为事物的性质、规律、规则、道理、标准等；另一方面，理是本然客观真实的存有，理之有无不依事物之有无。新旧理学在理之客观、普遍、本然、超越、抽象、所以然、所当然等诸种含义上是一致的。

新旧理学对“抽象本体”或“抽象本质”的选择主要是缘起于一种“认知倾向”，它表现为对于事物之“是”或“所以是”的思考与追问。在这种“认知倾向”看来，事物之所以“是”是此事物的原因、本质、规律或道理，正是此“是”决定了此事物是此事物，“是”对于“有”或“在”具有逻辑在先的意义。在新理学，是从蕴涵逻辑来证明理对事的在先性：理是共相是一般，事是殊相是特殊，特殊蕴涵一般，有特殊必有一般，有一般则不必有特殊（或没有一般就必没有特殊）。有特殊必有一般，就是“物必有则”，如方必有方之理；有一般不必有特殊，是无某理必无某事物，如无方之理必无方。在旧理学，虽无此逻辑的证明，这种理为先理为本的意思却是很清楚的。程颐说：“屈伸往来只是理，物极必反，其理须如此。”（《二程集·遗书》卷十五）朱子说："今且以理言之，毕竟却无形影，只是这一个道理，在人，仁义礼智，性也，然四者有何形状，亦只是有如此道理，有如此道理，便做得许多事出来，所以能恻隐、羞恶、辞让、是非也。"（《朱子语类》卷四）理作为事物的抽象本质，不是感觉和体验的对象，而只是思议的对象。由此，新旧理学都表现出鲜明的主知特色，也可以说正是这种主知倾向决定了它们对抽象性本体的选择。

旧理学的理虽也是抽象普遍的实有，却不止于对其作共殊逻辑的分析。旧理学形上学不仅有共殊模式也有体用模式，不仅有逻辑分析也有价值证立；其理既是存有的本质又是宇宙的本原，既是遍在一切的一又是包容一切的一，既是形式又是实在。旧理学的理显示了更为丰富也更为复杂的内涵。我们先从以下三个方面来分析新旧理学在理观念上的差异。

（一）一理与万理。新旧理学均承认万事万物各有其理，那么，众理之间有无内在的关联呢？理究竟在何种意义上是一切事物的本体呢？在新理学，理只是一切理的类名，其所指是万理，其内涵是理之所以是理者；或者说新理学的理本体不是一理而是一众理皆具的"理世界"，新理学称之为"纯真际"。新理学的理本体对一切事物来说，只讲到"事物各有其理"，既不肯定一切事物统一于一理之体，也不肯定众理统一于一理之体。对于众理之间的关系，新理学只承认它们之间共与殊之间的逻辑关联，诸如物之理蕴含于生物之理，生物之理蕴含于动物之理等。

旧理学形上学则是典型的一元本体模式，理作为本体，不仅是一切理的本原，也是一切存在的本原和本质，作为本体的理是"整体的""遍在的"一，也是包容一切的"整全的"一。理之体与众理之间主要不是"共（相）殊（相）"关系而是"体用"关系。程颐受华严宗"理事无碍"的诱发得出"万理归于一理"（《二程集·遗书》卷十八），以一理包蕴万理，万理又为一理之显现。朱子则有"太极"说，以为"人人有一太极，物物有一太极"（《朱子语类》卷九十四），所谓太极是"总天地万物之理"是"理之极至”,是“天地万物之根”。太极虽涵蕴万理,却又是绝对的个体的“一”,朱子说:“本只是一太极,而万物各有察受,又自各全具一太极尔。”(同上)又说:“自太极至万物生化,只是一个道理包括,非是先有此后有彼,但统是一个大源,由体而达用,从微而至著。”(同上)太极是“一理之实”,万物皆“分之以为体”,就“统之有宗,会之有元”说,一切物皆以理为体,以理为大源;就物物分殊言,则是“道理则同,其分不同”(同上卷六)表现为“所居之位不同,则其理之用不一。如为君须仁,为臣须敬,为子须孝,为父须慈,物物各具此理,而物各异用”(同上)。然又终究“莫非一理之流行也”。

也可以用新理学的共殊逻辑来解释旧理学的“一理万理”说。理是一类名,就理的外延说,理确实包蕴万理,此可说是“一理万理”;而所有分殊之理皆是理,此可说是“万理一理”。不过,此只是一种解释而已,而并非旧理学应有之义。旧理学的理是一理之体,其理既是“普遍”又是“整全”,其理之体对万理的包含是一实质上的包含,而不是外延或所指意义上的包含,否则,众理之间也不会“统是一个大源”,也不会有内在的关联。按新理学的共殊逻辑,理是众理的共相,是众理之间形式的统一,理与众理相比,内涵最抽象也最贫乏。旧理学对共殊关系虽有一定的涉及,但从本体而言却不会以一般之理为本体之理,其理是一“整全”之体,是“一”与“全”的统一。

(二)理与气。新旧理学理气对举的一个基本义是从性质与质料两方面来解释一切物的构成。在新理学,理是物之形式是物之所以然是物之“所依照”;气是抽去了一切性的“纯粹质料”,是物之“所依据”,理与气构成了物之所以存在的两个要素。旧理学也有此义,朱子说:“理也者形而上之道也,生物之本也。气也者,形而下之器也,生物之具也。是以人物之生,必察此理然后有性;必察此气然后有形。”(《朱文公文集》卷五十八《答黄道夫》)值得注意的是,在新理学,气是抽去了一切性的逻辑构造,对于物来说,理与气是两个相对并列的概念,理气之间并没有体用、本末、先后、形上形下之类的区分。在旧理学，由于气是形下之器，是一物（构成一切物的物），其理气关系不仅是性与料的关系，同时也是理与事、体与用、本与末、形上与形下的关系。所以，“有是理，后生是气”（《朱子语类》卷一），“气之所聚，理即在焉，然理终为主”（《朱文公文集》卷四十九《答王子合》），“自上推而上去，五行只是二气，二气又只是一理”（《朱子语类》卷九十四）。

新旧理学都由气而讲“气质”与“气禀”，以说明气对理的遮蔽或杂染。新理学讲气必有某种结构，此结构称为“气质”或“气禀”，因此结构，气虽依照某理却又不能完全地实现某理，往往只能实现其理之“七分”①。新理学于此虽不是理事“截然二分”，却也不是“理在事中”。在旧理学，一方面是理在事中，万事万物皆含具本体无少欠缺；一方面因气之遮蔽理之体又不能本然地呈现出来，“此理堕在形气之中，不全是性之本体，然其本体又未尝外此”（《朱文公文集》卷四十六《答刘叔文一》），性之本体在事物上的实际呈现是受气禀的影响，如“禀气之清者，为仁为贤，如宝珠在清冷水中。禀气浊者，为愚为不肖，如珠在浊水中”。（《朱子语类》卷四）所以，在旧理学，理对于事物可说是“内在超越”；在新理学则是一种“外在超越”。另一个区别是：旧理学讲气质气察是要解决现实人性的善恶问题，新理学由此只是一般地讨论理在物上的呈现问题。

（三）理与事。从理本身而言，新旧理学均肯定理之有不依事物之有无的“本然的存有”。就事上而言，新旧理学均主张物必有则，事必有理，理事不可分离，不过，前文已提及，新理学是事得理之“七八分”，旧理学则是理尽堕在形气之中。

在新理学，理是分殊各异的众理，物之不同是因理之不同，气依照某理而成某物，就气（绝对的料）而言，一切事物并无差异。这样一来，一切事物是统一于同样的气，而不是统一于同一的理。在旧理学，事物所察受

① 冯友兰：《三松堂全集》第四卷，河南人民出版社1986年，第82—83页。

的理之体并无不同,只是因气质的遮蔽而有不同的显现,如此而言,事物之不同不是理之不同,而是由于气察之不同。不过,旧理学这种"因气而异"的观点主要不是作存有论的运用,而是着重解释现实人性的差异,前面所引朱子的"宝珠之喻"即是一例。

从理作为一切事物的统一说,新理学的理只说到"事物必有其理",亦即某种事物必有所以是某种事物者。此理是一共相,是一类名,是一理世界,而并不肯定"一切事物"皆以一理之体为本原和本质。新理学依据其共殊逻辑,只承认一切事物之间"形式的"统一,亦即凡事物必是事物必是实际存在,如此,一切事物统一于"事物之理"或"存在之理"。从此意义上说,新理学的理至多只是一"形式本体",形式地解释了事物之间以及众理之间的统一。旧理学的理则是众理之本原万物之本质的"一元本体"。更重要的是,旧理学形上学是要通过理本体来完成道德取向的价值证立,因而形成新旧理学"形式之理"与"道德之理"的区别。

二、价值之理

无论是旧理学还是新理学,理均是所以然与所当然的统一。理既是事物的本原、本质,也是事物的标准和目的,也就是说,理不仅是事物形成的"原因"和事物构成的"要素",也是事物变化的"方向"和"目标"。从此种目的性的内涵说,理也是一价值范畴。不过,新旧理学对理作为本体的价值内涵的具体解释有着根本的区别。

旧理学以一理之体即是道德,主张宇宙的原理就是道德的原理,道德的原理就是宇宙的原理。由此,道德之善不仅是人性之体而且是一切存在的本体。程颢说:"天只是以生为道,继此生理者只是善也。"(《二程集·语录》二上)程颐说:"性即理,所谓理性也。天下之理,原其所自,未有不善。"(同上,二二上)朱子说:"形而上者,一理浑然,无有不善;形而下者,则纷纭杂揉,善恶有分矣。"(朱熹:《明道论性说》)"继之者善,成之者性，这个理在天地间时只是善，无有不善者。"（《朱子语类》卷五）"性是太极浑然之体，本不以名言；俱其中含具天理，而纲领大者，有四，故命之曰仁义礼智。"（《朱文公文集·答陈器之》）朱子也言生理："元只是善之长，万物生理，皆始于此，众善百行，皆统于此。"（《朱子语类》卷六十八）所以，本体、理、天理只是善，一切事物包括人皆察受此善之体以为性，或者说皆遵循此普遍的必然的道德原理。

对于旧理学肯定"宇宙是道德底"，新理学批评为"神秘主义的观点"而明确表示"不能持之"，新理学的理只是形式地讨论"一般的"善恶问题而不是"道德的"善恶问题。新理学并不承认一切事物统一于一绝对的理，亦即不承认一切事物之间皆有一绝对的标准，新理学的理作为一"形式本体"，只说到"物必有则"；新理学的理作为一价值范畴，也只说到"每一事物皆有自己的标准"。新理学主要从四个方面讨论理之善恶问题：一是从真际或理自身的观点看，理自身无所谓善恶。因为"所谓善者，即从一标准以说合乎此标准者之谓"。① 新理学是持"合乎标准谓之善"的形式的观点，而不承认有绝对的善。二是从某类实际事物的观点看，某理是某类事物的至善。某理是某类事物的标准是某类事物完全的典型，所谓"类的观点"也就是依据某一标准的观点。新理学理范畴的价值内涵在此获得形式的界定："某理"为"某类事物"的标准，或者说每一种事物皆有自己的标准。三是从一个个实际事物看，则每一事物皆以自己的标准来确定善恶。个体事物之间并无统一的标准，就个体事物自身而言，也无确定的标准，所以只能是从各自的标准来判断善恶。四是从社会的观点看，道德是善。因为"依照其所属于社会所依照之理所规定之基本规律以行动，以维持其社会之存在"②是道德之理的内容，道德即在于维持社会的存在，对社会来说，道德即是善。

---

① 冯友兰：《三松堂全集》第四卷，第 94 页。

② 同上，第 114 页。

显然,在自然论或存有论的范畴,新理学并不肯定一具体的绝对的价值,而是把道德价值问题明确规定为只属于社会人生范畴。新理学特别注意区分“一般的善恶”与“道德的善恶”,冯认为:道德底善恶,只可对于人说,而不能对一切事物说。而旧理学恰恰是对“一切事物”谈道德的善恶问题,而且善恶问题就是个道德问题,旧理学反而不涉及也不习惯于讨论“相对于某个标准”的形式的善恶问题。所谓道德或善恶在他们那里有一个确定的含义:万物并生、大化流行、生命和谐、天下为公。儒家道德理想的要义即在于超出一己之私的“公共生命”或“整体和谐”,旧理学形上学即是要提升此德性原理为一普遍的必然的宇宙的原理。

就道德本身的内涵来说,新旧理学并无根本的差别。《新理学》说:“一切道德底行为之所同然者是:一社会内之分子,依照其所属于之社会所依照之理所规定之基本底规律以行动,以维持其社会之存在,此可以说是道德之理之内容,”①这也是说道德要超出“个体”而维持社会“集体”之存在。同时,新理学也主张道德的价值高于自我功利的价值。只是,在新理学,道德仅仅是“社会的”一般之理,它既不是每个人必然的原则,更不是一切事物必然的原则,对于每个人,道德与否是要取决于自我对价值和意义的主观理解和主观选择。

三、分析形上学与道德形上学

通过方法的解析也许可以对新旧理学在本体问题上的差异有一较根本的论释。借用洪谦“分析的玄学”一语,新理学可以称之为“分析形上学”,旧理学按牟宗三的说法是由“道德的进路”成立一形上学,是以道德实体为宇宙实体,可称为“道德形上学”。

新理学对形上学方法的界定,直接受到维也纳学派的影响。维也纳

---

① 《三松堂全集》第四卷,第114—115页。

学派主张，知识命题必须是谓词超出主词自身内涵的综合命题，知识命题必须对经验世界有所叙述、有所肯定，而且这种肯定是必须有经验证实的可能。如果说形式的分析命题只有逻辑意义或概念分析意义的话，那么，有证实可能的综合命题才有知识意义。而传统形上学命题，诸如"上帝存在""灵魂不朽"之类；企图给人以某种确定的知识，但是，这些命题都是不可证实的伪（综合）命题，此类命题与其说是在提供关于对象的客观知识，还不如说是一种"情感的"表达。在冯看来，维也纳学派对传统形上学的批判，只是否认了传统形上学的"知识意义"，亦即否定了"综合性"或"科学性"的形上学，对形上学有"摧邪显正"之功。冯由此主张：哲学（形上学）要从"科学的"或"综合的"的立场中超拔出来，哲学只能是形式的、分析的、逻辑的。《新知言》说："科学的目的，是对于经验作积极底释义。形上学的目的，是对于经验作逻辑底释义。"①

新理学所谓"逻辑底释义"或"形式底分析"主要包括三个内容：一是"从经验出发"。一方面，我们的思总是从经验开始，不过，形上学虽始于经验，最终却是从经验中抽取不依赖于具体经验的形式化的内容。诸如"三"就可以从三个人三棵树的具体经验中抽象出来，而"三"却是不依赖任何经验的形式的内容。另一方面，形上学至少包括一个经验内容即"有物存在"，这是形上学最终对于经验的唯一肯定。二是"形式的肯定"。在新理学中就是只肯定"主辞"的"存在"而不"积极"肯定主辞的任何其他内容。比如，"形式底"肯定理，就是只肯定"事物各有其理"，既不肯定一切物有一理，也不肯定理的任何"实际"内容；"形式底"肯定价值，就是只肯定"事物各有其价值"。既不肯定宇宙是"道德"的，也不肯定人皆有"良知"。三是"演绎分析"。就是从内涵多的概念推延到内涵少的概念，亦即蕴涵推理，由此建立的命题是谓词蕴涵于主词的分析命题。所以，新

① 《三松堂全集》第五卷，第174页。

理学是:“从‘事物存在’这句话演绎出《新理学》的全部观念或概念,”①因此,新理学由存在导出理、气、道体、大全等形上范畴,从而形成一解释存在与存有、实际与真际、存在之形式与质料、存在之动、存有之全的系统的存有论。在此,应加以分疏的是,从“目的”或“结论”上说,新理学的确不是科学的,而从其由客观存在出发以及逻辑分析的运用来说却仍有明显的“科学品格”特别是“逻辑品格”。

旧理学“即本体即道德”的释义既不是形式的逻辑的,也不是知识的科学的,而是一种“价值的”释义。按旧理学的表述来说,它是致力于发现一客观的普遍的必然的原理,而实际上,从它的方法实质来说,它主要是根据主观的想象、体验、比附以及情感取向来对整体宇宙进行“价值的”释义,此宇宙论在实质上也就是一种价值观。旧理学形上学的方法要点可以归纳如下:

(一)体用、一多的本体模式。一方面,本体是绝对的一,此绝对的一是一切物的本原、原因、本质等,此是殊用同体,万物统体一太极。另一方面,本体又遍在一切物,流行或显现于一切物,一切物皆无少欠缺察受此绝对的一,这是物物一太极,一理万理。自本体言之,天、道、理、命、性、心只是一事;自显现言之,本体又分殊表现为理、命、性、心。如此,本体的原理决定了一切事物的原理,同时,一切事物的原理也都是本体原理的体现。这种本体模式当然不是来自逻辑分析,也无从验证它的客观性,毋宁说它是来源于一种对无限、绝对、完满诸理念或实体的想象和信念。

(二)本体是善。仅从万物统体一太极,物物一太极的本体模式讲,此本体还流于抽象,旧理学要进一步肯定:本体是善。对旧理学,本体即道德的证立可说有两个方面,一是逻辑的方面,一是亲证和实践的方面。就逻辑方面说,旧理学的本体本身即是善,本体如不是一完全,一完满,也不能称之为本体,本体不仅是物之本源,而且是事物之至善。另外,旧理

① 冯友兰:《中国哲学简史》,北京大学出版社,1985年,第371页。

学有所谓形上形下、理(性)气(质)、性才之别,性理是善之体,形下之气是恶之源,此可谓从逻辑上肯定了形上之理之纯善。旧理学常以“原初”“未发”“流行天地之间”的说法来说明“一理浑然为善”,这实际上就等于是在一切恶还没有发生之前,只是“善”的循环论证。总之,一个绝对的善性的本体是一个自明的前提,是一个绝对的价值预设。

(三)天德生生与人之良知。仅说本体是善,也许仍嫌抽象。天之化育万物与人之道德良知,可谓是从经验和实践方面证明了本体是善,而且使此善之体有了具体的德性内涵。从“认知的”逻辑说,是由天人之际生生和谐的体验中抽绎出普遍的德性原理;从“存有的”逻辑说,自然界的万物并生和人世间的仁义礼智是此原理的体现。

以上是就理范畴来比较新旧理学的差异。可以看出,新理学完全是按照共殊线索以逻辑化形式化的方法建立一分析的形上学,在此形上学中,理不是绝对的一元本体,更不是道德本体,至多只是一形式本体。如果说“接着讲”一定要接着旧理学的核心线索讲,新理学的理就不能说是“接着”旧理学讲,毋宁说是“照着”西方“实在论”讲。旧理学形上学虽有一定程度的共殊问题,却主要是讲道德的本体问题或本体的道德问题。旧理学理之普遍是意指本体是一既“绝对”又“遍在”的实体,而不同于新理学理之“类”的普遍。冯先生以旧理学的中心问题即是(逻辑化的)一般与特殊的问题是有欠妥当的。

仅就形上学而言,确实很难说新理学是旧理学的继续。而且,在新理学形上学一人生论系统中,其形式化的缺乏德性内涵的形上范畴“理”和“大全”所引致的应是一种“价值中立”的“自然化”的“天地境界”,而恰恰不是其人生境界说所强调的那种“道德化”的“天地境界”。新理学讲形式的分析的形上学,等于是抛弃了传统理学由本体来证立价值的“价值形上学”,从另一角度,也可以说,新理学形上学对旧理学的批判超越正在于此。这种超越主要是受现代西方哲学科学化逻辑化分析化思潮的影响而致。实际上，不是“形式的觉解”的形上学（自然论），而是其人生论中对道德价值的阐扬才是“接着”旧理学讲的。在新理学，人生价值的“实际建立”是来源于个人对于宇宙人生的“意义的觉解”，是人在一定的人际关系中、在一定的人与自然的关系中自觉确立的，而不是由于宇宙的必然的本体的力量。新理学人生境界说是通过此“意义的觉解”来解释天人合一、天德流行的“天地境界”。此种对形上实体（价值之理，人生之理）存而不论的人生论，暗示着丢掉形上学的重负把意义还原为意义，价值还原为价值。

（原载《中国哲学史》1997 第 2 期）

超越理性的理性

——也论冯友兰新理学“负的方法”

冯友兰新理学对中国哲学的现代化的贡献是多方面的，其中，新理学的方法自觉与方法运用对中国哲学的发展尤具建设性的意义。于此，新理学不仅充分引入逻辑分析法（正的方法），而且从中国传统形上学中总结出“负的方法”，形成一“正负整合”的完整的形上学方法。新理学对“负的方法”的整理、解释及其运用，充分体现了其哲学的“方法意识”和方法的“整全意识”。本文着重讨论新理学“负的方法”的方法内涵及其与逻辑分析法之间的关系，由此确定“负的方法（下文有时称负方法）”在新理学形上学中的地位。

一、对不可思议者的思议

新理学虽自称是接着旧理学讲，却不完全是对经典应有之义的解释，而是面对宇宙人生讲“自家的意思”，建立一新哲学。新理学负的方法虽是由对中国道、玄、禅传统的总结得出，在新理学体系中，却又有其独特的内涵和地位。

在冯友兰看来，形上学的宗旨就在于达到关于存在的终极性的概念。他说：“哲学，特别是形上学，又与其他各门知识不同，不同之处在于，哲学的发展使它最终达到超越经验的‘某物’。”①此所谓最终的“某物”，在新理学形上学中有两种逻辑方向，一是“本原性”的无；一是“整全性”的

---

① 冯友兰：《中国哲学简史》，北京大学出版社，1994 年，第 374 页。

全。所以,新理学中有两种不可思议者:首先,“气”是不可思议。气作为纯粹的“质料”,是解释一切存在之“所依据”的本原性概念。新理学的气是经过层层分析,抽去了一切性质以后(因为理已穷尽了一切性)的逻辑构造,因此,气概念的一个重要特征就是“无性”,“气既无性,故不能对之作任何判断,说任何命题,亦即不能对之有任何思议,任何名状,任何言说”。① 其次,“道体”与“大全”是不可思议。道体是一切存在之流行,是流行之全体,也是全体之流行。大全是“至大无外”,是一切存有之全。道体与大全之不可思议,均因其“全”。《新理学》说:“如以大全为对象而思之,则此思所思之大全不包括此思。不包括此思,则此思所思之大全为有外,有外即不是大全。”②道体之不可思议,也是如此。

显然,新理学的不可思议者有着清晰的逻辑意义。认知的过程必有“主客”或“能所”的两分,也就是说,只要是思,就必有“能思”和“所思”,能思是思者,所思是思之对象。大全不能成为思之对象,若成为所思,能思即在大全之外,而至大无外的大全怎么能有外呢?气之不可思与道体、大全之不可思议有所不同,大全是逻辑上的“全”,而气则是逻辑上的“无”,一个是“全”,一个是“无”;一是无所不容,一是无所容;一是不可思,一是无可思。显然,新理学的不可知不同于其他生命哲学和唯心哲学所说的不可知,新理学的“对象”是逻辑化的“无”和“全”,后者的“对象”则是活生生的生命和精神;新理学是从认知的对象性或所知的外在性来界定认知,后者则是从认知的观念性、分割性、静止性来限定认知。

思议不可思议,似乎是个悖论,既是不可思议,又如何去思议它呢?实际上,所谓对不可思议的思议,是仅思议其是不可思议;对不可言说的言说,是仅言说其是不可言说。对思议本身来说,此种思议是“界限性”的思议,因为它意味着运用思议的“界限”,思议止于不可思议者,对不可

① 冯友兰:《三松堂全集》第四卷,河南人民出版社,1986年,第48页。

② 《三松堂全集》第五卷,河南人民出版社,1986年,第156页。

思议者只能思议其是不可思议,此思议是最后的思议。欲“把握”不可思议者,“思议”只能让位于“超思议”(直觉、顿悟、体证等)。而对思议对象来说,此种思议是“否定性”的思议,因为它是通过否定、排除“不属于”对象的性质来接近对象,如所谓“烘云托月”,不是直接画出月亮,而是把“不是”月亮的地方(云)涂起来。因此种否定性的特征,新理学称此种思议为“负”的方法,与其“正”的逻辑分析法相对。正方法是直陈对象的逻辑分析,是“以指指月”;负方法是说“对象”“不是”什么,是否定“对象”为思议的对象,是“烘云托月”。如果说正方法是“对象化认知”,负方法则是对“对象化认知”的超越。

新理学对“知大全”与“知大全不可知”的分疏,较清楚地说明了从正方法到负方法的微妙转变,同时也点出了负方法超越对象化认知、泯灭主客界限的重要特征。《新原人》说:

> 此心作理智底总括,能将所有底有,总括思之。如此思即有宇宙或大全的观念。由于此思而知有大全。既知有大全,又知大全不可思。知有大全,则似乎如在大全之外,只见大全,而不见其中底部分。知大全不可思,则知其自己亦在大全中。知其自己亦大全中,而又只见大全,不见其中底部分,则可自觉其自同于大全。①

“知有大全”,是正方法的逻辑分析,此大全是对象化了的大全概念,是在“我思”之外的大全。知有大全观念与真正的“大全”并不相当,真正的“大全”是不可对象化的。不过,知有大全观念仍是思议“大全”的必要环节,不知“存有之全”的大全观念,也就不可能知“大全”之不可知;知大全,是能思之我与“大全”有外,而知“大全之不可知”,是自知“对象”不可对象化,是自知“我”也在大全之中。这就由“思议”进入“静默”,由主客对待、物我二分转变为主客互泯、物我一体。

---

① 《三松堂全集》第四卷,河南人民出版社,1986年,第633页。

从哲学史的角度说，新理学关于负的方法的系统运用，基本上是对中国古代哲学中一种“方法传统”的自觉继承与整理，这就是由先秦的道家、魏晋的玄学、唐代的禅宗所构成的对超思议、超言说进行思议言说的传统。从《老子》无名之道，到《庄子》绝对、大一之道；从玄学“言外之意”到禅宗“第一义不可说”，均极力彰显本原、本体之超思议、超言说。如《老子》的“无名”，是“天地之始”，是万“有”之所以生，从逻辑上说，这个“有”之前的状态，就只能是“什么都不是”的“无”。此逻辑过程近似于新理学的“气”被抽去了“一切性”。而《庄子》之道则偏于“大全”。此大全是绝对的整体的“一”，所以不可思议、不可言说。《庄子》说：“既已为一矣，且得有言乎？既已谓之一矣，且得无言乎？一与言为二，二与一为三，自此以往，巧历不能得，而况其凡乎。”①至大无外的“一”怎么可以对象化呢？无限绝对的“一”怎么可以用有界域的、有定指的名言概念来指谓呢？“言说”与“本体”之间总存在着有限与无限、相对与绝对的鸿沟。庄子进而感慨说道：“知不知，至矣。孰知不言之辩，不道之道……”②老庄之后又有玄学，到了禅佛教，更有专门的“遮诠”法的提出，逐渐形成一因本体之空无、大全、无限、绝对而主张超越思议亲证本体的方法传统。与道玄禅相比，新理学负方法主要是着眼于由逻辑上的“无”和“全”所引致的不可知，而不强调无限绝对之义。另外，道玄禅是强调言断虑绝后的顿悟直觉，而新理学则着眼于形上“认识”的完整而更注重尽可能的思议言说或最后的思议言说。

二、正负整合

在新理学，正方法与负方法虽有截然的区别，但也有相通相融之处。

① 《庄子·齐物论》。

② 《庄子·齐物论》。

首先,它们都是思之表现,都是理性活动。新理学明确强调,负的方法仍是思议言说,仍是一种理性,是决定理性之界限的理性,是最后的理性。其次,两者的整合形成完整的形上学方法。正方法是思之开始,是从实际事物出发,分析出存在与存有、殊相与共相、道体与大全等观念。此逻辑分析的最高成就是“知有大全”,但它又并非形上学的最高成就。由“知有大全”转出“知大全之不可知”,才是从“对象化大全”过渡到对“对象化大全”的否定和超越,才可能进一步获得真实的“大全”。冯友兰说:

> 一个完全的形上学系统,应当始于正的方法,而终于负的方法。如果它不终于负的方法,它说不能达到哲学的最后顶点。但是,如果它不始于正的方法,它说缺少哲学的实质的清晰思想。①

新理学在方法建立上最具创造性的贡献,正是对正负方法的方法整合。这种整合是基于充分的形上学方法意识、中国哲学汇通意识及未来世界哲学意识。我们可以从此方法整合的过程中整理出一个宗旨两个要点:一个宗旨是完整的形上学方法;两个要点是:一是强调负方法之前的充分的正方法,二是强调正方法必须最终发展至负方法。

首先不能忽视此宗旨,因为不立足于完整的形上学方法的要求,两个要点就不能成立。正负整合是旨在于获得“完整的”形上“学”方法,旨在于实现“完全的”“形上理性”,即从事物“存在”,到共相“存有”,又从“有之全”到“有之全之不可知”。此种“理性整全化”的要求是新理学方法整合的基础。

对第一要点来说,如没有正的方法,就没有基本的逻辑方析,如此,不仅不会有完整的形上学,甚至连“学”字也无法立足。新理学作为现代哲学的一个重要标志就是其对于哲学之“学”的意识的充分自觉与充分运用。《新理学》对哲学的自觉界定就是此“学的意识”的体现,《新理学》

① 冯友兰:《中国哲学简史》,北京大学出版社,1994年,第381页。

说："哲学乃自纯思之观点，对于经验作理智底分析，总括，及解释，而又以名言说出之者。"①哲学是"理智底"活动，是由"纯思"来思议、由"名言"来表述的"学"的系统。所以，冯友兰认为，中国传统哲学因一直没有充分发展出正的方法，因而缺少"足够的清晰"。在此意义上，冯认为逻辑分析法是"西方哲学对中国哲学的永久性贡献"。②

需要指出的是，关于人的"精神境界"是否也一定要以充分的逻辑分析和完整的形上学为前提则是另一个问题。以为须穷"一切理"方可"尽性"当然是"支离"，以为须有完全的系统的形上学方有"天地境界"，恐怕也是一种"支离"。不过，在心学一派，有把哲学混同于证体、直觉本身之嫌，却是忽视了哲学终究是一种"学"。另外，"证体"也许不需要系统的哲学作为知性前提，但不能没有一点学，不能没有几个形上范畴，否则，"本心"再灵也不会有"明觉"，修养功夫也无从谈起。

对第二要点来说，正方法如没有发展至负方法，则说明我们的思没能发展至顶点，没能达到它最后的界限，我们的思则还是停留在对大全的理智分析上，还是停留在对象化的认知上。冯多次强调形上学最后的对象也是真正的对象，是不可知的、神秘的宇宙大全。从"整全理性"的角度说，理性不仅要认知对象，最终还要认识到自身的觉限。同时，负的方法不仅是最后的"形上理性"，它也是"超理性"的机缘，负方法否定了"思议"，也就等于为"超思议"的直觉顿悟开通了道路。从西方哲学而言，冯认为："西方哲学中虽有神秘主义，还是不够神秘。西方的神秘主义哲学家大都讲上帝，讲人与上帝合一。但是上帝，既然是全知全能，实质上就是一个理智的观念。人只要还有一个或多个理智的观念，就还是在'界线'的此岸。"③所谓"界线"的此岸，就是还没有进入彻底的负的方法，还

① 《三松堂全集》第四卷，河南人民出版社1986年，第7页。

② 《中国哲学简史》，北京大学出版社1994年，第365页。

③ 《中国哲学与未来世界哲学》，载于《哲学研究》1987年6期。

不自觉观念总是一种限定，不知道最终须超越观念认知才能达到那个形上意味的"整全"。由此可说，负的方法应是中国哲学对未来世界哲学的重要贡献。

基于"未来世界哲学"意识，冯对此汇通与整合有很高的估价，他说："未来世界哲学一定比中国传统哲学更理性主义一些，比西方传统哲学更神秘主义一些，只有理性主义与神秘主义的统一才能造成与整个未来世界哲学相称的哲学。"①如果说中国哲学的现代化必须自觉与未来世界哲学的发展相关联的话，那么，新理学对正负方法的整合就是在此方面的积极的自觉的尝试。

三、负的方法与直觉

注重直觉已被大多数人认为是中国传统哲学的主要特征。是否理解直觉，是否承认直觉的根本地位，已成为是否了解中国传统哲学，是否发扬中国传统哲学的重要标志。对以"接着"中国传统哲学讲为己任的新理学，人们自然会以此尺度来衡量新理学，况且，新理学负的方法与"天地境界"也很容易把人引向直觉。有人认为，负的方法标明了新理学"直觉主义"的特征，甚至认为，新理学负的方法就是直觉的方法。

在新理学中，负的方法有着独特的地位，它是"理性"与"超理性"微妙的关口。一方面，负的方法是关于理性之界限的理性，是最高最后的理性。从此方面说，负的方法是"理性主义"的方法。另一方面，负的方法是对理性自身的否定，它明示了理性最终要让位于超理性的静默与直觉。从此方面说，负的方法又是"直觉主义""神秘主义"的方法。不过，冯明确强调，负的方法仍是理性活动，讲形上学不能讲，仍是一种"讲"，用负的方法讲形上学，仍是一种"学"。可以肯定，在新理学，负的方法不即是

① 《中国哲学与未来世界哲学》，载于《哲学研究》1987 年 6 期。

直觉本身。

冯友兰对直觉不能作为哲学的方法有明确的见解。在《中国哲学史》“绪论”中,冯说:

> 凡所谓直觉,顿悟,神秘经验等虽有甚高之价值,但不必以之混入哲学方法内,无论科学、哲学,皆系写出或说出之道理,皆必以严刻的理智态度表出之。①

又说:“故谓以直觉为方法,吾人可得一种神秘的经验则可,谓以直觉为方法,吾人可得到一种哲学则不可。”②在此,基于哲学之“学”的自觉,冯认为,哲学是“写出或说出之道理”,是离不开逻辑分析的言说系统。而直觉只是心灵之“觉”,它再灵,也只是一种心理、一种经验,它的结果不可能是理论意义上的“学”,也不可能是认知意义上的“知”。

就哲学本身或哲学的方法来说,哲学只能是理性的,因为只要是“学”,就必定是理性的产物,必定是出于“严刻的理智态度”。所谓“直觉主义”“神秘主义”的哲学,并非是说建立哲学的方法是神秘的或直觉的,而是说此哲学“理性地”承认或强调“非理性”或“超理性”的重要地位。冯在《新理学在哲学中之地位及其方法》一文中明确说道:“用直觉主义讲底形上学,并不是讲者底直觉。形上学是一种学,学是讲出底义理,而直觉则不是讲出底义理。用直觉主义讲形上学,可以说是讲其所不讲,但讲其所不讲,亦是讲。此讲是形上学。”③冯之所以用“直觉主义”来说明其负的方法,是因为,负的方法虽不即是直觉,却是直觉的前导,是直觉的准备。

由于冯把直觉仅当作一种经验,或是把直觉涵括于新理学的“觉解”之中,总的说来,在新理学中,直觉并不占有十分突出的地位。新理学体

---

① 《中国哲学史》上卷,中华书局 1992 年,第 4—5 页。

② 《中国哲学史》上卷,中华书局 1992 年,第 5 页。

③ 《三松堂学术文集》,北京大学出版社 1984 年,第 512 页。

系是试图建立一完整的形上学—人生论系统，而其中的理论核心是正负方法的整合，以及由觉解向境界的过渡。新理学虽是以同于大全的“天地境界”为归旨，却是更关注精神境界的觉解前提。新理学既无意于把境界等同于直觉，也没有把直觉当作达到境界的一个重要环节来讨论。新理学人生境界说，主要还是在讲觉解，讲与四种人生境界相对应的四种“了解”类型，尤其是与“天地境界”相应的形上觉解。冯友兰强调：“人学形上学未必有天地境界，但人不学形上学，必不能有天地境界。”①形上学是天地境界的“学”的前提。情况稍有些复杂的是，新理学觉解之“觉”，与直觉有些相像。《新原人》说：“觉是自觉。人做某事，了解某事是怎样一回事，此是了解，此是解；他于做某事时，自觉其是做某事，此是自觉，此是觉。”②又说：“自觉是一种心理状态，它只是一种心理状态，所以并不依概念。”③此“自觉”是否就是冯要说的直觉，当然还可以讨论。不过，《新原人》只是这几处提到此“觉”，此外，几乎再无涉及。《新原人》主要还是在讲觉解中的“解”，即“概念底”了解。

总之，新理学所关注的是尽可能的分析，是人的尽可能的理性活动，是知性的“足够的清晰”。这与冯对理性主义的信念与侧重有关。一方面，冯认为，人之为人是在于理性（道德底与理智底），④理性自然成为其人生论的中心。另一方面，新理学虽以精神境界为究竟，却更为关注境界前的觉解、直觉前的分析。在冯看来，虽须讲直觉，但只有讲分析后的直觉才有意义。早在《柏格森的哲学方法》一文中，冯对直觉主义有一概括：“主张直觉，只反对以分析为究竟，并不反对分析。以为主张直觉，便是不要分析，便为大错。”⑤冯在其晚年所著的《中国现代哲学史》中说得

---

① 《三松堂全集》第五卷，河南人民出版社 1986 年，第 167 页。
② 《三松堂全集》第四卷，河南人民出版社 1986 年，第 522 页。
③ 《三松堂全集》第四卷，河南人民出版社 1986 年，第 386 页。
④ 同上。
⑤ 《三松堂学术文集》，北京大学出版社 1984 年，第 10 页。

更直接：

> 一个人所有的概念就是他的精神境界，一个人所有的概念的高低，就是他的精神境界的高低。①

这种说法虽有把概念直接等同为精神境界的嫌疑，却是充分肯定了概念在形成精神境界过程中的重要地位。

新理学也正是在此方面给我们留下了不少疑问。比如，从新理学体系的内部结构来说，由于新理学的究竟是“境界”而不是“觉解”，是“精神”而不是“认知”，作为内证内觉的直觉是应当占有相当的地位的。新理学对直觉、境界本身，以及觉解与境界的关系问题，均没有给予充分的讨论。在新理学，从觉解到境界（天地境界），虽有负的方法的过渡，却是过于简单，似乎有了负的方法（知大全不可知）就有了同于大全的“天地境界”。新理学在一定程度上有着“即觉解即境界”的简单化倾向，而对精神境界的内在化、生命化的特征关注不足。新理学以为，有了“超思”（超越对象化思议）的负的方法就可实现“超思”的精神境界，而实际上，“精神境界”之成立不仅有对思议的超越，还应有概念的生命化、内在化的问题，此可谓是“以情化理”。《新原人》中虽论及修养“功夫”，却认为“功夫”只关系到境界的“久暂”，而不是“有无”的问题②。对新理学的诸多批评也因此而起。

（原载《北京社会科学》1997 年第 2 期）

① 冯友兰：《中国现代哲学史》，中华书局（香港）有限公司 1992 年，第 220 页。

② 《三松堂全集》第四卷，河南人民出版社 1986 年，第 648 页。

接着新理学讲

引言:接着讲与创造的诠释

新理学一开始就标明是“接着”程朱理学讲而不是“照着”讲,那么,从方法的意义上,此接着讲究竟有什么含义呢?冯友兰对于其接着讲的思路,有一个逻辑的说明。冯认为,哲学是形式的释义,只是“以心观大全”,讲事物各有其理,而不研究各个理的具体内容(属于科学),因而古今哲学不能有日新月异的变化。新哲学不可能超出前人的“大致轮廓”,只能更“完备精密”而已,此所谓“完备精密”,即在于思之能力即逻辑的进步。所以,冯友兰说:

> 近代化的中国哲学,只能用近代逻辑学的成就,分析中国传统哲学中的概念,使那些似乎是含混不清的概念明确起来,这就是接着讲与照着讲的分别。①

使传统哲学含混不清的概念明确起来,就是在确定传统哲学“应有的”逻辑的基础之上,把传统哲学想要说却没有说或没有说清楚的,说出来。冯依此来区别哲学史家与哲学家,他说:“哲学史的作用是告诉我们,哲学家的字句,这些人自己在过去实际上是意指什么,而不是我们现在认为应当指什么。……可是从纯哲学家的观点看,弄清楚过去哲学家的观念,把他们的理论推到逻辑的结论,以便看出这些理论是正确还是谬

---

① 冯友兰:《中国哲学近代史》,香港中华书局 1992 年,第 207 页。

误……这样的工作,就再不是一个历史家的陈述性工作,而是一个哲学家的创造性工作了。”①

对照傅伟勋“创造的诠释学”,倒可以充分理解此接着讲的方法意蕴。傅伟勋对哲学研究过程有一个从原典解释到原有思想“深层结构”的发掘,直至突破原有思想结构而有新系统之自我创立的诠释学的描述。傅将此过程分为五个层次:1)实谓层次,关涉“原思想家实际上说了什么”,包括考证、训话、版本等文字方面的工作。2)意谓层次,关涉“原思想家真正意谓什么”,包括生平研究、语言解析、义理彰显等。但是,由于语言含混、多种结构并存逻辑矛盾等原因,几乎不可能说出原思想家的真正意蕴。3)蕴谓层次,关涉“原思想家可能说什么”,这是超越“客观的释义”而一跃成为“可能的释义”,于此承认原思想家种种丰富的哲理蕴涵,并借助深广的“史的传统”来把握其蕴涵。4)当谓层次,关涉“原思想家本应说什么”,此是突破“史的传统”,来断定原思想家“在现代应该说什么”。5)必谓层次,关涉“我应该说什么”,此是跳出原思想家立场来决定我要说什么。②

所以,冯友兰所谓“推到逻辑的结论”,可以获得这样的解释:原哲学虽有“自己的逻辑”,但由于语言的含混、内在理路的矛盾、逻辑方法的缺失等原因,“此逻辑”在原哲学中是“暗晦不明”的,它表现为两种情形:或者是“此逻辑”在原哲学中没有被清晰完整地表达出来(在更完备精密的现代逻辑学的对比下,冯主要是此意);或者是“此逻辑”在原哲学中并没有获得应有的地位亦即被其他逻辑线索所掩盖(纯哲学家于现代的立场看,傅主要是此意)如果说哲学史家所关心的是原哲学的“实际意蕴”,那么,哲学家或是一个创造性的诠释家所关心的则是原哲学的“真

① 冯友兰:《中国哲学简史》,北京大学出版社1985年,第382—383页。

② 参见《文化危机与展望——台港学者论中国文化》下册,中国青年出版社1989年,第120—126页。

正意蕴”。

值得注意的是，无论创造的诠释还是接着讲，都启示了一种“传统本位”或“民族本位”的哲学发展观。既是接着讲，就必然与传统哲学有着某种共同的问题线索、方向，就仍是一种延续、一种传承，仍然涵括于传统的范畴；同时，它又是对传统的发展和创新。如果严格按照这种“接着讲”的方法接着新理学讲，首先要做的，就是整理出新理学应有的逻辑，由此来决定所“接”的线索。

一、逻辑分析与方法自觉

新理学最为显著的现代品格无疑是逻辑分析法。它对新理学主要有两个方面的影响：一是形式上、程序上的，与义理本身无关，只关涉义理在表达上的明晰性和在论证上的逻辑性。二是哲学观上的，以为哲学是从经验出发的逻辑的知识系统，由此决定了新理学哲学定位的逻辑经验主义倾向。

冯友兰对逻辑分析的方法意义有充分的自觉和系统的说明。从分析与认知而言，认知始于分析在分析之前，对像“这”是一个“漆黑一团”，要把“这”弄得可知，就必须进行分析，由分析来获得事物的共相，即“知类”。而哲学是一言说系统或理论系统，它离不开概念分析和逻辑论证。“无论科学哲学，皆系写出或说出之道理，皆必以严刻的理智态度表出之。”①清晰不是哲学的目的，却是哲学表达的基本要求。至于直觉，它只能提供一种经验而不能“成立一个道理”。

如果说哲学的理论性和明晰性要求有逻辑分析的话，那么，在新理学形上学，其内容本身也要求逻辑化、形式化，不仅形上学的命题推论是形式的，其形上观念也没有“多少”实际的内容。具体地说，新理学形上学

① 冯友兰：《中国哲学史》上卷，中华书局1992年，第4页。

从“事物存在”这一最基本的经验出发，所有的形上观念都是“存在”的蕴涵。新理学形上学依此“不着实际”形式性来区别于科学的“积极的释义”。[①] 即便新理学“负的方法”（与逻辑分析法相对）也充满着逻辑分析的意味，其气、道体和大全之所以不可思议不可言说，是因为“全”或“大全”超越了能（知）所（知）两分的认知关系。此“神秘主义”因而是一种“清晰”的神秘主义，一是神秘之所以神秘是清晰的，二是神秘产生于分析运用的极限处，是在充分清晰之后的神秘。

新理学对逻辑分析的重视和运用，体现了新理学充分的方法意识与方法理性，新理学的建立过程，就是一个方法自觉、方法反省与方法运用有机结合的过程。《新理学》一开始，就系统讨论何谓哲学，涉及哲学的定义起点与对象，哲学的功用与目的，哲学的运思方法和哲学的发展诸问题。《新原人》有意突破逻辑分析法，而有整合正负方法的努力。《新知言》则是一本专门讨论形上学方法的方法论专著。从逻辑上说，此对一般问题（如一般哲学）的起点对象、方法、程序、功能、目标等要素的讨论，不是具体问题（如某具体哲学）之具体解决本身，而是它的方法前提。新理学的方法意识和方法探索，对于方法理性最终落实于中国哲学有着明显的开拓意义。

概括地说，新理学的方法意识集中体现为哲学之“学”的意识及哲学方法的逻辑分析意识。新理学紧扣这样的线索：哲学是学，是一客观的知识系统，它的方法只能是科学的理智的。现代中国哲学要建立起“学科”意义上的新哲学，就必须克服中国传统哲学在论证、说明、系统性方面的严重不足。

于此，新理学启示我们，对于哲学与知性的关系须作两方面的分疏：一是知性与哲学的方法层面或形式层面的关系，就方法而言，哲学之为学，必是一种“知性探求”。另一是知性与哲学的内容层面的关系，它指

---

① 冯友兰：《中国哲学简史》，北京大学出版社，1985年，第371页。

一具体的哲学如何看待知性与认知知性与本体知性与人生等的关系。就此方面说，又有两种趋向：一是重意志、重直觉重实践；一是重理性、重认知、重学问。所以，形式上、方法上的知性与内容上的主知或反知倾向并无必然的关联，或者说，知性方法与内容上的“反智主义”并不构成矛盾；相反，反智主义或超智主义的思想倒必须运用知性方法来加以系统的论证与说明。众所周知，牟宗三哲学在逻辑分析义理论证、义理架构等形式理性或方法理性上并不逊于新理学，而其所主张者，却是超理性的“智的直觉”。所以，无论是理性主义还是直觉主义者，是“新”理学还是“新”心学，都不能回避哲学认知在方法层面或形式层面上的知性问题，都不能没有相当程度的方法意识和逻辑训练。只有从此“普遍知性方法”的角度，才能真正理解冯友兰关于逻辑分析的“手指头”说和“永久贡献”说。

新理学的方法探索，同时也启示了中国哲学在方法论知识论上的重要课题。从逻辑上说，对某一具体学科的方法探讨，必须以一般的方法论和知识论为逻辑基础。一哲学家建立一哲学，其哲学系统中不必有系统的知识论，而在方法资源上，却不能不依靠高层次的方法论和知识论。逻辑分析法如要在中国哲学中扎根，必须有方法论、认识论的深厚支持。现代中国哲学如何理解、融汇、回应西方哲学在认知理性和方法理性上的长处，应是当前中国哲学之发展的一个紧迫课题。

二、道德形上学与客观存有论

基于接着讲的立场，冯友兰认为，程朱宇宙论的合理意蕴就是形上与形下、理与事二分的存有论线索。新理学形上学作为“客观存有论”系统，是自觉根据西方实在论传统来改造和发展程朱宇宙论。

随之而来的疑问是，程朱宇宙论虽也有“客观存有论”的部分，也讲理是“平铺放着”“元来依旧”的本然实有，也讲理与事、形上与形下、所以然与实然的两分，也从生物之具（气）与生物之性（理）来讲存在的发生和要素(形式与质料)等,但其根本的宗旨是讲此理“浑然为善”,是确立一道德本体,以道德的原理为宇宙的原理;再进一步,是说此“道德化”的天理即是吾人性体。

冯并非无见此,只是,新理学依据自己对哲学“应”是什么的理解来建立“新哲学”。新理学明确指出:

> 在程朱及一般宋明道学家之哲学中,所谓善即是道德底善;而整个宇宙亦是道德底。我们的说法不是如此,我们以为道德之理是本然底,亦可说是宇宙底,但宇宙中虽有道德之理,而宇宙却不是道德底。①

新理学视传统理学“一理万理”“物物一太极”为神秘之说,而不主张“存有论”或“宇宙论”意义上的道德善恶。

冯采取此种形上学路向,主要是受西方哲学知性传统,特别是维也纳学派强调哲学分析化的影响。冯主张哲学(形上学)要从“科学的”或“综合的”立场中超拔出来,不再建立诸如“上帝存在”“灵魂不死”“意志自由”之类的假定和玄设,而是从最基本的自明的经验“存在”出发,对“存在”作纯粹形式的逻辑分析。由此,新理学形上学不是通过本体来证立道德为人性本然,而是从“事物存在”出发,演绎出理气、道体、大全四个形上范畴,形成一解释存在与存有(实际与真际)实际世界与理世界(事与理、殊相与共相、实际与纯真际)、存在之形式与质料(理与气)、存在之动(道体)与存有之全(大全)的存有论系统,其具有本体意味的“理”是一众理皆具的“理世界”,只肯定事物各有其理而已。

至此,新理学并没有根本上的逻辑矛盾,冯可以以哲学家而非哲学史家的方法来处理程朱宇宙论,新理学可以用自己的方式来解释存在,即如形式的形上观念可以提高人生境界也可以得到合理的解释。但是,新理

① 冯友兰:《三松堂全集》第四卷,河南人民出版社1986年,第91页。

学系统最终仍要讲传统儒家天人合一的圣人境界,此境界是天人合德的生命境界,既非新理学境界说那种即概念即境界的知性境界,亦非新理学形式化的无德性内涵的形上观念所能蕴含。显然,新理学实证化、逻辑化的形上架构,并不能为其仍皈依道德的人生境界说提供宇宙论或存有论的逻辑基础;相反,依此超道德的自然的形上观念,所引致的倒可能是齐物逍遥、与道(大全)为一的道家境界。新理学的形上学对于其人生境界说,充其量只是提供了一种觉解类型以为天地境界的觉解前提而已。

新理学形上学此种分析化逻辑化的倾向遭致各种批评,其中以洪谦和牟宗三的观点尤具代表性。洪谦认为:

> 传统形而上学虽不能成其为关于实际的知识理论的体系,但有其在人生哲学方面的深厚意义。但是冯先生的形而上学似乎是两者俱无所層。①

从传统形上学命题如“上帝存在”“灵魂不死”“意志自由”中,我们可以得到理想上的安慰、丰富的感觉和优美的境界,而对新理学形上学命题如“山是山,水是水”,“山不是非山,水不是非水”,只能是无动于衷。牟宗三则基于道德形上学的立场,针对“自然本体论”或“知性存有论”倾向(并非专指新理学)提出系统的批评。牟宗三认为,此种自然论、客观论是纯粹的知性外求,是把自然宇宙看成外在于人的客观实体,寻求其要素,是探求外在存在及其属性的“实有论”,至多只是对自然世界的一种解释。此种“自然本体论”只提供了一套空洞的静态的逻辑结构,而不能把真与善、存有与价值、自然与人生统一起来,不能引导人们获得一种物我一如,天人合一的形上境界,不能体现出中国传统哲学整体主义、有机主义的生命意识。牟认为,真正的形上学应研究应然的、价值的、超越的世界,应探求真与善、存在与价值的统一,而不是“纯客观的”本质。②

---

① 洪谦:《维也纳学派研究》,商务印书馆 1981 年,第 191 页。

② 参见郑家栋:《本体与方法》,辽宁大学出版社 1992 年,第 225—226 页。

上述批评虽具有力度，但都不是对新理学的内在批评。新理学形上学不只是“山是山，水是水”之类的形式命题，而是要讲理、气、道体和大全几个形上观念，按新理学的逻辑，有某种观念或概念就有相应的精神境界，尽管此境界难免知性化概念化。牟的批评则是揭示了一种不同于新理学之类的“自然本体论”的形上学路向，即传统儒家的“道德形上学”路向。此路向是为人性归依寻找本体依据的“人学形上学”或“价值形上学”。从逻辑上说，牟的批评涉及各自对形上学“何谓”的“承诺”问题，而不同的形上学可以有不同的问题、方法和目标。

冯友兰的新理学与以熊十力牟宗三等为代表的“新心学”一系在形上学路向上的相互批评，可以给我们诸多启示。前者是解释存在或存有的“自然属性”；后者是关于人性本原的形上探求；前者是从经验出发的逻辑架构，后者则是先验的超越的思辨；前者主张“价值中立”的客观存有，后者主张存有与价值的统一；前者严格区分真理与信念，后者则是信念真实的实用倾向。新理学“客观存有论”的形上学路向在逻辑上是自足的，是对“存”或“有”的形式的普遍的分析，但是，人的价值问题、生命问题没有涉及，是知于自然而蔽于人，因而显得抽象空洞。“价值形上学”则试图统一价值与存有，但终究无法弥合主观信念与客观真理的差异，而以道德实体为绝对必然之宇宙实体的“道德形上学”，终难免有些道德神学的独断意味。

那么，究竟何谓“真正的形上学”？也许并没有什么“真正的形上学”，如牟宗三所说，“自然本体论”至多只是对自然的一种解释而已，“道德形上学”也是一种对存在与人的解释。哲学家可以用自己的方式来建立形上学，因为形上学并没有一个绝对确定的模式，我们只能是根据其内在的逻辑来理解某种形上学，或是根据某种自我设定的标准和线索来评估某种形上学。按照新理学的线索，“存有论”只是形式地肯定那客观的超越的“理世界”，至于价值问题不属于普遍的存有问题，而只能归于人生论。

三、理性与德性

新理学是一种典型的实在论与实用论的并用方式。其存有论是实在论的(客观本然的理),而其认知论和人生论则是经验论、实用论的。从认知说,理虽客观超越,而我们的认知只能从经验开始;在人生论,虽承认价值有其超越的根源(价值之理、人之理)也只能存而不论(形式地肯定其有而已)至于人生价值的"实际建立",不应是从某种绝对的假设出发,而是从人生最基本的自明的经验出发。所以,新理学人生论主要表现为对社会人生各种经验事实的描述和分析,如对善恶问题的形式分析、对人性善的逻辑论证、对正性与辅性的分疏等。而关于道德问题的讨论,即有一种不确立伦理规范而只对伦理概念与伦理命题进行逻辑分析的"元伦理学"倾向。

当然,新理学人生论不是纯粹形式的,新理学不仅有价值的描述和分析,也有价值的建立。新理学明确提出两个价值方向:觉解与道德,一方面是觉解对于人生的本质地位;一方面是道德作为人生理想的归宿。

《新原人》一个重要的特征就是强调觉解。《新原人》说:"有觉解是人生的最特出显著底性质。因人生有觉解,使人在宇宙间,得有特殊底地位。"①《新原人》力图把意义建立,表示为一种意义觉解或价值认知的过程,"一件事底意义,是对于对它有了解底人而后有底",

> 我们对某类事物有了解,某类事物对于我们即有意义。我们对之了解愈深愈多者,其意义亦愈丰富。②

有无觉解,不仅是对人生的意义有无觉解,而且直接就是人生意义之有无的问题。觉解是构成道德意义的必要条件,无觉解的行为,虽合于道德,

---

① 《三松堂全集》第四卷,第523—524页。

② 同上,第515页。

却不能是道德的行为,在新理学看来,人之性具有多种内涵:理性、社会性、德性等,而理性具有最优先的地位。新理学此种柏拉图式的理性(理智)主义人生观与程朱理学已有很大的不同,程朱理学虽有主知倾向,却始终坚持德性为吾人性体,而不是独立地把心之知觉灵明作为人性本质。

另一方面,新理学仍是把人生的最高境界归于德性的完满实现,其人生境界说的中心线索仍是"德性自我"的觉醒与扩充。新理学的天地境界是顺着义利之辨讲的,其"超道德"的意义,不是超越是非善恶,而是指道德行为不仅有社会的意义且有宇宙的意义,是德性自我扩充至极,是"无我"而"大我"由此体现出新理学鲜明的儒家立场。只是,它与传统儒家德性本体意义上的天人合一已经大相径庭。

新理学于此方面的合理意蕴集中体现为意义与觉解、价值与认知、德性与理性的统一倾向。新理学是用理性来了解德性,用理性来限定德性,理性已成为德性之所以为德性的一个必要环节。《新原人》四种人生境界,从无我到自我,从个人之我到社会之我,从社会之我到宇宙之我,既是一个意义提升的过程,也是一个基于经验事实的理性觉解过程。如果说新理学的方法自觉肯定了"逻辑分析"对于"知性探求"的方法意义,那么,在此,新理学是确定了"知性探求"于"价值建立"的方法意义,前者是方法与知性,后者是知性与人生。

当然,《新原人》对此方面的讨论,还十分简单笼统。《新原人》中的意义不同于我们所谓价值,其意义更近似于内涵、含义之类,其所谓"了解愈深愈多者,其意义亦愈丰富"有把意义混同于一般知识之嫌。《新原人》只注意到觉解与"觉解的觉解"的区别,而无意区分"客观的了解"与"意义(价值)的了解"。《新原人》把整个价值过程简化为价值觉解,而未注意到价值实现还须有一个价值实践的过程。总之,在《新原人》的价值生命或德性生命中,情感、意志实践等的应有之义没有被充分揭示出来,而在一定程度上有意义觉解化、德性知性化的片面倾向。

不过,新理学面对强调主观生命、亲证践履的深厚传统,异军突起,弘扬以方法理性和理性人生为主要内容的理性精神,对纠正传统哲学把知识问题和人生问题直观化、神秘化、自然化的偏向具有重要的意义。新理学在相当程度上启示了德性与理性、价值与知识、信念与真实等方面的关系课题,特别是如何用知识来确立价值、用理性来规范意志。新理学在此方面的努力及其理论上的矛盾,迫使后来的哲学必须在更高的层面上去处理理性与德性、知识与价值的关系。

四 、未来世界哲学:歧出与整合

通过以上讨论,可以看出,仅凭接着讲的思路,很难在整体上把握新理学的过程和方法。新理学不是单纯地挖掘和发展传统哲学的"深层意蕴",而是在一个新的方法下进行新哲学的建立,在新的结构中融汇传统。牟宗三对哲学之新有两种说法:一是引申之新,一是歧出之新。前者可以理解为对传统思想原有向度的引申扩充,后者则依心学正统立场对理学歧出有贬损之义,我们可理解为不满足传统思想的原有向度,而引入新的向度如果超出"唯正统"的立场,后者的意义是明显的:引入新的向度,是从整体上开拓丰富了传统哲学。从义理上说,超出原有向度之所以可能,正因为原有向度不足以表达更丰富更复杂的义理。再进一步,就是超越单纯的歧出立场,基于更高的整体和更完全的理性,在更大的系统中实现原有向度与歧出之新的整合。所以,哲学创新不止于引申之新和歧出之新,还应有一种"歧出整合之新",先有歧出再有整合。

新理学之建立正可谓歧出整合之新。新理学方法上的逻辑经验倾向以及心性道德论的理知倾向,是传统哲学所缺,而从西方哲学理性主义传统中引入的。新理学不仅试图贯通理学与心学、儒与道,从整体上说,更是力图综合中西哲学。此综合依据于客观本然的理,依据于对此理的"完全的了解",对于本然完全的理来说,各种哲学均是只见其中的部分。因此,哲学的发展,必须表现为不断创新、不断歧出又不断整合的辩证过程。

所以，冯友兰认为，民族哲学之所以是民族的，“其显然底理由是因为某民族底哲学是接着民族的哲学史讲的，是用民族底语言讲底”。① 其意义不在于义理，就义理说，哲学只有一个，因为客观本然的理只是那一个。据此，冯对于狭隘的民族哲学意识提出明确的批评，他说：

> 如果事实上哲学家受所谓民族性的拘郁哲学的目的，正是要打破这些拘囿，而求普遍底公共底义理。如果有所谓民族性，哲学家于讲哲学的时候，正要超过之。②

基于普遍本然完全之理，冯提出其“未来世界哲学”的构想。冯认为，一方面，西方哲学没有充分发展出真正的神秘主义，一方面，中国哲学没有充分发展的理性主义，所以“只有理性主义与神秘主义的统一才能造成与整个未来世界哲学相称的哲学”。③新理学依此路向，建立出一种整合正方法与负方法的形上学；一种结合理性觉解与精神境界的人生论，一种既有存有论又有人生论的哲学系统。

当然，新理学并没有最终完成这些融合，其形上学仍有分析与存在、经验与超验等的矛盾；其人生论仍有概念与境界、认知与生命的矛盾；其整个系统，仍有存有与价值、价值中立与价值建立的矛盾。总的说来，新理学更注重方法理性和理智理性，而未注意到多种理性形式的区分与关联；在人生论上，更注重价值确立的认知环节，而对整个价值过程中的意志直觉实践等层面没有给予足够的重视。也许，新理学正是犯了冯自己曾批评过的那种错误，没有“使逻辑分析法的应用保持在适当限度以内”，更深层的原因应该是，冯还没有真正观照到生命之整体和理性之整全。

总之，新理学启示了两种重要的哲学路向，同时按照这两个路向走下

---

① 冯友兰：《三松堂学术文集》，北京大学出版社1984年，第433页。

② 同上，第432页。

③ 冯友兰：《中国哲学与未来哲学》，载于《哲学研究》1987年第6期。

去,就是接着新理学讲的内涵:一是中国哲学中理性主义哲学传统的建立,一是世界哲学意识。所谓理性主义哲学传统在中国的建立,主要是指从西方哲学中引入以方法理性和认知理性为主要内容的理性主义哲学,以弥补中国哲学传统在此理性向度上的缺失。简单地说,它包括两方面相关的内容,一是知识及其方法,一是知识与价值;前者是元理性、纯粹理性,是"理性的方法学",是方法论知识论,后者是理性在社会人生中的应用,是"理性应用学",是知识社会学或知识价值学。如何在一种新的结构中真正确立方法、容纳知识,应是当前中国哲学之发展的主要任务。所谓世界哲学意识,也就是"整体本位"或"理本位"意识,它不只是从民族传统出发,不只停留于民族文化之间的对峙与批评;或者说,不是从单一的向度出发,而是从真实或真理的"整体"和"普遍"出发。比如,从对整体的把握出发,是"一"与"多"相互批评或不断分析、不断整合的辩证过程;从整体生命说,是理性与意志"背向而同体";从整体理性说,是理论理性与实践理性、认知理性与价值理性、机械理性与整体理性的多元与统一等。① 应该注意的是,此种"整合意识"并不否认"整体意识下单元倾向"(如只是由中国文化来批评西方文化)的合理地位,只是须自觉其是多元整体或多元理性中的一元。

(原载《哲学研究》1997 年第 4 期)

① 参见成中英:《中国文化的世界化与现代化》,中国和平出版社 1988 年,第 230—235 页。

新理学与西方哲学

——新理学形上学之形成的一种解释

一、小引:中西之间

冯友兰在第八次国际哲学会议(1934 年)上发言说:"今天的中国不是过去的中国自然发展的结果,而是一些违背他的意愿的外力压迫的结果。"①此"外力压迫"指的就是西方文化的挑战。在这个发言中,他把前五十年中国思想的发展概括为三个时期:第一个时期是以改良运动为代表,用旧文化来理解新文化的时期。第二个时期是以新文化运动为代表,用新文化来批判旧文化的时期。第三个时期是 1926 年民族运动以来,注意新旧文化相互阐明的时期。这一时期是前二个时期的"合",即新旧文化"相互理解"(注重中西之同)和"相互批判"(注重中西之异)相结合的时期。

冯友兰自己的思想就经历了第二时期到第三时期的过渡,最后成为第三时期的代表人物。其新理学体系的建立过程也呈现出类似的进展:在《新理学》(1939 年),主要是用西方哲学来阐明中国哲学;在《新原人》(1943 年),主要是用中国哲学来补充西方哲学;在《新原道》和《新知言》(1946 年),中西哲学的精神与方法在整个体系中确定了各自的位置,并且获得某种"均衡",一种西方的"分析"与传统"直觉"之间的均衡。

本文无意全面分析新理学由西入中,由中补西,直至中西均衡式融合

---

① 冯友兰:《三松堂学术文集》,北京大学出版社 1984 年,第 285 页。

的整个过程，而是着重分析冯如何“进入”西方哲学(主要是新旧实在论)，如何用西方哲学阐明中国哲学，直至在《新理学》建立起一相当西方化的形上学系统。最后指出，冯确实“陷入”了西方的知性传统，只是，这一“陷入”却开启了中国哲学现代化不得不面对的“知识”课题。

二、存有:共相与殊相

在哥伦比亚大学读书期间(1921—1923年)，冯友兰初涉西方哲学，一时周旋于各个流派之间，先是留意于柏格森哲学，后又徘徊于实用主义和新实在论之间，似乎并无确定的哲学立场。而实际上，在这一时期，至少有两点对冯以后的哲学发展有着持久的意义:一是他认识到中西哲学在很多问题上是相通的，而不像前人笼统地夸大了中西的差异。例如，柏拉图哲学使他更了解朱熹，柏格森哲学使他开始认识到中国哲学中直觉主义的价值(以前只觉得它消极)。冯越来越肯定:哲学问题没有中西之别。二是柏拉图哲学对冯产生了根本性的影响，这种影响到冯毕业以后才开始明显地表现出来，冯后来的哲学发展，越来越证明了这一点。

冯友兰在博士论文《天人损益论》(1923年)后不久，即尝试“自立道理”，“依所谓中道哲学之观点，旁采实用主义及新实在论之见解，杂以己意，糅为一篇”①，这就是《一个新人生论》(1926年)。在此篇中，冯首次提出一宇宙与人生的哲学架构。关于“存有”，冯一方面采用罗素的中立一元论，承认“宇宙中最后的原料，不能谓为物，亦不能谓为心，而只是世界之事情”。② 一方面也承认常识对于物的肯定。只是，冯对物(之实体)的承认，实际上是承认物的“自性”，也就是它的共相，而不是承认物的“整体”个体，他说:“盖一物既是一串相似的事情，此相似之点，即是此物

① 冯友兰:《三松堂全集》第一卷，河南人民出版社，1985年，第509页。
② 同上，第509—510页。

之所以为此物而以别于他物者。”①冯的结论是：常轨与共相、个体都是客观的真实，而“不必以概念独为‘醒的真实’”。

冯友兰并不了解罗素“中立一元论”旨在用相似的“连续性”来解构心、物“实体”或自身“同一性”的意图，却用“事情相似”来支持共相论。这倒说明，冯在此的本体论就是柏拉图式的共相实在论，“中立一元论”只是用来进一步确证“共相论”，冯也是借它赶一下超越唯心、唯物的时髦。“中立一元论”对于共相论来说是不必要的，冯以后再没有提起过。

《一个新人生论》是冯友兰建立自家哲学最早的起步，从形上学上说，它的出发点就是柏拉图。冯说：

> 懂得了柏拉图以后，我对于朱熹的了解也深入了，再加上当时我在哥仑比亚大学所听到的一些新实在论的议论，在我的思想中也逐渐形成了一些看法，这些看法就是“新理学”的基础。②

这个基础就是共相实在论。冯与柏拉图的最大不同，就是对共相与殊相均给予客观实在性的肯定，而柏拉图只承认共相的实在。不过，对于冯，承认殊相的实在，只是对常识的宽容，对于他的体系并没有特别的意义。根据新理学的逻辑，个体实际上被消解了，被分析成“众理”的集合再加上一个“无内容”的“绝对底料”。新理学形上学的根本精神是柏拉图的，新实在论在这方面（对于新理学）的贡献只是作为柏拉图主义在二十世纪的回响，以及促进了共相论的逻辑化和系统化。

冯友兰确定了本体论的方向，并且义无反顾地沿着这个方向发展下去，直至彻底。冯之所以作出共相殊相论的选择，以下三点起因是相当关键的：

1. 冯早年对逻辑及认知问题的兴趣，成为他进入哲学或西方哲学的切入点。对冯来说，共相殊相问题是哲学的起点：“这”是一片混沌，对

---

① 冯友兰：《三松堂全集》第一卷，河南人民出版社，1985年，第511页。

② 同上，第258页。

“这”的认识起于对“这”的分析或抽象,然后有命题:“这是方底”,“这”是主词,是个体;“方”是谓词,是一般。这一过程既是认知的开始,也是对存有的分析。冯常常表达这样的意思:“由感性认识到理性认识是一个飞跃——我认识到抽象和具体的分别以后,觉得眼界大开,心胸广阔。”①共相殊相问题是一个关联到存在、认知、逻辑、语言和境界的根本问题,冯追求清晰、严谨的气质在这里获得了默契。

2. 柏拉图哲学与程朱哲学的会通,使冯确信共相与殊相不仅是柏拉图哲学的主要问题,也是程朱理学的主要问题。冯认为,运用以柏拉图为代表的西方理性主义哲学可以使程朱哲学的某种内在逻辑得到充分而清晰的发展,可以弥补中国哲学在逻辑上和理智上的不足。所以,讲共相殊相问题,不仅是把西方哲学引进来,也意味着对传统哲学的继承和发展,由此,冯找到了“会通”与“发展”的契合点。《中国哲学史》的写作(约1927—1934年),为这种会通工作打下了坚实的基础。《新对话》(1932年)完全打破了中西古今的时空限制,用问题本身把它们串联起来,充分显示了冯友兰的会通意识。这篇论文是冯友兰建立“自家道理”的第二步重要尝试。

3. 二十世纪初,形上学正经历着巨大的转折,一方面是遭到极端经验主义者的拒斥,形上学、实体论被看成多余的东西;一方面是出现了反唯心主义的客观主义运动,主张一般和特殊、潜在和实存的客观性地位。“形上学”在新实在论那里得到了暂时的栖身之地,甚至一度成为热点。不过,此时的形上学不再是本原论的或绝对论的,且因分析运动、语言转向的方法趋向,呈现出全新的讨论视野。

总之,冯认定共相殊相问题是真正的哲学问题,它不仅是存有的问题,也是认识和方法的问题;它不仅是柏拉图的主要问题,也是程朱哲学的主要问题。冯对这一问题的认识和运用贯穿了他的整个哲学生涯。

---

① 冯友兰:《三松堂全集》第一卷,河南人民出版社,1985年,第257页。

冯友兰关于共相论的立场和方向已经明确,但是作为一个系统的形上学,它尚须两个必要环节:一是系统的共相理论;一是整个体系的逻辑方法。这正是我们后来所知道的,冯一是从新实在论特别是他的老师蒙太格(W P. Montague)那里吸收了关于共相论的系统观点;一是在西方哲学的最新发展中,充分吸收逻辑分析法,最终完成了方法与本体的统一,建立一"逻辑化"的形上学。

三、"形式底"释义:分析运动的先兆

在科学主义备受冷落的今天,一个自然的疑问是:冯友兰为什么会走上"逻辑底"的纯粹立场?他究竟如何得出"哲学是'形式底释义'"这一哲学观的?其实,只要我们回到青年冯友兰所处的时代,这个问题就不难回答。冯早年求学时期(1910—1919年)正值科学主义潮流风行之际,在这样的背景下,冯开始沉醉于被严复称为"学中之学"的名学。西方名学的严谨和形式深深触动了年轻的冯,奠定了冯对西方科学方法和理性精神最初的认同。冯以后所做的中心工作之一就是尽可能把逻辑引入哲学,或者说是通过哲学引入逻辑。

冯友兰最初的哲学讨论主要集中在人生论方面,这一时期,他对哲学的理解着重其内容和目的,主张"科学之目的在求真,而哲学之目的在求好"。① 对于哲学之方法,只是基于"学"的意识,认为其"必为逻辑的,科学的",必是以"严刻的理智态度"写出或说出的道理。而当冯着手建立一"以论理学为筋骨,宇宙论为血肉,人生论为灵魂"之新哲学时,就不得不面对"存有"问题,由此自然牵涉建构"宇宙论"的逻辑方法。

冯在西方哲学的影响下,自然而然地选择了"自然哲学"式的宇宙论,亦即一种"客观存有论"。冯以为:"吾人若不知宇宙及人在其中之地

---

① 冯友兰:《三松堂全集》第一卷,河南人民出版社,1985年,第577页。

位究竟‘是’如何，吾人实不能断定人究竟‘应该’如何。”①宇宙论之“是”正在于为人生论提供一客观的基础。所以，在宇宙论的范围，哲学仍然只能求真。那么，哲学宇宙论之“真”与科学之“真”之间如何区别呢？由此，从逻辑上“逼”出新理学所谓“形式底”释义。

正是在对存有作共相、殊相的细致分析中，冯友兰的逻辑特长得到了充分的发挥，他逐渐发现运用逻辑可以推延出他的整个系统：新理学“从判断和命题开始”，“从一个命题里的主词和客词的关系出发，说明特殊和一般的关系”。“从‘有某种事物’这句话演绎出《新理学》的全部观念或概念。”冯通过“逻辑”找到了哲学与科学的区别：哲学是“形式底”或“逻辑底”释义，科学是“实际底、积极底”释义。

所谓“形式底”释义，在新理学中主要有两种运用。一种是纯粹的分析命题，如“山是山”或“有山就有存在”。另一种是“几乎是分析底”“存在命题”，即对共相和殊相的“本体论的”承诺，如“有实际的物存在”“事物有理”等。这类命题只说明某某的“存在”，而不说明某某的内容。前一种是形式逻辑，后一种可以称之为“共殊逻辑”。在新理学，共殊结构不仅是本体论，也是分析方法，即对任何存在都可以作共殊两面（形式与质料、类与分子、理与事、一般与特殊、存在之名的内涵和外延）的分析。在新理学看来，“共殊逻辑”也是“分析底”“形式底”，这种对“共殊逻辑”的彻底运用，使得新理学获得了存有（本体）与方法的统一。

实际上，新理学的建构并不止于上述的分析，如果我们仔细注意一下新理学形上学的主要范畴如理、气、道体、大全以及无极太极、阴阳、动静等，就会发现，新理学对存在的分析显然近似于亚里士多德所界定的关于存在分析的范畴模式。理有关“实体”“性质”“目的”“动力”和“形式”，气有关“质料”，道体有关“过程”，大全有关“整体”，太极有关“目的”，阴阳有关“关系”，动静有关“变化”，这些范畴模式显然与科学认知的结构

---

① 冯友兰：《三松堂全集》第一卷，河南人民出版社，1985 年，第 353 页。

有关,所不同的是,新理学是用它来分析一般的“存”(即实际)和一般的“有”(客观对象)而不是某个或某种存有。

所以,新理学所谓“形式底”形上学实质上是以共相殊相为基本结构的“存有论”。科学与哲学的区别在新理学中的真实呈现应该是:科学研究具体的某类、某种事物,而哲学讨论最大的类:“有”和“存”。新理学所谓科学与哲学之间“积极底”与“形式底”的区别,实际上只是程度的区别,而不是实质的区别。因此,对新理学形上学的“分析化”特征只能作这样的理解:一是冯试图把“共殊”分析及其他类型的存有分析统统约化为“形式底”分析。二是逻辑分析法的充分应用,特别是新逻辑(主要是命题分析、语言分析)的应用,不仅使新理学自成一清晰、明了的“形式底”系统,也使新理学对哲学问题的讨论具有了明显的“语言分析”的特点。

以上是从“逻辑上”来解释新理学走向“分析化”的过程,导致这个过程的另一个重要原因是整个西方哲学的分析化趋向,这个趋向的产生在很大程度上是实在论哲学的贡献。实在论的始祖柏拉图是西方哲学史中第一个系统提出分析方法的哲学家,而新实在论在英国的代表罗素则是现代分析运动的创始人。美国的新实在论也是逻辑分析方法的积极鼓吹者。《新实在论》(1912 年)一书绪论中“实在论的改革方案”实际上专门讨论了逻辑分析方法对于新实在论的意义。该文认为:“逻辑学和数学是程序的传统规范,它本身正在受到的一个彻底的修订,已经对准确思维的一般原则提供了新的线索。”①由于承认分析对象和逻辑对象的客观性,新实在论有时也被称为“分析实在论”。所以,共相客观论不仅是一种本体论,同时也在相当程度上蕴含着一种方法,即逻辑分析。

新理学沉浸于新旧实在论之中,对其逻辑分析的特征应当是谙熟于心。冯对“新逻辑”有相当的敏锐,常自称是运用新逻辑的成果来建立他的新哲学。由冯友兰与金岳霖的关系,也可以联想到冯与新逻辑的非凡

① 霍尔特等:《新实在论》,商务印书馆,1978 年,第 27—28 页。

渊源。

直到绝笔之作《中国现代哲学史》,冯仍然对“概念的游戏”(金岳霖语)津津乐道。冯在近现代西方哲学的影响下,已走到了分析哲学和语言哲学的边缘。可是,分析哲学家们在运用逻辑分析的时候,大都是唯名论者,至于“实体”问题则被悬搁起来,而冯是实在论者,坚持“辨名”就是“析理”,一名必对应一客观本然之理。冯一方面看重逻辑分析的客观性、正确性和必然性,一方面又不愿意放弃形上学。

四、本然之理:新理学中的形上学

新理学最具柏拉图色彩的是本然之理的观点。在新理学,本然不仅是恒在、独存,也是完全;理不仅是事物之性的根据,也是事物的标准、极限或完全的型。“理世界”是绝对的清晰、完全,“实际世界”依理而不能“尽理”,有性而不能“尽性”,所以是不完全。这与柏拉图“理念-现象”论的精神是一致的。

在这一点上,新实在论者并没有继承柏拉图。新实在论基本上局限于认识论,他们致力于认识的过程及主客体关系理论,对于共相,只是承认它的客观独立性而已。坚持客观主义和科学方法的新实在论对于形上学是异常谨慎的。罗素的探索过程更能帮助我们了解这一点。在《哲学问题》(1912 年)中,我们还偶尔能看到柏拉图式的语句:“实在的世界(The World of being),是不变的、刚刻的、正确的,数学家、名学家和玄学家,与一切爱完美重过生命的人,最喜悦的就是他。存在的世界(The World of existence),是暂时的、薄弱的,没有严正之畛域的,没有明白的计划或布置的。”罗素随后说:“但他汇涵一切思想和感情,一切感觉和料,和一切物体。”①在此,罗素对存在世界的多样和丰富表示了极大的赞赏,

① 罗素:《哲学问题》,黄陵霜译,上海新文化书社,1935 年,第 101 页。

而并没有斥之为“假象”或“幻影”。随着罗素哲学的进展，形上学问题遭到彻底的“清洗”。在他后来的《西方哲学史》(1945 年)中，罗素如此解释柏拉图的“理念论”：

> 这一理论一部分是逻辑的，一部分则是形而上学的。逻辑的部分涉及一般的字的意义。——没有像“猫”这样一般的字，则语言就无法通行，所以这些字显然并不是没有意义的。但是，如果“猫”这个字有任何意义的话，那么它的意义就不是这只猫或那只猫，而是某种普遍的猫性。这种猫性既不随个体的猫出生而出生——也并不随之而死去。事实上，它在空间和时间中是没有定位的，它是“永恒的”。这就是这一学说的逻辑部分。支持它的论据是很有力量的，并且与这一学说的形而上学的部分完全无关。——按照这一学说的形而上学部分说来，“猫”这个字就意味着某个理想的猫，即被神所创造出来的唯一的“猫”。个别的猫都分享着“猫”的性质，但却多少是不完全的；正是由于这种不完全，所以才能有许多的猫。“猫”是真实的，而个别的猫则仅仅是现象。①

新理学对于柏拉图的“逻辑部分”给予了充分的展开，而且采取了正如罗素所采取的语言分析和逻辑分析的方法。可是，新理学并不止于此，冯试图把上述“形上学”的部分也“逻辑化”。新理学认为，由于“气质”结构的影响，一种事物依照一理只能得之七八成，理入气，不是被“遮蔽”，而是一种“缺损”，实际事物因而不可能完全。冯也试图从逻辑上说明实际事物之不完全，冯以房子为例，说要想有完全的房子就要完全的建筑工人、完全的设计师、完全的砖瓦等，而且，完全的砖瓦又要有完全的砖瓦工人、完全的窑、完全的燃料等，所以，“如此推下去，若非宇宙间所有事物实际上已大部分完全，即不能有一事物之完全”。② 根据这种“本然－现实”的

① 罗素：《西方哲学史》，何兆武、李约瑟译，商务印书馆，1991 年，第 163 页。
② 冯友兰：《贞元六书》，华东师范大学出版社，1996 年，第 86 页。

模式,冯愈走愈远,不仅有本然之理,还有本然命题、本然的哲学系统、本然的办法、本然艺术等。如此一来,或可说有本然的苏格拉底、本然的长城、本然的李白。

新理学正犯了冯所谓“极端智识主义”的错误,这是过于执着逻辑和分析,或是过于追求绝对和完全者常犯的错误。这个错误的最大特征正如冯后来所说的,是混淆了“认识”(逻辑对象或分析对象)与“存在(实际事物)”,也混淆了“逻辑”与“历史”。在新理学,个体被分析成共相的复合(个体 = 众理 + 真元之气),“整体的”个体完全被分解了。按照新理学的分析,不仅一完全的房子不可能,而且任一房子都不可能,因为依照房子之理,就要依照工人之理、设计之理、建造之理,还要依照砖瓦之理、窑之理、燃料之理等,这一过程是无限的,因而不可能完成。如果继续分析下去,气要有“依照”这一行为,首先要依照“依照”之理,在“依照”“依照”之理之前,又要依照“依照”之理,如此类推,气永不能完成依照之行为。依照一理只能成某类、成某性,依照众理只能成众类、众性的复合,而无法成一实在的个别事物,一“逻辑底观念”(指气)与抽象的众理如何能组合成实际的事物?长城可依据城墙之理,而成一完全的城墙,却永不能成一完全的长城。理世界中只能有城墙之理,而不能有长城之理。可见,纯粹分析的共相论确实无法解释个体的“整体性”和“具体性”。

在此,我们不必展开讨论新理学形上学逻辑方面的得失。可以肯定的是,这是新理学最具形上学意味的地方。这种本然之理的观点,实质上表达这样的“独断”和信念:任一种事物都有它的完全样子,这个完全样子是我们建立价值、评价事物的标准。它的精神基本上来自柏拉图,所不同的是,它试图通过逻辑手段来推导出一切。这一点与二十世纪分析的、语言转向的哲学正好相反,后者运用逻辑分析和语言分析是要悬搁形上学,甚至是彻底消除形上学,把语言的东西还归于语言。冯却是要运用“新逻辑”来证立形上学。这种形上学既不能由逻辑去证成,也无法用逻辑去推翻,它只是如冯常引用的詹姆斯所说的“信仰意志”。

五、结语:客观主义与神秘主义

新理学无意中陷入了“独断”,它原本的精神正是要消除这种“独断”。冯友兰所接受的方法原则可以称之为“外在的客观主义”或“超越的客观主义”,它旨在追求一种超越的、自在的客观性,主张严格区分外在与内在、客观与主观、事实与价值、自然与人文、逻辑与心理等。这一方法在很大程度上是逻辑主义的或自然主义的,它并不排除对主观世界和价值世界的讨论,但它坚持主观即为主观,价值即为价值,而反对把主观的价值建立混同于普遍的客观存在。这是典型的西方式的“二元论”认知模式,它揭示了一种纯粹的客观性。冯陷入其中,自然也承担了它的“不足”,即忽视了一种有主体参与的“客观性”,这种“客观性”实际上是主体与外在共同作用的结果。

冯接受此“科学化”的立场,是要把价值之“应”建立在坚实的客观之“是”之上,是要把神秘主义建立在客观主义之上。对此,牟宗山基于道德形上学的立场给予批评,牟认为,此种纯粹的“知性”外求,是把自然宇宙看成外在于人的客观实体,是探求外在存在及其属性的“实有论”。它不能把真与善、存在与价值、自然与人生统一起来,不能引导人获得一种物我一如,天人合一的形上境界。牟强调,真正的形上学应该研究超越的、价值的宇宙,而不是“纯客观的”本质。① 冯牟各自的出发点适成对照:而牟在衡论中西哲学的过程中,真悟到传统儒家道德形上学的生命价值,转过来批评“实有论”只是建立了一个“干冷的”宇宙,完全割裂了存有与价值,忽视了“生命”。

其实,牟宗三也主张主客二分,如他对“外延真理”(科学真理)与“内容真理”(生命的真理)、“实有形态”与“境界形态”的划分,实质上就是

---

① 参见郑家栋:《本体与方法》,辽宁大学出版社,1992年,第225—226页。

存有与价值的二分。冯牟都看到了外在普遍与内在世界的区别,所不同的是,冯是努力揭示生命价值所不可超的客观本然之理(划定价值的“理性范围”);而牟则关注内在生命和价值活动本身,注意到其不可化约为自然的过程或是知性了解的过程,或可说,牟更注意到人的生命特质,而不限于人的知性觉解。

冯牟都陷入了某种“局限”。冯试图以“外延的”客观实有论求“内涵的”价值人生,试图仅依据“知性探求”来建立意义与境界,结果几乎把人生过程完全“知性化”和“自然化”。而牟最终并没有坚持对内容真理与外延真理的划分,而是把内容真理扩展为绝对的外延真理,把道德良知提升为宇宙本原,并试图由道德主体开出政治的、认识的主体。牟苦心阐扬“一心开二门”的法门,梦求以一内在的“心源”开出世间的一切。内在意志成为绝对本原,牟学终成一独断的道德形上学。而且,牟学在相当程度上贬低了价值建立的知性前提。

应该说,冯牟各自的哲学立场和方法均有重要的价值。可是,近来,或由于对逻辑、科学、概念近乎与生俱来的反感,或由于延续、发扬传统的强烈使命和深厚情结,或由于“狭义”的人文主义立场,也许还有其他原因,致使我们对新理学体系缺少公正的评价。一说到《新原人》,一说到境界论,一说到“回归”传统,大家都感到舒坦,都叫好;一说到《新理学》,一说到逻辑、存有论、共相、知性、二元对立、新实在论,大家都皱眉,都说它背离、矛盾、不成功。其实,新理学前后在根本方法上是一致的,就是客观主义、逻辑主义,用冯自己的话说是“知识底路子”。

此“知识的路子”,并非以“智识”求实际之知,而是通过“形式的分析”求形式之知,此知运用至极(知大全)而有自反,自知知之极限而有知之消解,终得“合一”之境。此方法实类似于道家。冯如此说:“宗教使人信,哲学使人知。上所说宇宙或大全之理及理世界,以及道体等观念,都是哲学底观念。人有这些哲学底观念,他即可以知天。知天然后可以事天、乐天至于同天。”①同天之“境”完全来自知天之“知”，对此过程冯也有逻辑的解释：“知有大全，则似乎如在大全之外，只见大全，而不见中底部分。知大全不可思，则知其自己亦在大全中。知其自己亦在大全中，而只见大全，不见其中底部分，则可自学其自同于大全。自同于大全，不是物质上底一种变化，而是精神上底一种境界。”所以，此境实是知之结果，是由知而消解知的结果。

新理学客观方法的重要探索即在于尽可能与科学和经验事实（客观之真）相容的前提下建立价值，在于用理性的“知”去建立价值。如果我们企图建立一种具有相当合理性、普遍性以及广泛社会说服力的人生价值，那么，就不能没有合理的“知”作基础。传统儒道佛的生命哲学也是尽可能淘尽宗教神学，走“理性主义”的路数。根据这种逻辑，我们可以批评新理学过于受“知性”的局限，只注意到“科学”之知和“形式”之知，而几乎完全忽视了“价值”之知，忽视了讨论价值、意义、信念等不得不有的“独断”或“建立”的过程。

但是，新理学对“知性”的尊重和运用，对联结“觉解”（知识）和“境界”（生命）的探索，对独断的价值形上学的消解，以及世界性哲学的整体运思，对中国哲学的现代发展都有重要的意义。无论是傅伟勋对儒家知识论课题的关注，还是成中英对价值认知的探讨，或是杜维明对“体知论”的初步建构，都反映了价值建立过程中的“知识”课题已成为传统哲学现代化的最吃紧之处。在此，在某种意义上，冯友兰是先行者之一。

还是回到“中西之间”的课题上。虽然冯友兰在接受西学的过程中，出现了对传统哲学某种程度的“曲解”，但其“中西会通”的立场是有深远意义的。这是一种基于哲学、文化本身来衡论中西的立场，至于这个哲学、文化的民族倾向则是第二义的。它显示了“真理性”（完全性、时代

① 《贞元六书》，第630页。

性）对于民族性的优先性，也意味着依据“真理性”对民族性进行反省和批评的必要性和合理性。这种态度对民族哲学和民族文化的发展尤具建设性的意义。

（原载《哲学研究》2000 年第 1 期）

“民族性”的分析与重建

——冯友兰文化观的意义

深厚的民族文化传统衍生出的民族文化情感和文化惰性使中国人很难超越“简单化的民族立场”。近现代中国文化所遭遇的屈辱历程,更使国人关于民族性的思考纠结着化解不开的情感基调。能突破情感制约,超越狭隘立场,以理性的态度和方法对待并阐释民族性问题的现代学人实属难得。冯友兰先生可算是其中的一个。冯先生的文化理论为文化之时代性(现代性)和民族性的分判提供了扎实的哲学分析和逻辑分析,为这一文化问题提供了一种具有相当启示性的理论探索。

一、文化民族主义

文化保守主义阵营中有着不同的思想倾向,有的可谓历史的或传统的保守主义,有的可谓民族的保守主义。前者强调历史和传统的不可割断性,强调开新不能离开传统;后者则强调一民族对自身代表性的民族文化的无条件的认同和坚守。这种民族的保守主义也可以称为“文化民族主义”。“强意义”上的文化民族主义不是泛泛地强调文化的民族性,而是肯定文化首先必须是民族的,不存在所谓世界性、普遍性、人类性的文化,只要是文化,它要么是这个民族的,要么是那个民族的。同时,任何一个民族,如果丧失了“民族文化”,这个民族也就等于消亡了。在这个意义上,文化与民族已是一体,没有了这个(民族)文化,也就无所谓这个民族了。

于此,民族不仅是一个血统、种族、地域的概念,更是一个文化的概念。中国人向来有着悠久的文化优越感,文化往往是中国人辨别同族和异类、文明与野蛮的根本标志。这种主要存在于知识精英心目中的文化优越意识在民族危亡之时,很容易激变成两种截然相反的极端化的文化心态:一是激烈地批判、否定民族文化传统;一是更为强烈地诉求民族自信和民族文化的主体意识。在后者看来,危难之时更不能丧失对民族文化根源的信心,民族文化之根是民族之本,"失本"还何谈民族之存在。他们的思考路向就是如何通过发扬"民族文化"的价值和坚持"民族文化"的主体地位以挽救"民族文化"的危机。以下我们略述此方面一些代表性的言论,以见其根深蒂固。

章太炎说过"用国粹激动种性,增进爱国的热肠"。章士钊说:"旧者根基也。不有旧,决不有新,不善于保旧,决不能迎新;不迎新之弊,止于不进化,不善保旧之弊,则几于自杀。"①汤用彤早期提出过理学救国的主张:"吾辈有志救国,发愤图强不可不除愉怠之风,除愉怠之风不可不求鞭辟入里之学,求鞭辟入里之学,求之于外国不合国性,毋宁求之本国。本国之学术实在孔子。孔德之言心性者,实曰理学……故理学者医弱症之良方也。"②其中"求之于外国不合国性"的言论很能代表"民族振兴只能诉求于民族文化根源"的保守主义典型立场。

1935年1月,王新命、何炳松、黄文山、陶希圣、萨孟武等十位教授联名于《文化建设》1卷4期发表《中国本位文化建设宣言》。宣言开门见山地警醒国人:"在文化的领域中,我们看不见现在的中国了。"中国已失去了自己的特征。文化的"本质是有独特性的,各个民族的文化,均有各个民族的特性,绝不是一概相同的,因为他们文化的地理与历史的条件就不相同,哪里可以忽视独特性呢?"文化是"一个地方一个时代民族性的表现","中国是中国,不是任何一个地域,因而有它自己的特殊性"。抗日

① 章士钊:《新时代之青年》,载于《东方杂志》16卷11号,1919年11月。
② 汤用彤:《理学-佛学-玄学》,北京大学出版社,1991年,第29—30页。

战争爆发以后,文化民族主义表现得更为充分,贺麟以下的言论很能代表类似的心境和立场:

> 中国当前的时代,是一个民族复兴的时代。民族复兴不仅是争抗战的胜利,不仅是争中华民族在国际政治中的自由、独立和平等,民族复兴本质上应该是民族文化的复兴。民族文化的复兴,其主要的潮流、根本的成分就是儒家思想的复兴,儒家文化的复兴。假如儒家思想没有新的前途、新的开展,则中华民族以及民族文化也就不会有新前途、新的开展。换言之,儒家思想的命运,是与民族的前途命运、盛衰消长同一而不可分的。①

此时,连最喜讲共相的冯友兰也注意讲民族性,他在其著作中特别注意多用传统的字眼,以增加文章的民族气息。

当代新儒家的许多人物,也持此种民族主义的立场。钱穆说:“本来是中国创造了中国文化,但也可说中国文化创造了中国人。”他在《国史大纲》的前面特别标出国人应有“对本国以往历史之温情和敬意”,这样的人多了,“国家乃再有向前发展之希望”。牟宗三等在《为中国文化敬告世界人士宣言》中说:“要成就此客观的了解,则必须以我们对所欲了解者的敬意,导其先路。敬意向前伸展增加一分,智慧的运用,亦随之增加一分,了解亦随之增加一分。”在研究中国历史文化之前,先须肯定它“活的生命”。唐君毅基于文化意识反复申言,“我是一个中国人”。

强意义上的文化民族主义并不排除对西方优秀文化的吸收,文化民族主义所坚持的是民族传统文化在融合过程中的主体地位,甚至是统摄地位。从冯桂芬“以中国之伦常名教为原本,辅以诸国富强之术”,到张之洞的中学为体、西学为用,再到中国本位文化派和当代新儒家,“中体西用”模式可谓已形成了新的传统。从某种意义上说,“中体西用”模式是

① 贺麟:《儒家思想的新开展》,载于《哲学与文化》,商务印书馆,1999年,第4—5页。

文化民族主义的一种具体的文化建设方案。

与此种文化民族主义理路有着相当关联的是文化历史主义。文化历史主义主张任何文化创新都不能离开历史、离开传统,对传统的认同和回归,是现代化运作不可须臾离开的历史基础,抛弃传统的现代化,只能是水中捞月,沙上建塔。这一返本开新的原则被许多人奉为百世不移之真理。陈寅恪说:"窃疑中国自今日以后,即使能忠实输入北美或东欧之思想,其结局当似等于玄奘唯识之学,在吾国思想史上既不能居最高之地位,且亦终归于歇绝者。其真能于思想上自成系统,有所创获者,必须一方面吸收输入外来之学说,一方面不忘本来民族之地位。"①汤用彤说:"外来思想必须有改变,适合本国思想,乃能发生作用。不然则不能为本地所接受,而不能生存。"②费孝通说:文化的改革不能一切从头做起,也不能空地上造好新形式,然后搬进来应用。……新的得在旧的上面改出来。尽管这些言论都可以列在文化历史主义的名下,但对传统在文化更新中的具体地位却有各不相同的看法:有人主张传统仍然是本,是体;有人主张传统虽有某种价值,但其价值不再占有时代性的主导地位;有人主张传统只是新文化的一种接引,接引的使命完成了,旧传统也就成了新传统;有人把传统仅当作旧瓶,旧瓶里面已装上了新酒,其旧的外观算是权且慰藉一下民族本位心理。

归结起来,严格的或强意义上的文化民族主义主要有以下两个核心观念:(1)一民族之所以为一民族,是由于某种文化传统和文化认同;(2)在文化更新时,此文化传统的主导地位不能丧失,否则意味着民族的消亡。

---

① 陈寅恪:《审查报告三》(页四),载于冯友兰《中国哲学史》(下),中华书局,1992年。

② 汤用彤:《文化思想之冲突与调和》,载于《中国现代学术经典·汤用彤卷》,河北教育出版社,1996年,第777页。

二、文化(在义理上)没有民族性

与文化民族主义相对峙的是文化的世界主义或时代主义,冯友兰的文化观基本上属于后者。冯友兰对文化民族主义的批评基于他对文化的时代性和民族性之间的细密而严谨的分析。

冯友兰在《新事论·判性情》中明确提出"不承认有所谓民族性与国民性"。这一主张乍听起来有些耸人听闻,其实,冯只是不承认一个民族有与生俱来的、恒久不变的、仅属于本民族的文化属性。用哲学化的语言来说,文化在"义理上"无所谓民族性。

首先,民族性不能是纯逻辑、纯形式意义上的。所谓纯逻辑纯形式的民族性是指凡民族既是民族,则必有其所以为民族者,其所有之所以为民族者,即民族性。这是从类的观点看民族性,如同桌子必有桌子性,山必有山性一样。这种民族性并非指某个民族的个性,而是指任何一个民族都具有的普遍性。显然,文化民族主义的民族性并非如此。

如果民族性是主张"每一个民族中所有底人,或至少有些民族中所有底人,生来都有些心理上底相同底特点,与别底民族中底人不同"。① 冯认为,这些只能是一时之习,而不是固有之性,一个民族并不存在这样一个生来就有、恒久不变、其他民族不具有的心理特点。一方面,一个民族中大多数人的心理底特点,及其于整个民族行动时所表现者,可以随时不同;另一方面,这些心理底特点,只能是大部分人的性,而不能是一个民族的性。冯认为,一个民族可能有其种族、生理上的特征,却很难有仅属于这个民族的文化特征。冯举例说,一对"亚利安"夫妇,生了一个小孩,忽然是黄皮肤、黑发、黑眼睛,丈夫必以其妻为不贞。但如他们生了一个小

---

① 冯友兰:《新事论》,载于《贞元六书》(上册),华东师范大学出版社,1998 年,第 322 页。

孩,并不勇敢,丈夫绝不能因此即指妻为不贞。冯总结说:

> 照以上所说,我们不承认有所谓民族性或国民性。普通说民族性所说某民族的特点,有些是某民族于其时所行底社会制度的特点,有些是某民族的特点。所谓某民族某民族的特点,我们亦承认是有底,不过,我们不谓之性,而谓之习。……照我们的看法,性应该是不变底,但在历史上看来,所谓各民族的特点,没有不变底。①

冯友兰对文化"民族性"的消解,在实质上是以文化的类型性分析代替文化的整体性立场。在他看来,文化民族主义所讲的民族文化,实质上都是某种文化,即某文化类型或文化特征,它对应着某种文化之理,而任何文化之理从义理上说,都是公共的普遍的。它不专属于某个民族,或者说,它可以属于任何人,任何民族。从这个意义上,孔孟老庄在义理上是世界的、人类的、普遍的,尽管这种义理的产生、运用和发扬是在中国。

对此,冯友兰有进一步的共殊关系的哲学分析。文化或文化类型是一种文化方式对应着一种文化之理,文化应是一种普遍性的、共性的方式或原则。这就是所谓不从"全牛底""特殊底"眼光来看文化,而是从"类型底""共相底"眼光看文化。各种文化与某民族的关系好比各种属性与一个体的关系。从类型的观点看,性是自在、普遍的,可以实现于任何个体,不能说某性一定属于某个体,就如同不能说儒家文化一定属于中华民族一样。儒家文化属于中华民族只有某个历史阶段的意义,而不具备义理上的意义。所以,冯明确地说,"各类文化本是公共底。任何国家或民族俱可有之,而仍不失其为某国家或某民族"。② 从个体的观点看,个体蕴含了众多属性,属性的得失并不影响这一个体的继续存在,而只是使此个体发生了某些类型上的变化。比如张三从儒生变成了老道,又从老道变成了佛徒,又从佛徒变成了基督徒,都不影响张三的存在,张三的变化

① 冯友兰:《新事论》,载于《贞元六书》(上册),第 327 页。
② 冯友兰:《新事论》,载于《贞元六书》(上册),第 229 页。

只有某种文化类型的变化，甚至个体之所以为个体，是因为它的结构性、整体性，也因为它的连续性；是因为体，而不是因为性，更不是因为某性。个体的性可以发生变化，而此个体不必变。冯也说："张三是科学家，不失其为张三，李四之为科学家，不失其为李四。"

冯反复申言，我们不能从全牛底、个体底眼光看西方文化，如此，我们就无法吸收西方的先进文化，因为一吸收就要吸收西方文化的全体，这是办不到的，也是不必要的。冯的文化类型说，实质上是主张用分析的观点和视角来看文化，这样看文化，实质上是把文化当成可分的，即把一民族的文化看成各种文化类型或文化要素的"偶然的"集合。这个"偶然"很重要，冯先生虽未如此说，但他的意思是如此，所谓偶然，是指从义理上说，这些文化要素还可以以别的方式来集合。任何一种现实的集合都是一种历史的偶然，而不是义理上的唯一的方式。从义理上说，任何一种文化属性对于中华民族都是偶然的，所以，冯反对把民族的某个历史时期的文化属性与整个民族整体等同起来。

三、文化民族性的定位:历史与情感

冯友兰在否定义理上的文化民族性的同时，并没有否定其他意义上的民族性。冯从两个方面来定位文化民族性:历史和情感。

中华民族之所以为中华民族不是因为它有某种特别的性质或是特别的文化特征，而是因为它有着自身连绵不断的历史。中国文化是一个整体，也是一个个体，它可以有各种类型的文化，各种类型文化的变化，并不影响它是中国文化。冯在谈到文化革新时有一段重要的话:

> 此改变(指工业化，笔者注)又是部分底。因为照此方向以改变我们的文化，我们只是将我们的文化自一类转入另一类，并不是将我们的一个特殊底文化，改变为另一个特殊底文化。我们的文化之与

此类有关之诸性，当改变，必改变；但其与此类无关之诸性，则不当改变，或不必改变。所以，自中国文化之特殊底文化说，此改变是部分底。……此改变又是中国本位底。……则中国虽自一种文化变为另一种文化，而仍不失其为中国，仍是行中国先圣之道。①

我们可以进一步参照冯友兰对哲学民族性的讨论。冯认为，哲学就其内容本身来说无所谓民族性。“哲学的目的是在于求普遍底、公共的义理。”②“如果事实上哲学家受所谓民族性的拘囿，哲学的目的，正是要打破这些拘囿，而求普遍底公共底义理，如果有所谓民族性，哲学家于讲哲学的时候，正要超过之。”③哲学自身的逻辑就是哲学的世界性、本体性、普遍性，它不依赖于某种个体的语言、历史、种族、文化传统等因素，它超越了这些因素的影响，或者说，这些因素的影响只是外在的、偶然的。那么，何以理解哲学的民族性呢？冯说：

我们以为民族哲学之所以为民族底，不在乎其内容，而在乎其表面。我们以为民族哲学之所以为民族底，某民族的哲学之所以不仅是某民族的，而且是某民族底，其显然底理由是因为某民族的哲学，是接着某民族的哲学史讲底，是用某民族的言论说底。我们可以说，这些分别是表面底，外在底。不过所谓表面底，外在底者，是就哲学说。就民族说，这些分别，就于一民族在精神上底团结，及情感上底满足，有很大底贡献。④

讲哲学则必须从哲学史讲起，学哲学亦必需从哲学史学起。⑤

他的哲学如接着某一民族的哲学史，他的哲学即可是某一民族

---

① 冯友兰：《新事论》，载于《贞元六书》（上册），华东师范大学出版社，1998年，第231—232页。

② 冯友兰：《三松堂学术文集》，北京大学出版社，1981年，第430页。

③ 《三松堂学术文集》，第432页。

④ 同上。

⑤ 同上，第433页。

的民族哲学。……此外,还有一个条件。某一民族的民族哲学,不但是接着某一民族的哲学史讲底,而且还是用某一民族的言语说底。①

哲学总是接着某民族的哲学史讲底,总是要用某民族的言语说底。……某民族底哲学家,就其是哲学家说,他接着任何哲学史讲,用什么言语说,是没有关系底,但就其是某民族的哲学家说,他必须接着他的民族的哲学史,讲他的哲学,以他的民族的言语,说他的哲学。②

以上虽是关于哲学民族性的讨论,却也适用于其文化理论。我们可以从中引申出这样的结论:文化的民族性只有历史上的意义,因历史的民族的意义而生情感的意义。文化的民族性实质上是某种文化在某民族的历史性、传承性。文化本身虽无所谓民族性,文化传统却是有民族性的。在这个意义上,儒家传统,或儒道佛的传统就只能是中国的。文化传统或民族文化的情感意义的一个重要体现就是文化自我"身份"的确认。对民族文化的认同越强烈、越明确,民族自豪感就越强,就越能唤发出民族精神,而在遭遇外来文化而被迫作出文化调整时,文化认同或文化身份的确认问题就会暴露出来,形成在文化选择过程中的认同危机和情感压迫。

文化传统的民族性只有历史的、情感的意义。它与时代性、义理性、合理性不能画等号。也就是说,我们不能由民族性(实质上是历史性、传统性)推导出合理性或时代性,民族的不一定是合理的,民族性的只有情感上的合理性,不一定具有道理上的合理性。冯友兰清醒地认识到,民族文化的发展有时正需要用义理上的时代性来克服情感上的民族性:

革命是痛苦底,守旧底人反对维新,尤反对革命,并不是没有理由底。不过如一国或一民族在某种情形中必须有某种新性,否则此

---

① 《三松堂学术文集》,第432页。

② 同上,第439页。

国或民族即不能存在，而此种新性，又非用革命不能得到，则革命虽痛苦亦是不得不有底。①

四、质与文:“程度底不同”与“花样底不同”

如果冯先生关于民族性的文化理论仅止于此，自然有些意犹未足。历史的延续形成了民族性或传统，而传统势必带来文化的认同和情感的满足，这无疑解释了民族—传统—历史之间的内在关联，也揭示了民族性的情感奥秘。可是，历史的过程，不只是连续性的、原方向延伸的，它还会有文化的变革和跃迁。一个民族的文化无时不处在变动之中，它时常会引入新的性质，进入新的类别，按冯的说法，它有时是不得不进入一种新的文化类型。那么，文化变革的机理是什么？文化变革的非连续性是否一定就是否定自身民族的力量？文化民族性除了历史的向度之外是否还有别的向度？文化过程的现代化机制和民族化机制究竟是什么关系？不回答这些问题，文化理论当然无法深入。或者说，不在一个理论框架中处理好文化的现代化与文化的民族化的问题，就不能算是一个具有相当规模和深度的文化理论。

可幸的是，冯友兰在这一方面也为我们提供了非常有意义的理论探索。《新事论·评艺文》把文化的不同分为“程度上底不同”和“花样上底不同”。所谓程度上底不同是指文化实现同一性质的程度有差异，比如就交通工具说，用牛车与用火车就有程度上的不同，火车要比牛车更能载重致远。所谓花样上底不同，是指虽同样程度地实现某性质，却有不同的“外在的”形式，比如，虽同为建筑，却可以有不同的建筑风格，如希腊式建筑与中国式建筑。冯认为：

① 冯友兰:《新事论》，载于《贞元六书》(上册)，华东师范大学出版社，1998 年，第 331 页。

> 一民族所有底事物,与别底民族所有底同类事物,如有程度上底不同,则其程度低者应改进为程度高者。不如是不足以保一民族之生存。如有花样上底不同,则各民族可以各守其旧,不如是不足以保一民族之特色。①

冯又从文化的“质”与“文”两方面进一步说明文化差异的不同内容。冯认为,一个社会的生产方式、经济制度、社会制度等是“质”,而它的艺术、文学等是“文”。笼统一点说,“质”是材料,“文”是样式。从一个体、一社会,或一民族的观点看,文是重要的。一方面说,一民族只有在它的文学艺术中,才能得到充分的愉快;就另一方面说,一民族保存、延续、发展它的文学艺术,它作为一民族的特色才能得到肯定和发扬。冯把“民族特色”归结为“花样”上的不同,认为保持民族的花样上的特色,才可以“革新而不失其故”,才可以保中国人仍是中国人。

冯并未将“质”与“文”直接对应于程度不同和花样不同的两种文化,但我们不妨顺着冯的逻辑,将质与文就对应于程度不同和花样不同的两种文化,这两种文化方向正可理解为一个民族的文化整体中的“现代性”②层面和“民族性”层面。所谓文化的现代性层面,是指文化体系中那些普遍性的文化层面,这一类文化属性的发展有着自身的逻辑和明确的价值标准,它服从共同的合理性、理想性、进步性。这一文化层面主要是功能的、技术的、科学的和基本人道主义的。在这些方面,任何一个民族都应服从它的“更大合理性”的内在逻辑。科学技术、法制架构、经济政治体制等文化领域均属于这一层面。所谓文化的民族性层面,是指一个民族在生活花样和文学艺术上特有的传统和个性,这一文化层面无所谓高低优劣,它的文化效用离不开一民族的传统和习惯,它的历史和方式形

---

① 冯友兰:《新事论》,第310页。

② 更准确的说是时代性、合理性,它不与前现代、后现代等具体的时代性文化指称相对。

成一个民族真正的个性。它的发展不表现为更大合理性的实现,而是表现为多样性的展开和兼容。

至此,冯友兰为我们提供了较完整的关于文化的民族性的分析。总括起来,从纵的方面看,历史或传统是民族性的一个向度;从横的方面看,文艺或文化样式是民族性的另一个向度。

五、结语:现代性与民族性

冯对文化的现代性层面(理与质)和民族性层面(史与文)的分疏,为弄清楚文化的现代化机制和民族化机制奠定了理论基础。一个民族的文化整体的历史过程必然包含着文化的现代化和民族化两种过程,这两个过程各依据自身的机理,各涉及不同的文化区域,各有自身的文化运作方式。在理论和实践上,混淆了这两个过程,或者过于忽视了某一过程,都必定影响文化的良性发展。

从文化的现代性和民族性之间的关系来说,我们在总体上需要强调现代性优先于民族性,至少有如下理由:

(1)文化的现代性层面关系到文化发展的程度问题,程度低就意味着文化功能低或文化实力弱,就会有文化和民族如何生存和保全的基本问题。正如冯先生所说,程度不够关系到民族的生存问题,花样不足关系到民族特色问题。中华民族在近代面对西方文化所遇到的生存挑战就是民族生存危机的典型表现。冯在《现代中国民族运动之总动向》中说:"现在世界是工业化的世界……一个民族国家欲求自由平等,总要变成工业国,才能得到真正自由平等,不然什么都是假的。"①孙中山的民族主义也主要是此意,民族主义主要是求自家民族与他民族的自由平等。如此,没有文化的现代化,连民族之基本生存都不能满足,还谈什么民族文化的

① 《三松堂学术文集》,第390页。

发扬。从这个意义上，民族主义首先是主权的和实力的民族主义，这是民族文化现代化的直接目标，此时，现代化成了民族化的前提。

(2)从历史过程来说，不仅文的方面会形成传统，质的方面也会形成传统。质的文化传统也是民族性的一个依归，如同儒家文化传统已成了中华民族文化的重要内容。在这个方向上，民族性与现代性之间会形成一定的张力，因为有时民族的（传统的）不一定就是合理的。此时，民族文化的发展正需要超越民族性的局限，在这个意义上，民族性需接受现代性的批评和指引，只有合理的民族性才应该保留下来，也才能保留下来。在此，历史的过程就是现代性逻辑的展开。如果民族文化指的是一个文化整体，质的传统往往会形成文化发展的惰性，不尽合理的民族传统反而可以成为威胁民族文化的力量。当然，不是所有的传统都是反现代性的，我们应该努力在传统中发现现代性的文化元素，并按照现代性的逻辑来发扬它。只是，当传统确实阻碍了现代性的发展时，我们就必须超越传统。把所有的传统都看成反现代的，或是认为所有的现代性建构都要从传统中引申出来，都是不适当的教条。

(3)文化的现代性层面不仅关系到一个民族的生存问题，还关系到每个人如何在社会群体中生存的问题。或者说，文化的现代化不仅关系到救亡，也关系到发展。现代性在科学、技术、知识、理性、参与自然能力等知识化、功能化的层面还好理解，而在人道主义的充分化方面就比较容易引起歧义。在我们看来，文化进步的合理性尺度主要体现在两个方面：一是技术化、功能化、知识化的方面；一是制度化、人道主义和社会正义的方面。这两方面则有着错综复杂的关联。文化的现代化，不仅需要功能和知识的充分化，也需要人道的充分化，无论是个人行为还是制度行为，都应该接受人道主义的批评。文化的发展必须谋求现代性的全幅展开。在此方面，冯友兰的理论已经初步提供了相关的逻辑方向。可是，冯友兰本人对文化的现代化的了解还是过于局限于工业化，对各种社会制度的现代化（政治、经济、教育等）及全幅的人道主义则认知不足。冯友兰的文化理论还是笼罩着浓重的"救亡"意识，更为严重的是冯认为中国文化传统在社会、人道、精神方面已大致完善自足，这使得冯的文化理论又在某种程度陷入了中体西用模式。

(4)文化的现代性发展也会为民族性的文化样式提供更丰富的材料，甚至刺激产生出新的民族性文化样式。

(原载《北京社会科学》2002年第2期)

将分析进行到底

——新理学之后的一种路向

冯友兰新理学是一个广泛整合的哲学系统，它意味着各种逻辑线索的汇结，这种汇结的后果之一是使新理学陷入了分析（形式的释义）与建构（形上独断和价值建立）、是与应、抽象了解与精神境界的内在紧张。许多学者认为，缓解新理学内在紧张的一个路向就是放弃形式化、分析化、抽象化、知性化的努力，在精神实质和某种方法层次上回归传统。他们以《新原人》来批评《新理学》。本文认为，还存在着另一种解构—重构路向，就是发展新理学自身所遵循的“学”的意识，进入一种彻底的“分析”，不作任何“独断”的形上设定和“自我取向”的价值建立。这一解构路向，意在坚决贯彻事实（外在的、公共的）与价值（内在的、个人的）、描述与建构的逻辑分判，使后新理学之哲学成为纯粹分析的、描述的客观之“学”。这在某种程度上是以《新理学》来批评《新原人》，同时还要以一种更彻底的分析精神来批评《新理学》。这一解构路向不是与传统更近，而是更远。

一、科学主义与新理学的现代品格

新理学的方法精神是科学主义的。新理学所依据的科学主义可以作以下分疏：从存有论上说，它基于外在的客观的实在论，主张严格区分客观（认识对象）与主观（认识活动）、事实与价值、自然和人文、现实世界与可能世界；从认知目标上说，它追求客观知识；从认知方法和认知程序上说，它要求严格的逻辑程序、精确的语言表述、恰当的理论模型、可靠的实验手段(实证性、客观性)等;从客观知识的可靠性来说,它诉诸逻辑程序、经验证实和无例外推定。这种科学主义是存有论上的实在主义、客观主义与方法论上的经验主义、工具主义的结合。冯友兰对实在论与实用论之间的关系有一个说法:“实在论讲的是真理本身存在的问题,实用主义所讲的,是发现真理的方法的问题。所以两派是并行不悖的。”①可见,冯友兰在知识论上也认同这种综合。

新理学的科学主义首先表现为对哲学知识品格的方法确认。于此,冯友兰为我们提供了中国现代哲学史上关于哲学之为“学”的经典阐述:

> 凡所谓直觉、顿悟、神秘经验等,虽有甚高的价值,但不必以之混入哲学方法之内。无论科学哲学,皆系写出或说出之道理,皆必以严刻的理智态度表出之。……各种学说之目的,皆不在叙述经验,而在成立道理,故其方法,必为逻辑的,科学的。……科学方法,即是哲学方法,与吾人普通思想之方法,亦仅有程度上的差异,无种类上的差异。②

新理学对自身的学科归属、方法特征、理论对象、历史传承等均有充分的自觉和反省,其在理论起点、语言表述、分析推演、逻辑论证、思想结论等各个方面均有明确的逻辑程序和形式体现。新理学因此可谓中国“现代学术”的一个奠基之作。

作为“现代”哲学,新理学科学主义倾向的另一个重要表现是竭力清除自身的独断性。所谓“清除独断性”,它在精神实质上是对科学的尊重,说得再确切些,是对任何知识形态或理性运用都不能违背科学的底线确认。冯友兰认定,科学是求真、求实际的知识的唯一“合法”的知识形态。

视科学为求真的唯一合法的知识形态是现代学术的重要标志。按照

① 冯友兰:《三松堂自序》,人民出版社,1998年,第200页。
② 冯友兰:《中国哲学史》上卷,中华书局,1982年,第4页。

这种理路,真正的科学精神同时意味着坚持事实与价值、自然与人文、自在与自为的严格区分,这种区分一方面表示认同科学作为求真的唯一合法地位,同时也表示承认总存在一个有涉主体价值选择的可能世界。比如,逻辑经验主义的教义是,一个知识命题必定是一个科学命题,非科学、非知识的命题虽别有价值(释义的、情感的、艺术的、宗教的等),但它不具有知识价值。真正的科学主义不是唯科学主义,而是事实归事实,价值归价值;科学归科学,独断归独断。独断者承认其独断,就不是独断而是科学了。在这个意义上,独断就是指以非科学、非知识的命题(如情感、信念、态度、理想的表达)冒充科学、知识命题。当然,广义的独断(理性错置)还可以包括以偏概全、以主观为客观、以逻辑构造(近于可能世界)为客观现实、以抽象、符号代替客观实在等。

新理学在多个方面体现了与这种科学精神的一致性,简述如下:

1)承认科学是唯一的求真的知识形态,而哲学只是形式底释义或是求好。新理学明确表示:"有人以为是依逻辑讲底确切底学问,都是科学。如果所谓科学是如此底意义,则哲学亦是科学。……就自然科学说,哲学与科学完全是两种底学问。"①新理学反复申言哲学的分析性、非建构性:"哲学或最哲学底哲学,所有之观念、命题、推论、多系形式底、逻辑底,其中并无,或甚少,实际底内容,故不能与科学中之命题,有同等之实用底效力。"②"真正底形上学,必须是一片空灵……其不空灵者,即是坏底形上学。坏底形上学即所谓坏底科学。"③哲学试图僭越(自然)科学的职能,必是坏的哲学,也是坏的科学。

2)区分"是"与"应"。冯友兰曾明确区分天道和人道,他说:"吾人对天道,不能不遵,对于人道,则可以不遵;此天道与人道大不同之处

① 冯友兰:《贞元六书-新理学》,华东师范大学出版社,1996年,第6页。
② 同上,第14—15页。
③ 同上,第875页。

也。……今所谓科学之征服天然,皆顺天然之道而利用之,非能违反天然法则了。至于当然之道则不然,盖当然之道,皆对于一目的而言,若不欲此目的,则自可不遵此道。"又说"天然事物本有其实然,其实然自是客观的,不随人之主观而变更"。① 在《新原人》中,冯指出:"一件事的性质,是它原有底。……其与别的事物底关系,亦是原有底。但一件事的意义,则是对于对它有了解底人而后有底。"②

3)在科学世界之外,同时承认其他世界的某种地位。在《人生哲学》中,冯明确表示赞同新实在论兼取科学与非科学的价值的立场,他说:"此种说法(指新实在论)完全承认科学之观点及其研究之所得,但同时亦承认吾人所认为'高'者之地位(指精神、自由等),不以'不过'二字取消之。如斯宾诺莎及现代所谓新实在论者,皆持此说法者也。"③

4)确认"应"应建立在"是"的基础之上,至少不能违背"是"。他说:"吾人若不知宇宙及人在其中之地位究竟'是'如何,吾人实不能断定人究竟'应该'如何。"④任何实质性的建构,无论是形上预设或是价值建立都不应该违背科学。冯说:"我们看斯宾诺莎《伦理学》,我们开首觉得他的哲学是个实在主义;看到最后,他的实在主义,竟为神秘哲学所掩了。他能把实在主义,与神秘主义合一。郭象的主义也是如此。我以为这是他们的价值之一。……佛学所说之真如门,是形上底,郭象所论之玄同无分别,是认识论底。所以郭象这一类的道家哲学,虽有神秘主义,然与科学并不冲突。"⑤新理学一再强调其哲学的空灵性、分析性,其用意也在避免其独断性,其清除传统形上独断的重要表现就是并不承认宇宙是道德的。

---

① 冯友兰:《三松堂全集》第二卷,河南人民出版社,2001 年,第 216—217 页。
② 冯友兰:《贞元六书 - 新原人》,第 519 页。
③ 《三松堂全集》第二卷,河南人民出版社,2001 年,第 205 页。
④ 《三松堂全集》第一卷,河南人民出版社,1985 年,第 353 页。
⑤ 《三松堂学术文集》,北京大学出版社,1984 年,第 80 页。

这种客观的、科学的分析精神虽然在新理学中得到了相当的贯彻，却有着先天的不彻底性。新理学一开始就接受了事物须尽性尽理的程朱一柏拉图主义，这种理本论或理型论的形上学最终使"是"与"应"在"理"的名义下统一起来，本应得到分疏的是与就、现实世界与可能世界、客观实在与价值关联之间的区别又变得模糊起来。这最终使得新理学还是陷入了一种独断（个体到类的跳跃），使其与唯理主义和泛科学主义一样，犯了简单地把"应"归并为"是"的错误（是与应不可不分，也不是不可归并，但归并与区分必处于不同的逻辑层次，而且应先区分后归并）。这使得新理学本有的破除独断的分析精神被迫包裹在独断性的整体架构之下。

二、形式底释义：新理学对于哲学的方法误释

我们先来看新理学对哲学"分析"的方法理解。

新理学的分析特征特别在于强调哲学（主要指形上学）的非独断性和非设定性。为了使形上学问题与科学问题真正区别开来，使其不至于变成"坏底科学"，形上学被界定为一种形式底释义或逻辑分析。尤其在《新知言》中，哲学分析被严格界定为逻辑演绎意义上的"分析"，即形上学概念系统的发展均是初始概念的蕴涵。

有关表述摘要如下：

> 科学的目的是对于经验，作积极底释义。形上学的目的，是对于经验作逻辑底释义。①
>
> 形上学中底命题，仅几乎是重复叙述命题，所以也是综合命题，也可能是假底。不过形上学中底命题，除肯定其主辞的存在外，对于实际事物，不积极底说甚什么，不作积极底肯定，不增加我们对于实

① 《贞元六书－新知言》，华东师范大学出版社，1996 年，第 870 页。

际事物底知识。所以它是假的可能性是很小底。……只要有任何事物存在,它的命题都是真底。①

维也纳学派所批评底形上学,严格地说,实在是坏底科学。……维也纳学派对于形上学底批评,不但与真正底形上学无干,而且对于真正底形上学,有"显正摧邪"的功用。②

在《中国哲学简史》中,他说:

哲学的推理,更精确地说,形上学的推理,其出发点是经验中有某种事物。……从"有某种事物"这句话演绎出《新理学》的全部观念或概念,它们或是程朱的,或是道家的。③

新理学在避免其形上学的建构性的同时,在方法上却把形上学推至"过度"分析的境地,这样一来,一方面新理学实际上做不到这样的分析;一方面如同"甲是甲"之类的分析化的觉解与其人生理想的确立以及精神境界的生命归旨无法衔接。关于后一点,洪谦的批评尖锐而且准确。洪谦抓住了新理学方法阐述(并不是实际运用)与精神归旨的矛盾,相当程度上否定了新理学形上学的哲学意义。他说,传统玄学"虽不能成为一种关于实际的知识体系或真理系统,但对于生活方面情感方面则具有科学所未有的作用"。我们从中"确能得到内心中的满足和精神上的安慰,确能弥补生活上的空虚,扩张我们体验中的境界"。而新理学的形式化的系统既不能成为实际的知识,也不能给人以精神上的安慰和满足。所以,"虽然冯先生的玄学也如传统的玄学一样,想对于'人生境界'方面有所贡献,不过事实上传统的玄学已经有了收获,冯先生的玄学似乎须有新的

① 《贞元六书-新知言》,华东师范大学出版社,1996年,第874页。
② 同上,第916页。
③ 《中国哲学简史》,北京大学出版社,1985年,第371页。

努力，须有待于将来了”。①

从另一个方面说，“形式底释义”在新理学中的实际应用并非只是由“事物存在”而始的严格的逻辑演绎。新理学第一组命题就有从个体（有事物）到类（有某种事物）的跳跃。新理学第二组命题（关于气）的建立实依赖于质料与形式的二分，而质料与形式的二分实根据于日常经验中形（如方砖）与料（如石料）的逻辑概括，它无法从“事物”范畴中直接导出。至于道体流行、无极而太极、动静阴阳等概念也都与日常经验甚至某种形上学的独断有关联。更不必说在整个新理学中，尚涉及人、心性、社会、历史、文化等各个方面。显然，新理学哲学分析的出发点不是一个单纯的毫无内容实质的“事物”概念，而是许多有着丰富内涵及经验指向的概念范畴。

三、穷理尽性：新理学的实体形上学

新理学对分析精神的根本违背是其程朱—柏拉图式的理本论。泛泛提及新理学的新实在论立场，并不能突现其“事物依理而有、穷理尽性而至善”的程朱—柏拉图主义的精神实质。从以下引言中，我们可以清楚地看出这种本质主义的理本论立场：

> 凡事物必都是什么事物，是什么事物，必都是某种事物。有某种事物，必有某种事物之所以为某种事物者。②
>
> 一切底理，本来即有，本来如此……无某理即不能有某种实际底事物。③
>
> 事物的存在，是其气实现某理或某某理的流行。实际的存在是

① 洪谦《论“新理学”的哲学方法》，载于《维也纳学派研究》，商务印书馆，1981 年。

② 《贞元六书－新原道》，华东师范大学出版社，1996 年，第 844 页，此是新理学形上学的第一组命题。

③ 《贞元六书－新理学》，华东师范大学出版社，1996 年，第 41 页。

无极实现太极的流行。①

从天之观点，以观万物，则见各类事物，皆依照其理。各理皆是至善，依照各理者，皆是所谓“继之者善”。②

方底物必依照方之理，始可是方底，又必完全依照方之理，始可是完全地方底。③

宇宙间无论什么事物，都有其标准，道学家所谓“有物必有则”。人的生活，亦有其标准。此标准并不是什么人随意建立，以强迫人从之者，而是本然有底。④

一类之事物，在“无极而太极”之大道中，从天之观点看，其应做之事，即是充分依照其理，能十分地充分依照其理，即是尽性，即是穷理。⑤

“自天之观点看，人亦一类物，在“无极而太极”之大道中，从天之观点看，人所应作之事，亦即充分依照人之理。⑥

新理学第一组命题的第一句话就是一个典型的本质主义命题：“凡事物必都是什么事物”。严格地说，事物在“是”之前，什么都不是，只是“无”。“是”是在某种关系或人的某种意向下的产物，在没有进入一种特定的关系和意向之前，一切还是非限定的“无”，套用冯友兰的说法，它还是一团漆黑的“这”（甚至连“这”也算不上）。由无而有、由无限而有限、由无而是是一个“飞跃”，它是“是”的实现，是“个体”的产生，是“存在”的澄明或在场。如果有些独断地承认有“实在自身”的话，那么只有实在自身才是“本体的”存在，而进入人的意向、语言、解释的“存在”只是“工

① 《贞元六书－新原道》，第848页，此是新理学形上学的第二组命题。
② 《贞元六书－新理学》，第206页。
③ 同上，第40页。
④ 《贞元六书－新原人》，第548页。
⑤ 《贞元六书－新理学》，第207页。
⑥ 同上，第207页。

具化”“实用化”的存在。这组命题的第二句话“是什么事物,必都是某种事物”是试图从个体(事物)过渡到类(某种事物)。其实,个体不必然蕴涵类(两个以上的分子才能谈到集合或类),个体也不本然地属于某个类。从逻辑的角度说,在“语境”不确定的情况下,个体可以属于无限多的类,正如新理学所说个体蕴含了无数个理。新理学由“无”至“有”、由个体至类的“跳跃”鲜明地继承了程朱—柏拉图立场:任何个体本然地属于某个类,或是任何个体都有其确定的本质属性(“正性”),并逻辑地按这个本质方向(性、理型)发展至极。此所谓,理虽不造作生物,却是事物之根据和标准,事物依照理才能成为事物。理是事物的依据也是事物的方向,事物之变化发展即是依理尽性,万物皆如此,人亦如此。这就是新理学凡物必依其理,必尽其性的理本论形上学。新理学通过“理”范畴 实现了实然和应然的统一,奠定了人生理想的本体依据。

冯友兰早就确认哲学的目的是求人生之好,要以宇宙论之血肉、方法论之筋骨成人生论之灵魂。新理学的整体建构也是由存在而人生,由是至应,在是的基础上确定应。其形上学确定了凡事物必依其理、尽其性,其人生论中自然就有人也必依其理、尽其性的推延,人必有其所以为人者,人之所以为人者即是人之理、人之性,人之理即是人之善,即是人生之理想。由此,新理学明确指出在“本然”的意义上有一至善的理想人生。新理学逻辑地陷入了“人生有惟一的至善”的独断性理路,这种理路认定人生之理想或完满是唯一的、公共的、普遍的。究竟何谓人之性呢?冯肯定地说:“人之尽性,与其他事物又有不同者,即人之尽性,必须在乎社会底行为。……人之性是社会底,人之社会底生活,是出乎人之性底。人在社会生活中,其最主要者是道德底行为。人之道德底行为之最主要底性是去私。”①所以,道德不仅是人应选择的价值(主观取向),它还是人之理,是人之为人者,是人之所由而至善者。道德虽不是宇宙本体,却还是

① 《贞元六书-新理学》,第214页。

人学本体,在此,新理学与传统儒学的精神是一脉相承的。

作为一个哲学系统,新理学是逻辑自圆的,但其出发点确实过分“独断”。如从较少独断的立场看:事物是无,事物是事物;人之所为人的意义只能是生物的或生理的。

值得注意的是,坚持客观主义和科学方法的西方新实在论对于形上学是异常谨慎的。罗素在他的《西方哲学史》(1945年)中对柏拉图的“理念论”有如下解释:

> 这一理论一部分是逻辑的,一部分则是形而上学的。逻辑的部分涉及一般的字的意义。——如果“猫”这个字有任何意义的话,那么它的意义就不是这只猫或那只猫,而是某种普遍的猫性。这种猫性既不随个体的猫出生而出生——也并不随之而死去。事实上,它在空间和时间中是没有定位的,它是“永恒的”。这就是这一学说的逻辑部分。支持它的论据是很有力量的,并且与这一学说的形而上学的部分完全无关。——按照这一学说的形而上学部分说来,“猫”这个字就意味着某个理想的猫,即被神所创造出来的唯一的“猫”。个别的猫都分享着“猫”的性质,但却多少是不完全的;正是由于这种不完全,所以才能有许多的猫。“猫”是真实的,而个别的猫则仅仅是现象。①

罗素在此对“共相潜存”的实在论和“理型论”的实在论作了明确的区分。新理学对于共殊关系的“逻辑部分”给予了充分的展开,同时,也试图把柏拉图主义的“形上学”部分“逻辑化”。共殊逻辑和本然之理的逻辑在新理学都得到充分的发挥。新理学曾举房子为例,说要想有完全的房子就要完全的建筑工人、完全的设计师、完全的砖瓦等,而且,完全的砖瓦又要有完全的砖瓦工人、完全的窑、完全的燃料等,“如此推下去,若非宇宙

---

① 罗素著,何兆武、李约瑟译:《西方哲学史》(上),商务印书馆,1991年,第163页。

间所有事物实际上已大部分完全,即不能有一事物之完全”。① 根据这种“本然—现实”的模式,冯愈走愈远,不仅有本然之理,还有本然命题、本然的哲学系统、本然的办法、本然艺术等。如此一来,或可说有本然的苏格拉底、本然的长城、本然的李白。

可以肯定的是,本然之理是新理学最具传统形上学意味的地方。“本然之理”实质上表达了一种“独断”的“信念”:任一种事物都有它的完全样子,无论是自然界的演化,还是人类的社会、文化,本然样子存于理世界,它们是我们建立价值、评价事物的标准和归宿。新理学的这种精神基本上来自程朱—柏拉图,所不同的是,它试图通过逻辑手段来推导出一切。新理学一方面吸收了现代西方实证哲学、分析哲学的逻辑分析方法,而在精神实质上却正好与它们相反,后者要运用逻辑分析和语言分析来悬搁形上学,甚至是彻底消除形上学;新理学却要运用“新逻辑”来证立形上学。新理学不断强调其形上学是分析的、形式的形上学,其实,新理学的形上学实在不够分析。

四、呈现可能世界:新理学中真正的“分析”

现代哲学的分析精神如其说是演绎的、逻辑的,不如说是非建构的、非独断的(负的言说),更不如说是描述的、呈现的、解释的(正的言说)。在这一点上,现代西方实用主义哲学、存在主义哲学、分析哲学以及现象学、解释学的精神趋向是一致的。新理学在方法阐明上把哲学分析作极端逻辑化、纯粹化、形式化的处理,是对其哲学方法实际运用的“误释”:一方面,新理学的理本论是一种形上独断;另一方面新理学中的许多分析其实正是一种描述的、呈现的释义。

在《新理学》绪论中,冯友兰用新逻辑尝试解释形式底释义,他明确

① 《贞元六书－新理学》,第86页。

指出新逻辑把“凡人皆有死”改变成“对于所有底甲,如果甲是人,甲是有死底”的逻辑意义即在于“不肯定主词的存在”,而旧逻辑就“未明白表示此点”。① 可见,冯对新逻辑意图解消“实体形上学”独断的用意还是有所领会的。

在绪论中,冯友兰又说:“哲学对于真际,只形式地有所肯定,而不事实地有所肯定。……有某一件有事实底存在底事物,必有实际,但有实际不必有事实底存在底事物。”冯的意思是指所谓形式地肯定,即只肯定其有,于“有”之外不作任何其他积极的、实际的肯定。如形式底肯定真际,就是只肯定有“有”,至于有“什么”不作肯定;形式底肯定实际,即只是肯定有“实际”,至于实际有“什么”则不作任何进一步的肯定。如此,有理、有事、有人、有社会、有善恶、有道德等,都是对理、事、人、社会、善恶、道德的形式的肯定。细加分析就可知道,此所谓形式的肯定实际上是对最基本经验的直观描述和概念约定。没有这些与最基本的经验相关涉的基本概念,哲学的释义就无从展开,哲学就真的成了“甲是甲”之类的空洞之言了。纯粹逻辑命题可以超越经验,而哲学命题则不可,我们须区分“A”(纯符号、能所合一)、“1”(指向某种形式属性:纯量)、“人”(概念:内涵指向人性,外延指向实际的人)这三类不同的符号。

新理学不可能固守这几个最基本、最直观的描述,它还须对这些描述作基本的释义,我们称这种释义为“分析的释义”或“描述的释义”。这类释义旨在展现或敞开一事物与其他事物的多种可能的关联,简单地说就是呈现相对性和关系性,也可以说是呈现“可能世界”。哲学的一个重要内容就是在最一般的层面上描述存在的相对性、关系性。此类描述的方法理念就是避免独断,它植根于求真的科学精神,它体现了这样一种本体观或存有观:任何存在都是某种关系的集合,任何言说都离不开相应的语境。

---

① 《贞元六书－新理学》,华东师范大学出版社,1996 年,第 11 页。

新理学许多对存在的分析正是阐明这种相对性，以免独断化的陈述。以下是一些典型的段落：

> 每一事物，从其所属于之任何一类之观点看，其所以属于此类之性，是其正性，其正性所涵蕴之性，是其辅性，与其正性或辅性无干之性，是其无干性。①
>
> 一特殊底事物，可以同时属于许多类，同时有许多性。若把一特殊底事物，作为某一类之例而观之，我们固可说此特殊底事物所有之许多性质中，哪些是主要底，哪些是偶然底。但若把一特殊事物作为一特殊底事物而观之，则此特殊底事物，无论其为何事物，皆是一五光十色底全牛。于此五光十色中，我们不能指出哪些是其主要底性质，哪些是其偶然底性质。②

个体属于何类是在一定关系中或在一定约定下才能确定。在新理学的框架下还不可能消解“个体”，此项“存在还原”的工作只有等张东荪来做了。

> 一事物的意义，各人所说，可以不同。其所说不同，乃因持此各种说法者，对于此事底了解不同。其对于此事底了解不同，所以此事对于他底意义亦不同。一件事的性质，是它原有底。其所可能达到底目的，或其所可能引起底后果，这些可能亦是原有底。其与别底事物底关系，亦是原有底。但一件事的意义，则是对于对它有了解底人而后有底。如离开了对它有了解底人，一事即只有性质、可能等，而没有意义。③

这里所谓“原有底”的说法有些实体化的痕迹，但对事物的“意义”的相对

① 同上，第92页。
② 《贞元六书－新事论》，第227页。
③ 《贞元六书－新原人》，第519页。

性则是表露无遗。此“意义”与原有性质、可能的区分即是客观实在与主观建构(包括认知、解释、审美、价值确立等)之间的区别。

《新理学》中对性善性恶的讨论可谓“分析的释义”的典型。为了清楚起见,将其要点罗列如下(均录自《贞元六书·新理学》):

> 1)凡所谓善者,即是从一标准,以说合乎此标准者之谓。……所谓恶者,即是从一标准,以说反乎此标准者之谓。(98页)
>
> 2)由真际之观点说,理不能说是善底,或是恶底,因为我们说到任何事物之是善是恶时,我们必用一批评之标准。(94页)
>
> 3)从每一类事物之观点看,每一类事物所依照之理,皆是至善底。(94页)
>
> 4)若从一件一件底实际事物之观点看,则每一件事物,各以其自己之所好为标准,以批评其他事物。合乎其自己之所好者是善底;否则是恶底。(97页)
>
> 5)人所谓自然底善恶,其善恶是以人之欲为标准而说者。(98页)
>
> 6)从社会之观点,以说善恶,其善恶是道德底善恶。(99页)
>
> 7)从道德底善恶说,人之性亦是善底,因为人之性之内容中,即必须有道德。人之性即是人之所以为人者,人之所以异于禽兽者。(100页)

以上的释义完全是逻辑的、分析的,它确实很少肯定实际(只肯定有真际,有实际,有人,有社会),它是逻辑自圆或自我约定的。它所采取的都是“如果……则……”的叙述方式:如果有标准才谈得上善恶;如果有社会,那么社会的善恶就关乎道德;如果从人之类的观点看,人之性是道德的,这是典型的呈现可能世界的语式,可以称之为一种关于可能世界的形上学。这一系列的叙述实际上道出了关于善恶、道德、人性三个概念的意义约定。这才是新理学逻辑的、形式的释义的真相。

冯友兰对可能世界之相对性、多元性实有深切的体认。早在《人生哲学》中,冯友兰曾引用詹姆士的意思说:"若宇宙之一方面,引起一哲学家之特别注意,彼即执此一端,以概其全。"①哲学家虽都喜欢将一己之见绝对化,但实际上"世界之上,既无'哲学',而只有'许多哲学',则当然亦无'人生哲学',而只有'许多人生哲学'。……此许多人生哲学,皆有其'见',皆'持之有故,而言之成理';吾人势不能'罢百家而定一尊',只述吾人所认为对者,而将其余一概抹杀"。②

冯友兰所强调的"释古"方法也很能说明其悬搁独断的科学精神。他认为释古"介于信古与疑古之间,因为信古和疑古两者都是偏于极端方面的,信古的态度自然不免于盲目,而纯粹的疑古态度,仍不能离其'惑疑主义'错误的势力圈外。释古便是这两种态度的折衷,这种是比较有科学精神。因为古籍虽是不可仅信,然也不应该一概否认其发生是有相当原因的。……此种研究史学的态度,表面上看来,似乎有些双关的样子……近乎骑墙的态度,可是确是攻研史学的合理态度"。③ 如在证据不确凿的情况下,说《庄子》系庄周所作,还是不系庄周所作,都是不科学的。从另一个角度说,《庄子》一书的哲学思想与其是谁所作并无太大的关联。

至于新理学津津乐道的"负的方法"更是传统哲学悬搁独断的经典手法,限于篇幅,本文对此不作讨论。新理学"正的方法"和"负的方法"的综合架构极具方法启示。新理学的逻辑线索是先有正的逻辑分析,分析至极而自知不可分析、不可思议言说,乃有负的方法的思议言说,最后直至沉默。也可以倒过来说,即从自觉悬搁一切独断开始说,这样的逻辑是:沉默(实践－体证－与实在交往)－(进入对实在的言说)－负的言说(实在是无)－正的言说(一般性的"如果……则……"的相对性陈述)－各类具体的科学理论。前一种逻辑是从日常的言说到哲学的言说,后一

① 《三松堂全集》第二卷,河南人民出版社,2001 年,第 48 页。
② 同上,第 49 页。
③ 《三松堂学术文集》,北京大学出版社,1984 年,第 334—335 页。

种逻辑是从哲学的言说到日常的言说。也只有在后一种逻辑下,才能使"正的方法"在"负的方法"及本体(无、可能世界)的批判性、自省性(可以参照:马赫"存在是一种函数关系"、奎因"本体是约束变项的值"、解释学"存在一解释""本体一诠释"等解释学理路)的背景下展开,在避免独断的相对性分析中展开。禅宗有所谓"拟义即乖",其实对于"体空""无住"者,大可以拟义、言说,而且不可不拟义、言说。"这"(无量关系的集合)是一团漆黑,任何对其的言说都不能不是片面的、独断的,但是只要自省其片面、独断,自觉其所由之方式、路径,就不妨从任何可能的逻辑方式进入某种描述、分析和解释。这是"明"的开始,它虽不是本体(这本身)之明,却至少是本体显现之一种。无"正的方法",则无明、无清晰可言,不过这种清晰不止于逻辑的形式上的清晰,也是实质意义上的清晰,即实在的可能世界的敞开。新理学对于正的方法的理解过于逻辑化、形式化,因而遮蔽了其展开性的诠释功能。

新理学在相当程度上已意识到分析释义的可能,并已表现出这种分析的思想线索,而且对许多问题的解释以及技术运用上,已非常接近这种分析精神。可是,冯友兰还是念念不忘一物必有一理、辨名即意味着析理。新理学虽已接触到现代分析精神,惜未能登堂入室。

五、新理学之后:以分析之"学"为究竟

可以看出,两种相反的精神气质同时包含在新理学之中。新理学体系中最具现代性理论启示的内在紧张应存于"分析"与"独断"之间,而不在于"抽象觉解"与"精神境界"之间。关于新理学抽象觉解与精神境界之间的紧张,我们认为,新理学在境界论上走的本来就是近于道佛的"知识底路子"。① 如果冯不把新理学的天地境界与传统的天人合一之境相

① 参见拙文《新理学与西方哲学》,载于《哲学研究》2000 年第 1 期。

比拟，也不以继承和发展传统哲学的境界线索自居，那么，新理学抽象觉解与精神境界之间的理论紧张就并不存在。新理学可以集中坚持将旧理学的理本论作现代的发挥，而不必奢望继承中国传统哲学中所有“好”的东西。

冯友兰曾提出一种“接着讲”的方法，就是将旧哲学中的某种逻辑发展到它的极致。我们不妨将新理学中蕴藏的“分析的”方法线索发挥致其极，以成一种“后”新理学。不过，此后新理学之哲学已不宜称“理”学，因为，如果要将这种分析的精神进行到底的话，理本论是必定要丢掉的。这种新哲学是科学的、客观的、描述的、分析的，是彻底中立不作任何价值建立的，是一种纯粹的“学”或“客观知识”。与科学相比，这种哲学只是更普遍、更整全、更基本的知识类型，它是关于存在、人、文化、历史、社会、知识等的分析的、描述的知识，它以科学为基础，或者至少不违背科学。

如果以这种分析的精神改造新理学的话，它意味着这样的努力：首先要放弃程朱—柏拉图的理本论，而代之以一种描述性的基本存在论。比方说：这种存在论的第一陈述可以是“存在是无”，第二陈述可以是“存在是关系的集合”，第三陈述可以是“存在是知识的构造”等。在此，张东荪的“知识本体论”足资借鉴。其次是在存有论的基础上建立分析的、描述的人生学、历史学、社会学、文化学。此种系统建构不再是价值取向的建构，而是按照某种逻辑线索的“学”的建构。上述《新理学》中对性善性恶的分析就是一个例子。关于人生、历史、社会、文化的讨论，《新理学》实际上已经提供了一个相当分析的、系统的构架，剔除了理本论之后的《新理学》，已相当接近我们所谓的分析之“学”。

至于《新原人》，它的主旨是依据境界论的线索提供一人生境界说，可谓对《新理学》的人生论作一补充。从分析性的要求来看，《新理学》的独断体现在理本论；《新原人》的独断除了受理本论的影响之外，还意味着一种境界排序的价值建立。《新原人》中的人生境界说是基于某种价值取向的"境界观"而非暂时悬搁价值取向,只对人生境界进行客观描述、分析的"境界学"。此"境界学"是对境界的种种特征、觉解前提、心灵体现、可能的取向等作一系统的客观分析,而不必建立一具有某种确定价值指向的"境界观"。关于"境界学",冯友兰《论风流》一文就是很好的例子,文中对"风流"境界作出了经典式的阐释。文中阐述了风流境界的四个条件:1)玄心(对本体的证悟),2)洞见(深刻的直觉),3)妙赏(对于美的敏感),4)深情(对万物深厚的同情)。单此四项已几乎揭示了传统精神境界的所有奥秘。① 在此,冯并未作境界高低的评判,而是分析风流之境的内涵,所成可谓风流之"学"。

"学"与"观"各有所重,"学"在于尽可能呈现客观世界、可能世界,"观"在于论证、确立某一种具体的价值立场;"学"在于无我、知我,"观"在于自主、自立(必须进入选择、断定);"学"有客观性、公度性、普遍性的硬性;"观"之确立则在于对话、交流、感应、劝说、教化、制度性他律等。从理性整全发展的程序说,"学"是"观"的基础,在很大程度上,我们缺少的并不是"观"而是"学"。说到底,我们还远没有消化那位"赛先生"。

(原载《哲学研究》2002 年第 3 期)

① 参见《三松堂学术文集》,北京大学出版社,1984 年,第 609—617 页。

一个“分析的”现代儒学

冯友兰先生（1895—1990年）自1939年到1946年七年间连续出版了六本书，自谓“贞元之际所著书”：《新理学》（1937年）、《新世训》（1940年）、《新事论》（1940年）、《新原人》（1942年）、《新原道》（1945年）、《新知言》（1946年）。通过此“贞元六书”，冯友兰创建了新理学哲学体系。作为新时代的中国哲学，新理学自觉接续中国传统哲学，同时又融收西方哲学的成果，“承百代之流，而会乎当今之变”，终成一家之言。新理学汇通中西的一个基本表现可以描述为：以一种分析的精神和方法来阐明和转化程朱理学。

本文重点考察新理学对于此分析精神和分析方法的理解和运用，以呈现“分析”在新理学中的多种意味，并尝试从几个方面来说明新理学是传统儒学的一种“分析化”的现代转换。

一、哲学作为“知识”的方法确认

冯友兰建立新理学的一个基本方法是肯定哲学是一种知识，哲学作为一种知识就必须具备严格的理智的态度和方法。于此，冯明确提出了中国现代哲学史上关于哲学之为“学”的经典阐述：

> 凡所谓直觉、顿悟、神秘经验等，虽有甚高的价值，但不必以之混入哲学方法之内。无论科学哲学，皆系写出或说出之道理，皆必以严刻的理智态度表出之。故谓以直觉为方法，吾人可得到一种神秘的经验（此经验果与“实在”符合否是另一问题）则可，谓以直觉为方

法,吾人可得到一种哲学则不可。换言之,直觉能使吾人得到一个经验,而不能使吾人成立一个道理。一个经验本身,无所谓真妄;一个道理,是一个判断,判断必合逻辑。各种学说之目的,皆不在叙述经验,而在成立道理,故其方法,必为逻辑的,科学的。……以此之故,科学方法,即是哲学方法,与吾人普通思想之方法,亦仅有程度上的差异,无种类上的差异。①(《中国哲学史·自序》)

冯在此所表达的是哲学之为“学”或“知识”的方法自觉。这段话的重点与其说是在讨论哲学,不如说是在说明知识为何物。概言之,知识的过程是运用逻辑的方法经过思议言说而成立一个道理或一个判断:其材料是名言概念,其方法是逻辑理智,其结果是命题判断。同时,这一段话还特别强调了哲学与经验或直觉的区别,经验或直觉可能是哲学的起点或对象,但绝不是哲学本身,哲学的结果必须而且首先是结合某些概念而成的某个道理或某个判断。在整个中国哲学的发展历程中,这是首次明确运用逻辑的、概念的方法(现代意义上的“学”)来界定哲学,它预示着中国哲学现代发展的一个开端。

如果哲学是一种知识,那么它与科学知识有什么区别呢?冯认为科学是对于实际作肯定的积极的知识,哲学是对实际不作肯定的形式的知识。“凡哲学中之派别或部分对于实际有所肯定者,即近于科学。其对于实际所肯定者愈多,即愈近于科学。科学与哲学之根本不同在此。”②《新理学》对哲学作如下界定:

照我们的看法,哲学乃自纯思之观点,对于经验作理智底分析、总括及解释,而又以名言说出之者。哲学有靠人之思与辨。③

何谓“纯思”?何谓“理智底分析”?对于此理智的“纯思”,冯有多种说

① 冯友兰:《三松堂全集》第二卷,河南人民出版社2001年,第247页。
② 冯友兰:《贞元六书》,华东师范大学出版社1996年,第12页。
③ 同上,第7页。

明,其基本内涵是指“始于经验又超越经验”的概念思维。在冯看来,所有的概念都是从经验而来,而概念自身(指向理世界)却不依赖经验而存在,概念的纯粹性不仅在于它的逻辑性,而且在于它对于实际世界的超越性。“哲学始于分析、解释经验,换言之,即分析、解释经验中之实际底事物。由分析实际底事物而知实际。由知实际而知真际。”①新理学所谓“实际”是实际存在事物之类名,所谓“真际”是凡不违背逻辑(不妄)之有者,“凡可称为有者皆属真际”,此真际实际上是存有或存在之别名。对于新理学,重要的是在这个真际世界中有一个理世界,这个理世界自在永存,一个理如果还没有体现在实际事物之中,它就只属于“纯真际”。

新理学“纯思”之纯不仅在于概念思维过程的逻辑性,更在于它主张所有概念均指向理世界,是超越于实际世界而存在。此理世界在“存在上”是永恒自存,在“认识上”是我们通过对经验作逻辑的释义而获得。我们通过纯思去发现而不是发明理世界。冯反复说,我们是通过对“方底物”的理智的释义来发现“方之理”,而方之理之存在并不依赖有方之物,更不肯定实际世界中有哪些具体的方之物,这就是“方概念”或“方底理”的形式性。顺着这个理世界超越实际事物而自在永存的立场,方可理解新理学所谓“形式底释义”。

关于科学与哲学的区别,在《新知言》中得到更为充分的说明,冯说:

> 最哲学底形上学,并不是“先科学底”科学,亦不是“后科学底”科学,亦不是“太上科学”。它不必根据科学,但亦不违反科学,更不反对科学。……科学的目的是对于经验,作积极底释义(释义就是解释其中所涵蕴底义理)。其方法是实验底,其结论的成立,靠经验的证实。②
>
> 形上学的工作,是对于经验作逻辑底释义。科学的工作,是对于经验作积极底释义。所以形上学及科学,都从实际底事物说起。所

① 冯友兰:《贞元六书》,华东师范大学出版社,1996年,第13页。

② 同上,第865页。

> 谓实际底事物,就是经验中底事物。这是形上学与逻辑学、算学不同之处。在对于实际事物底释义中,形上学只作形式底肯定,科学则作积极底肯定,这是形上学与科学不同之处。①

所以,冯主张有四种知识形态:

> 人的知识,可以分为四种。第一种是逻辑学、算学。这一种知识,是对于命题套子或对于概念分析底知识。第二种知识是形上学。这一种知识,是对于经验作形式底释义底知识。知识论及伦理学的一部分,亦属此种。伦理学的此部分,就是康德所谓道德形上学。第三种是科学。这一种知识,是对于经验作积极底释义底知识。第四种是历史,这一种知识,是对于经验底记述底知识。②

冯的结论是,形上学是对于经验作“形式底释义”。

二、“形式底释义”的形上学

《新知言》这本书可以看作对于新理学形上学方法的系统说明,也可以看作对新理学形上学方法西学渊源的一个系统说明。对于这个西学渊源,冯友兰重点讨论了柏拉图、斯宾诺莎、康德、休谟和维也纳学派。在冯看来,柏拉图是西洋哲学真正的开山大师,因为他的辩证法、类型法是一种对于事物不作积极肯定的形式的释义,是一种典型的形上学的方法,而亚里士多德的形上学“将他老师的形上学的空灵部分,加以坐实。经此坐实,亚力士多德的形上学,即近于是科学”。③ 休谟则明确从经验知识的立场上试图取消形上学,照休谟的看法,“形上学是属于关于事实的实际底知识”,是“坏底科学”,应该取消。

---

① 冯友兰:《贞元六书》,华东师范大学出版社,1996 年,第 873 页。
② 同上,第 874 页。
③ 同上,第 885—886 页。

休谟之后，康德试图拯救形上学。冯在《新知言》中大量引用了康德《未来形而上学导论》(《新知言》简称《前论》)的材料来说明康德的形上学方法。新理学对哲学与科学的分别，以及对真际与实际的区分，在理论起点上是柏拉图，而在具体的方法落实上，很大程度上要归于康德。冯引用康德说：

> 理性的观念的目的，在于完全，在于可能底经验的全体的统一，所以它就超越了任何经验(《前论》英译本九二页)。知解中有范畴，理性中有观念。所谓观念，就是必然底概念，其对象不在经验中。知解的概念出于经验中，其原理亦能为经验所证实，但理性的观念不在经验中，所以也就是经验所不能证实，也不能否认底命题。所以这些观念最容易不自觉地走入错误底路。其错误在于以思想的主观条件，作为对象的客观条件；以满足我们的理性底假设，作为武断底真理(《前论》英译本一一七页)；以仅只是理性的观念，作为客观底对象。这就是所谓理性的辩证底使用，由此生出武断底形上学。①

康德所谓理性的辩证运用所得出的超越观念分别是灵魂不灭、意志自由、上帝存在，而理性对于这些观念的运用又无可避免地陷入悖论，因此，要在原则上决定理性使用的界限。在冯看来，理清这个界限，也算是对形上学的一个积极的贡献。冯说：

> 界限与限制不同。界限是一个积极底观念。它表示界限之外，还有些甚么，不过不在界限之内。限制是一个消极底观念，只是一种否定，只是还未不完全。我们的理性，在它的界限上，看见物之自体的余地，不过关于物之自体，我们不能有观念。这就是说，我们被限制于现象。②

---

① 冯友兰:《贞元六书》，华东师范大学出版社，1996 年，第 899—900 页。

② 同上，第 903 页。

所以，冯认为康德并不是反对形上学，也不是要取消形上学，而是从休谟的经验主义中救出了形上学。而且康德为形上学立了一个新方法，这就是所谓形上学的负的方法，一种讲物自体不能讲的方法，如同新理学思议言说道体、大全之不可思议言说的方法。康德有对于现象与物自体的区分，对于知解与理性的分别，以及对理性界限的看法，我们在新理学中则可以看到实际与真际的区分，科学与形上学的分析，以及负的方法的运用。当然，他们对这些观念的理解和运用都有很大的不同。

如果说康德试图从休谟的经验主义中拯救形上学，那么冯友兰则试图要从维也纳学派的分析主义中拯救形上学。冯明确肯定维也纳学派在"取消形上学"上的努力。冯说：

> 维也纳学派，以为形上学中底命题，都是综合命题，又都无可证实性，所以形上学中底命题，都是无意义底。从知识的观点看，形上学中底命题，都是如"砚台是道德"，"桌子是爱情"之类，只是一堆好看好听底名词而已。其中底命题既是如此，所以形上学可以取消。这是维也纳学派对于形上学底最有力底批评，也是他们主张取消形上学的主要理由。①

冯认为维也纳学派所用的方法是分析法的高度发展，只是他们所批评的形上学实质上是"坏底科学"，不是真正的形上学，真正的形上学几乎都是分析命题，对实际不作肯定，或甚少肯定。冯说：

> 形上学中底命题，仅几乎是重复叙述命题，所以也是综合命题，也可能是假底。不过形上学中底命题，除肯定其主辞的存在外，对于实际事物，不积极底说甚么，不作积极底肯定，不增加我们对于实际事物底知识。所以它是假的可能性是很小底。……只要有任何事物存在，它的命题都是真底。……真正底形上学，必须是一片空灵……

① 冯友兰：《贞元六书》，华东师范大学出版社，1996年，第910页。

其不空灵者，即是坏底形上学。坏底形上学即所谓坏底科学。①

这个"主辞的存在"就是指只肯定"事物存在"，冯一再申明其新理学的演绎特征，在后来的《中国哲学简史》中，冯指出：

哲学的推理，更精确地说，形上学的推理，其出发点是经验中有某种事物……从"有某种事物"这句话演绎出《新理学》的全部观念或概念，它们或是程朱的，或是道家的。②

新理学在方法说明上是过度强调了在形式上的演绎性，而实际上，新理学形上学的分析并不是如此演绎或几乎是重复叙述的命题。新理学形上学中的理、气、道体、大全等概念是无法通过纯粹演绎得出的。在实际运用中，新理学形上学所谓"形式底释义"之"形式底"有两个层次的含义：一是概念命题推延的演绎性或形式性，一是指任何概念本身（理世界）的形式性。不仅甲是甲、A = A 之类是形式的，概念本身也是形式的，因为它实质上只在真际世界中肯定了某理，而并不在实际世界中肯定了某物，虽然思维把握这个概念要通过对经验世界的逻辑分析。因此，新理学形上学的一个重要方法是从最基本的日常经验出发，对"存在"的若干蕴涵进行分析、概括，获得几个超越的观念和相关命题，从而形成一个简明的存在论系统。这几个超越的观念是对存在作最一般和最总括的释义，所以是相当"形式底"。

三、形式之理：对程朱之理的逻辑转换

新理学形上学基本上是依照以上的形式原则从四个角度（形式、质料、过程、总体）对"存在"作逻辑分析，得出"理""气""道体"和"大全"

① 冯友兰：《贞元六书》，华东师范大学出版社，1996 年，第 874—875 页。
② 冯友兰：《中国哲学简史》，北京大学出版社，1985 年，第 371 页。

四个主要的形上学概念及相关命题。通过所以然与所以能引出“理”与“气”,通过过程与整体引出“道体”和“大全”,“理”解释存在之所以然之则,“气”解释存在之能存在,“道体”解释存在之流行变化,“大全”解释存在之总体,从而形成一个所谓“形式化”的存有论系统。限于篇幅,于此主要对新理学的“理”观念及相关释义作一个简要的说明,以见新理学如何在分析的意义上对程朱理学进行了旧瓶装新酒式的转换。

在《新知言》中,理概念①被表述为这样一组命题:

> 新理学的形上学的第一组主要命题是:凡事物必都是什么事物。是甚么事物,必都是某种事物。某种事物是某种事物,必有某种事物之所以为某种事物者。借用中国旧日哲学家的话说:“有物必有则”。②

理是事物之所以然之则,理自在永存,理自身不造作、无动静,在这些观点上新理学与程朱理学并无二至。但在诸多方面,新理学之“理”比程朱之“理”要“空灵”得多,略述如下。

1. 理是共相之类名。新理学从“有事物存在”推到“有某种事物存在”,再推到“某种事物必有之所以为某种事物者”,即是理。此理是一共相,也是一类名,它的外延是众理或众共相,它的内涵是所以然,是一类事物之共相。

2. 理与类。我们的认识是通过总括相同事物而得到类的观念,由此而发现一类事物之所以是一类事物之所以然者。从认识上说,是由某类认识到某理;从存在上说,是有某理即有某类。对类作“共别的”分析是新理学最常用的一种逻辑方法,比如动物是共类,人之类属于动物之类是别类,那么人依人之性就蕴含了依动物之性。

---

① 本文对概念、观念两词暂不作区分,本文中大致的用法是新理学常用观念,我们在介绍时常用概念。

② 冯友兰:《贞元六书》,华东师范大学出版社,1996年,第920页。

3. 理一分殊。冯认为朱子的“理一”是就形下说的，是肯定实际事物之间有一种内部的关联，这是新理学所不能肯定的。新理学的“理一分殊”是指共类与别类，或是一类与其中的分子之间的关系。①

4. 太极。新理学明确表示，朱子“人人有一太极，物物有一太极”是一种神秘主义的说法，不能持之。新理学的“太极”只是逻辑上众理之全的集合，只是一理世界，它并不肯定“一切事物”皆以某理为绝对本原。

5. 理无善恶。新理学主要从四个方面讨论理之善恶问题：一是从真际或理自身的观点看，理自身无所谓善恶。二是从某类实际事物的观点看，某理是某类事物的至善。三是从一个个实际事物看，则每一事物皆以自己的标准来确定善恶，个体事物之间并无统一的善恶标准。四是从社会的观点看，道德是善。

6. 不存在道德化的天理。新理学明确表示“宇宙是道德底”是神秘主义的说法，不能加以肯定，新理学不主张有道德意义上的天地之理。新理学特别注意区分“一般的善恶”与“道德的善恶”，不存在适用所有事物之一般的善恶，道德的善恶，只可对于人说，而不能对一切事物说。② 显然，在一般存在的意义上，新理学并不肯定一绝对的善，而是把道德价值明确归属于社会人生范畴。

7. 体用一源，显微无间。新理学认为，形而上之理可谓体，此理在实际事物中实现为性是用；此理未实现是未发，是微，实现为性是已发，是显。实际事物依照某理或某某理就是体用一源、显微无间。③

新理学的理至多只是一“形式本体”，它形式地解释了事物的统一性，即“事物皆有理”，或是一切事物皆是其所是，如其所如。如此而已。新理学既不肯定统合万理之理的太极，也不主张道德意味的天理。新理

① 冯友兰：《贞元六书》，华东师范大学出版社，1996 年，第 45 页。

② 同上，第 99 页。

③ 同上，第 37 页。

学在建立其形上学的过程基本上秉持了这种逻辑分析的方法，尽可能做到对实际不作肯定的“形式化”，其对气、道体、大全的概念分析均是如此。

四、“人性善”的逻辑分析

与其存在论一样，新理学的人性论也可看作对传统儒学人性论尤其是孟子性善论的某种现代转换。考察新理学的人性论首先要介绍其对事物正性、辅性、所有性的分析。冯提出：“每一事物，从其所属于之任何一类之观点看，其所以属于此类之性，是其正性，其正性所涵蕴之性，是其辅性，与其正性或辅性无干之性，是其无干性。”①例如人，从其所属于人之类之观点看，则有人之性，人之性是人之理，此是人之正性。人不仅是人，而且是物，是生物，是动物，那么物之性、生物之性、动物之性都是人之性所涵蕴之性，都是人之辅性。至于人之高矮、黑白、胖瘦之类，则是人的无干性。

新理学此所谓“正性说”正是基于“凡事物都属于某类事物”的立场，这是一种典型的类型论的观点，即某事物一定属于某类事物，这是从个体到类的跳跃。这是一个典型的柏拉图式的本质主义的立场。这实际上肯定了一个个体事物的众多性质中，必定有一个是这个事物的正性，这个正性逻辑地规定了此事物是此事物。

新理学首先对性善性恶问题进行了一番典型的“形式的”分析，要点如下：

> 1. 凡所谓善者，即是从一标准，以说合乎此标准者之谓……所谓恶者，即是从一标准，以说反乎此标准者之谓。

① 冯友兰：《贞元六书》，华东师范大学出版社，1996 年，第 92 页。

2. 由真际之观点说，理不能说是善底，或是恶底，因为我们说到任何事物之是善是恶时，我们必用一批评之标准。

3. 从每一类事物之观点看，每一类事物所依照之理，皆是至善底。

4. 若从一件一件底实际事物之观点看，则每一件事物，各以其自己之所好为标准，以批评其他事物。合乎其自己之所好者是善底；否则是恶底。

5. 人所谓自然底善恶，其善恶是以人之欲为标准而说者。①

那么，人性是善还是恶？人性的标准是什么？新理学从人必属于社会找到人之类的标准，认为社会的标准才是人性善恶的标准。冯说：

> 如一某物系为许多分子所构成者，则此诸分子必依照此某理所规定之基本规律以动，此某物方能成为某物，方能存在。此诸分子愈能依照此基本规律以动，则此某物之构成，即愈坚固，其是某物之性，亦愈完全。社会之为物，是许多分子所构成者。人即是构成社会之分子。每一人皆属于其所构成之社会。一社会内之人，必依照其所属于之社会所依照所规定之基本规律以行动，其所属于之社会方能成立，方能存在。一社会中之分子之行动，其合乎此规律者，是道德底，反此者，是不道德底，与此规律不发生关系者，是非道德底。②

分子（部分）属于某物（整体），个人属于社会。分子依照物之理，不仅使物成为某物，也使分子成为分子；人依照社会之理，不仅使社会成为社会，也使人成为人。人有社会性是人之所以为人的根本，人有社会性就必须具备道德性；人越有道德性就越有社会性，就越有人性。人性之中蕴含了社会性，所以就蕴含了道德性。冯对人性善作如下表述：

① 冯友兰：《贞元六书》，华东师范大学出版社，1996 年，第 95—98 页。
② 同上，第 115 页。

> 从道德底善说，人之性亦是善底。因为人之性之内容中，即必须有道德。人之性即是人之所以为人者，人之所以异于禽兽者，若用言语说出，即是人之定义。人之有社会，行道德，不能不说是人之所以异于禽兽者之一重要方面。①

正是借着这个逻辑线索，新理学推出人之性是道德的结论，可谓孟子性善论的现代版本。

五、“觉解即境界”的主知特征

新理学欲对事物进行“形式底”释义，对事物“甚少肯定”，它的内在目的仍是要对文化人生的方向作出某种断定，仍是要通过“宇宙及人在其中之地位究竟‘是’如何”来“断定人究竟‘应该’如何”，这就是《新理学》之后，《新世训》《新事论》，尤其是《新原人》之所以作。冯友兰最早建立哲学系统的尝试就是人生哲学，在1930年出版的《人生哲学》是对其博士论文《中西人生哲学之比较》的充实和拓展，那是他对一个新人生哲学的最初探索。

有学者认为，《新理学》太西化、逻辑化、分析化，《新原人》在一定程度上可以看作冯友兰对中国哲学传统的某种回归。我们倒认为，《新原人》主要是把《新理学》中觉解与境界的关联问题的理论线索充分展开出来，在理论方向和哲学方法并无大的改变。在《新理学》绪论中，冯指出哲学是无用之学，如果说有用那就是可使我们对于真际有一番同情的了解，这个同情的了解，可以作为入“圣域”之门路。在《新理学》第十章“圣人”中指出：

> 圣人之所以达到此境界之学名曰圣学。圣学始于格物致知，终

① 冯友兰：《贞元六书》，华东师范大学出版社，1996年，第100页。

> 于穷理尽性。格物致知是知天，穷理尽性是事天。换句话说：圣学始于哲学底活动，终于道德底行为。①

通过形上学的了解来达到人的某种精神境界的哲学线索在《新理学》中已经具备，只是由于各种原因没有作充分的讨论和系统的展开。至《新原人》，新理学才完成一个较有系统的人生境界论。

本文于此要着重指出的是，新理学的"境界"概念在很大程度就是一个"觉解"的概念，它并没有特别强调"境界"对"觉解"的超越，而有着"即觉解即境界"的哲学倾向，而这一点正充分体现了新理学通过"认识的路子"来抵达境界的主知特征。冯说：

> 人对于宇宙人生底觉解的程度，可有不同。因此，宇宙人生，对于人底意义，亦有不同。人对于宇宙人生在某种程度上所有底觉解，因此，宇宙人生对于人所有底某种不同底意义，即构成所有底某种境界。②

觉解即形成意义，意义即形成境界，境界的不同归根结底是由于觉解的不同。境界的高低取决于人对于人性觉解的高低，而不是对外在世界的"客观知识"的多少。人生境界从低到高主要可有四种：顺着自己生物学上的性而行的人是自然境界，在自然境界中的人无觉解。自觉地为着自己的功利而行动的人是功利境界，在功利境界中的人只觉解到自我的功利。对于人之道德性有觉解，"了解人之性是涵蕴有社会底"才是道德境界。了解于社会的全之外，还有宇宙的全，了解人必于知有宇宙的全时，人之性始能得到充分的发展，即是天地境界。在天地境界中人不仅是社会中人，也是宇宙中人，不但对于社会应有贡献，对于宇宙亦应有贡献。③ 有觉解方有境界，无觉解即无境界，新理学常常把觉解与境界等同起来。新

---

① 冯友兰：《贞元六书》，华东师范大学出版社，1996 年，第 204 页。

② 同上，第 552 页。

③ 同上，第 556 页。

理学一再强调,哲学作为一种特殊的觉解,其意义不在于获得关于实际的积极的知识,而在于提高人的精神境界。冯在《新原道》中指出:

> 新理学中底几个主要观念,不能使人有积极底知识,亦不能使人有驾驭实际底能力。但理及气的观念,可使人游心于“物之初”。道体及大全的观念,可使人游心于“有之全”。这些观念,可使人知天,事天,乐天,以至于同天。这些观念,可以使人的境界不同于自然,功利及道德诸境界。——在这种境界中底人,谓之圣人。①

冯在其《中国哲学与未来世界哲学》(1948 年)中视天地境界为一种哲学境界:

> 按照中国哲学的传统,一般地说哲学,特殊地说形上学,其功用是帮助人达到精神创造的那两种生活境界。天地境界必须看成哲学境界,因为若非通过哲学得到对宇宙的某种理解,就不可能达到天地境界。但是道德境界也是哲学的产物。道德行为并不单纯是符合道德律的行为,道德的人也不是单纯养成一定的道德习惯的人。他的行为,他的生活,必须信有对相关的道德原则的理解;否则他的生活境界简直可能是自然境界。哲学的任务就是给予他这种理解。②

在新理学中,境界的层次实质上就是觉解的层次,这是一个经过现代转换的知识化、哲学化的境界观。

六、“分析的”儒学

我们会问,如此分析化、逻辑化的新理学似乎“抽空”了传统儒学中诸多实质性的内核,新理学还能称其为儒学吗?为避免任何可能的“独

---

① 冯友兰:《贞元六书》,华东师范大学出版社,1996 年,第 855 页。

② 冯友兰:《三松堂全集》第十一卷,河南人民出版社,2001 年,第 595 页。

断”倾向,新理学不再肯定天地之德、宇宙道德,不承认万理一理的太极,也不多谈本体意义上的本心良知。不过,新理学的根本精神仍是儒家的。新理学提出“社会道德”的立场,依此来规定人性,认为决定人生境界高低取决于对“人性”有无觉解,以及觉解的充分程度,有觉解即进入道德境界;如果进一步将此“道德性”扩展到天地之间,即是天地境界。如果用对道德人性“正解”的线索来看,这四层人生境界的递进秩序就是:无解-非正解-正解-大正解。尽管经过了逻辑化的现代转换,在新理学中,最高的觉解和最高的精神境界仍是“道德充其极”的天地之知和天地境界。我们再参看冯对佛道的批评:

> 道家之圣人,及上章所说宗教中之圣人,不能有用于社会。凡人没有能离开社会者,即令遁迹深山,自耕自食,亦不能说是离开社会。和尚之出家,亦只是出“家”,只是离开社会中之一种组织,而不是离开社会。如真无社会,则虽有山而不能有人,有地亦不能耕,更亦无庙可住。道家及佛家之圣人,不能离开社会而又不能有用于社会;如人人俱如此,则即无社会,所以此是行不通亦说不通底。宋明道学家说二氏中人自私,正是就此点说。①

新理学作为一种现代新儒学当然不再是照搬传统儒学,而是要接着讲,既是接着讲,就要在继承的某种思想线索的基础上有所发挥,有所拓展,甚至有所变更。新理学的建立在方法上可以概括为:运用分析的精神和方法来对中国传统哲学尤其是程朱理学进行现代转换式的重建。新理学对于分析精神和分析方法的实际应用主要体现在三个层次上:

1. 作为形上立场的分析。形上学不再“非法”提供实际的知识,而只作形式的释义、逻辑的分析。这种分析精神的背后既有严格理智的态度,也有科学精神的某种体现,它意味着对任何可能的独断的批判态度。所

① 冯友兰:《贞元六书》,华东师范大学出版社,1996年,第213页。

以，新理学对传统儒学中种种所谓神秘主义的观点都一一加以消除。当然，新理学还是保留了一个独断立场，即本质主义的理本论，这是它与具有约定论意味的语言分析哲学的一个重要区别。

2. 作为建立形式系统的分析。冯友兰有感于中国传统哲学缺乏形式系统的弱点，在建立新理学的过程中充分重视作为建立理论系统的逻辑手段或技术，诸如概念界定、概念分析、逻辑论证、逻辑一致等。这一类分析，可以视为基本上是与“内容”无实质关联的形式化技术。

3. 作为释义(呈现蕴涵)的分析。新理学的“分析化”与其说是演绎的、同义反复的，不如说是非建构的、非独断的，或是描述的、呈现的、解释的，这是一种试图不作或最少作“本体论承诺”(只肯定事物存在)的描述或释义，冯称其为“理智底”释义。这是一种从经验世界出发，在不同的层次、不同的角度上，对事物进行逻辑分析的方法，它将充分展现各种可能性。上述新理学对人性问题的多元多层的分析就是一例。

冯友兰有着自己的立场和方法，他是基于这个立场和方法来整合中西哲学资源，或者说任何的哲学资源都可以为这个立场和方法所用。对于新理学来说，这个立场和方法的重要内容就是上述分析精神和分析方法。由于这个方法，由于此鲜明的主知立场和分析精神，便得新理学在现代新儒学中占有独特的地位。

谨以此文纪念冯友兰先生诞辰 120 周年！

(原载《中国哲学史》2016 年第 1 期)

现代伦理道德建设

现代伦理建设研究(1995—1996年)

伦理道德价值系统的现代化是整个现代化运作的一项重要内容,从某种意义上说,它甚至是整个现代化过程的基础和前提。当前市场经济建设与伦理道德的矛盾冲突,或者,一种健康、稳定、持续发展的市场经济对于新的伦理道德系统的迫切要求,使建设新的精神文明特别是新的伦理道德系统的任务更加紧迫。近期以来,市场经济与伦理道德、社会转型与伦理重建方面的理论课题已成为社科理论界的大热点,在诸多问题上已有相当深入的讨论。本文拟综述近两年有关现代伦理建设的主要观点。

一、社会转型与伦理转型

社会转型与伦理转型。近期,人们的视点集中于市场经济的逐步实施所引起的伦理危机及伦理的建设。市场经济与伦理道德固然是当前伦理建设问题的主要内容,但毕竟不是全部内容,我们尚须从整体社会、普遍文化的角度来考察当前的伦理转型与伦理建设。万俊人的《现代社会道德合理性基础论证》一文是此方面的代表作品。

万文认为,理解现代社会现代公民的概念,是确证现代社会道德合理性基础的理论前提。与传统社会不同,现代社会不再是一个建立于自然关系基础之上的生存共同体,而是一种在自由平等的个人人格基础上建立起来的理性化合作共同体。现代社会与传统社会的一个基本差异就在于它的高度理性化和制度化;而现代个人与传统个人的身份差别就在于他或她具有平等自由的人格身份和作为现代社会成员的公民身份,而不是不平等的社会结构中的臣民身份。个体公民概念和社会秩序概念是现代社会现代伦理的两个基本前提。

有学者把当今的文化转型概括为由伦理型文化向经济型文化的转型。具体表现为，由伦理社会向公民社会转变，由结构性的人伦关系转向单元性的人际、人群关系。由伦理经济（计划经济）向市场经济转变。由此，现代中国社会伦理关系的要素、运行原理、内在逻辑都发生了变化，即由血缘伦理转向经济伦理，家族伦理转向公民伦理，情感伦理转向理性伦理。

江畅认为，现代社会日益个体化、多元化、自由化、科技化、复杂化，与此相应，传统道德向现代道德的转化有几个明显趋势：一是由传统的一元转向多元，不仅国家社会是道德主体，群体与个人也是道德主体。二是道德评价由绝对转向相对，对不同的道德主体有不同的道德评价和道德标准。三是道德标准由严厉转向宽容。四是道德价值由传统的两极（善恶）转向多极（正当、合法、守约等）。五是由他律到自律。现代社会允许在法律的范围（应包括普遍的社会公德）内，可以选择自己的生活方式。

许启贤认为，我国当前社会由计划经济向市场经济的变革只是经济运行方式的变革，而不是社会制度的根本变革。把它混淆成为社会形态的根本变革，认为过去计划经济条件下整个社会的一整套道德观念统统都应该根本变革转型，完全是一种误解。这种改变在道德上，不是要改变道德的社会主义性质。在市场经济条件下，仍要坚持社会主义的道德原则，即五爱道德标准和集体主义原则。

市场经济与伦理道德。关于市场经济与伦理道德，前期的讨论主要是围绕着“滑坡”“爬坡”“内引”“外连”等几个中心论点，而近期，则主要是围绕着“划界论”（又称互斥论、二律背反论）和“一致论”来展开的。这场争论，使人们对市场经济与伦理道德的关系有了更深刻的认识。

“划界论”主要是由何中华在《试谈市场经济与道德的关系问题》一文中提出的。何文认为，道德的本质特征是自律的超功利的，而市场经济是他律的，功利性的。市场经济与道德是两回事，市场经济行为是非道德行为，不能作道德评介。何中华强调，不应扩大道德的外延，敬业、守信、互利、文明经营等只是市场行为中的交往规则，不能纳入道德范畴。伦理道德在市场中的介入，要么使道德沦为一种伪善或者完全失效；要么使市场经济因道德对它的限制而走向萎缩直至取消。结论是市场经济与道德在本性上是互斥的，因而在操作层面上应当给予“划界”。

“划界论”遭到广泛的批评，批评者一致认为利益关系的调整正是伦理道德的功能。鲁鹏认为，利益始终是道德关系的焦点，道德的主要任务是调节个人利益与集体利益及社会利益的关系。在市场经济条件下，必须容纳“功利性道德”。敬业、守信、公平、互利、遵守市场规则等都是市场经济功利性道德的内涵，它们虽然不那么“高级”，却是目前社会主义市场经济运行中急需的道德规范。

汪丁丁则从市场交换与守信伦理的关系来说明市场经济的伦理属性，他认为，市场概念的核心就是交换，市场经济是一个通过交换关系把个体经济联接在一起的经济组织方式。现代市场经济把分工从家庭范围拓广到村庄之间、地区之间、国家之间。市场秩序的道德基础就是分工的人们对相互产权的尊重，它使人们之间建立起最基本的信任关系。缺乏这种信任，合作的秩序就会遭受破坏。尊重别人产权，守诺守信，因此也成为经济人的起码的伦理准则。

另一种较为普遍的观点认为，社会主义市场经济本身就是道德经济。因为社会主义市场经济是以公有制为主体，它的任务是解放生产力，发展生产力，目的是消灭剥削，消灭两极分化，达到共同富裕。社会主义市场经济这种道德性质是由社会主义制度，由经济发展的总体目标所决定的。

可以说，对于市场经济与伦理道德的内在关联人们已基本达成共识，至于市场经济与社会伦理及个人伦理究竟有什么关系，人们还有不同的看法，这些分歧与各自对何谓市场经济、何谓道德、伦理的不同看法有关。我们期待着更加周密、更有针对性的观点。

二、我国现代伦理的基本原则与基本结构

集体主义的道德体系。罗国杰认为,集体主义是与社会主义本质、社会主义制度相联系的主导道德原则。它的主要内涵就是个人服从集体、局部服从整体、地方服从中央、眼前利益服从长远利益。在市场经济条件下,仍要坚持集体主义伦理原则,不存在什么重建、重构。不过,有必要对集体主义作进一步的分层要求,一是无私奉献。这是一个崇高的理想目标。二是先公后私,这是对广大工人、农民、知识分子的要求,要求自觉考虑集体利益。三是顾全大局、热爱祖国,遵纪守法,诚实劳动,遵守社会主义的公共生活规则、职业道德和家庭伦理道德,这是对一个社会主义社会的公民所应有的基本道德要求。罗认为,必须明确反对个人主义的道德观,个人主义的思想只能使人们离开社会的利益去追求个人的利益,追求个人享乐和向往资本主义私有制的社会制度。

类似的看法认为,集体主义的价值体系不是简单地用一种道德标准要求人,而必须允许集体主义原则在多种层次上实现。在社会主义初级阶段的集体主义价值体系中,其价值标准是应具有层次性的,应形成一个由低而高的递进系统。

有人认为,“重振”集体主义价值观是建构有中国特色社会主义的价值体系的中心环节。不过,在市场经济条件下,集体主义的内涵不可避免地发生某些变化,过去那种片面强调个人奉献的集体主义就应融入互利互惠的合作内涵。这样才能使集体主义价值观真正贴近现实的社会生活,更为广大人民群众乐于接受。

“集体—个人”的二元道德体系。有人认为,社会主义的道德原则应是集体— 个人的双向作用模式。它既不是单纯的集体本位,也不是以个人为本位,而是互惠互利,协调统一。有人称之为个人与集体的“价值同位与双向原则”。此观点认为,个人与集体在本源意义上,不存在价值优

劣先后，它们是相互的、统一的、平等的。

刘放桐认为，市场经济与个人主义有相当密切的关系，如果笼统肯定市场经济，却又笼统否定个人主义，在理论上必会产生矛盾。

有学者则十分强调个性独立意识的重要性，认为我们强调的集体主义无疑是集体与个人关系的辩证统一，但是由于人们没有经过商品经济的锤炼而缺乏独立意识，这种集体主义就难以同以前的"人群依赖关系"划清界限。

多元多层的综合体系。这种观点认为，单一的道德原则已不适应现代社会的复杂化和道德主体的多样化，对应于不同的道德领域、不同的道德主体，又有不同的道德层次和不同的道德原则。多元多层互容并存的有机结合，是现代伦理最重要的特点。如善的、正当的、可允许的多种伦理评价的共存；如契约伦理（守则）与利他伦理，社会公正伦理与个人伦理，道德理想与社会公共道德的互补等。

三、现代伦理建设的操作程序与步骤

理论与方法。万俊人认为，中国现代伦理建设的理论论证应是三个步骤相结合的"整合性系统"。第一是运用"实践理性"或"实践推理"的方法，即通过对"普遍的社会道德经验事实"的逻辑分析或推理，来建立一套广泛可行的最起码的社会道德规范系统，它是社会道德的"最基本要求"。二是以哲学人学或道德形上学的方法确证社会道德理想，即社会信念系统。三是在社会公共理性和共同理想的前提下，以综合性的社会科学方法确证健全、合理而有效的社会道德运行的操作系统和程序。

肖平认为，我们的伦理学面对现实的解释力极为贫乏，就是因为伦理学界缺乏对现实的道德状况和社会道德心理的广泛而深入的调查，缺乏对公众道德经验的实证研究。在当前的现实，更为迫切的课题应是开展扎实的道德经验研究。伦理学应引入以调查、实证、统计分析等的社会学方法,为理论研究获得可靠的客观依据。

有人则强调道德理想与道德信念对于道德建设的重要作用。他们认为,道德不能从经验中引出,不能从幸福和功利中引出,只能从原则出发,从理性出发。道德的建设仰赖于超越的道德信念的建构,道德信念的建立又需要道德形上学。

类似的观点认为,伦理秩序与伦理价值体系的维系,最终还要借助信仰的力量,文化的延续总是以某些基本的信仰为基础。信仰可以赋予人们以向上的文化力,给予经济发展注入巨大的动力。可以从传统中寻找一些合理的伦理信仰,作为维护社会伦理基本价值的力量。如果没有这些力量,人们就会到其他文化如宗教中去寻找。另有人强调,以为共产主义信仰即是空洞,这是错误的,任何道德理想总是大大高于现有道德水平的,道德理想看起来虚,实际上实得很。少了它就缺少了判断善恶的尺度。

法制建设与体制建设。陈根法认为,法制是新道德的生长点。在道德危机时期,如果不采取一些强制手段保证基本行为规则得以进行,整个社会的合作体系将面临崩溃,道德建设也无从谈起。这种观点认为,社会管理的一些软规则必须转化成强制性规则才能起作用,单靠教育无法确立,必须依赖法制的强制力和威慑力。而且,法制包涵的基本准则与最根本的道德准则在本质上是一致的。法律不仅为道德体系的确立提供了制度化的基础,而且能维护某些价值观念的神圣性。

另有观点强调社会机制、经济体制的完善对于伦理建设的意义。有人认为,目前的道德腐败现象并不简单的就是群众受物质利益的诱惑和思想政治教育不足的结果,而在很大程度上是种种社会问题所引起的。诸如双轨制、行政干预、分配不公、行业垄断、企业内部利益关系扭曲等等,尤其是行政权力资本化和分配不公。有人指出,政策的伦理属性对社会伦理有很大的调控作用。领导者本身是否廉洁自律,比一千本道德教科书更具有价值导向与价值调控的能力。

步骤与机制。万俊人认为，现代道德的操作程序建设是我国现行道德实践与道德理论建设的薄弱环节。对于中国现阶段的道德建设来说，当务之急应该是着手进行以下三个步骤的工作。第一，社会道德规范的重新制定和完善。其二，在强化社会法制建设和法制教育的同时，改造和健全社会道德教育系统，创造一种把法制教育、文化知识教育和道德教育整合贯通、协调互补的新机制。需要特别注意的是，必须防止把道德教育泛化为政治教育，防止形式主义的道德灌输，防止以社会性政治性的宣传代替多层面多方式的道德教育本身。三是注意引导社会公民的个人美德和品格的培养，树立高尚完整的道德人格形象。

吴灿新认为，道德建设应有一系统的道德建设机制，它应有管理机制、教育机制、监督机制和赏罚机制四个方面。管理机制又包括领导机制、决策机制和协调机制。教育机制又包括理论建设、教育组织和教育实施。监督机制包括自我监督、政府监督和社会监督。赏罚机制包括行政赏罚、舆论赏罚、组织赏罚和法律赏罚。

韩东屏认为，当前的道德建设应建立一个有效的大众行为调控系统。一是规则系统，制定明晰、清楚、可行、周密的行为规范。二是传释系统，向大众解释与宣传。三是监督系统，有大众监督、组织监督和舆论监督。四是保障系统，建立有效的奖惩机制。系统之间应有完整合理的配置。此系统的失灵或涣散是道德失范的重要原因。

应用伦理学与具体行为规范。应用伦理学是对具体领域中伦理问题的专门研究，具体领域的伦理问题研究及其具体伦理规范的确立，只能依靠各门具体的应用伦理学。诸如经济伦理、企业伦理、生命伦理、生态环境伦理、政治伦理、家庭伦理、科技伦理等。现代伦理建设的一个重要内容，就是各种应用伦理学的建立和完善，对伦理问题细致的研究与掌握也只能依赖应用伦理学。应用伦理学的展开，在我国还是刚刚开始。

〔主要参考文献〕

[1] 万俊人:《现代社会道德合理性基础论证》,《北京大学学报》1996 年第 2 期。

[2] 樊浩:《中国伦理的重建》,《天津社会科学》1995 年第 2 期。

[3] 江畅:《道德变化与伦理学走向》,《江海学刊》1996 年第 4 期。

[4] 许启贤:《关于当前道德"滑坡"、"爬坡" 问题的辨析》,《高校理论战线》1994 年第 6 期。

[5] 何中华:《试谈市场经济与道德的关系问题》,《哲学研究》1994 年第 4 期。

[6] 鲁鹏:《道德形而上学与现实》,《哲学研究》1994 年第 12 期。

[7] 汪丁丁:《市场经济的道德基础》,《改革》1995 年第 5 期。

[8] 罗国杰:《坚持集体主义还是"提倡个人主义"?》,《求是》1996 年第 14 期。

[9] 刘放桐:《市场经济与实用主义道德理论》,《河北学刊》1995 年第 4 期。

[10] 肖平:《道德经验研究及其方法—— 论社会学方法在伦理研究中的应用》,《哲学研究》1995 年第 12 期。

[11] 陈根法:《论市场经济条件下的道德生长点》,《毛泽东邓小平理论研究》1995 年第 6 期。

[12] 吴灿新:《略论社会主义新时期道德机制》,《哲学研究》1996 年第 5 期。

[13] 韩东屏:《走向道德》,《江汉论坛》1995 年第 10 期。

(原载《哲学动态》1997 年第 4 期)

略论当代伦理转型

——当代伦理建设研究之一

近年来，现代伦理道德建设始终是一项紧迫的社会课题，这一课题已引起全社会极大的关注。可是，无论是有关理论研究，还是实际操作，大都着眼于“个人道德活动”本身，而忽视了个人道德活动与社会环境的关联，尤其忽视了一种新的道德机制和道德系统的生成是一项需要社会各个领域相互配合的复杂的社会综合工程。当前突出的问题是，具有现代伦理义涵的各项制度建设（即制度伦理建设）滞后，文化目标与制度目标、制度与伦理、各种制度之间关系的调整和统合还远不能达到理性的、自觉的操作层面。

本文即基于此所谓“道德社会学”的视角，来疏理当代伦理转型的几个基本理论问题，以对当代伦理转型和道德重建有一整体的宏观的理解。

一、当代社会转型与伦理转型

对伦理道德活动作必要的分疏，是本文讨论的基础。道德活动是一种典型的社会交往活动，道德活动的完成必须有主客双方的参与，主体是活动者，客体是活动对象，道德主体履行道德行为，而道德客体是道德行为的对象即道德行为的承受者。从义务和权利的相对关系来说，道德主体承担义务，道德客体享受权利。根据道德活动过程中不同的主客关系，我们可以区分出四种伦理类型：1. 自我既是道德主体也是道德客体（我—我），道德目标是自我人格完善，它的内容有自尊、自立、勇敢、精进、正直、智慧、坚毅等。2. 道德主客体是个人与他人（我—他人、单位个体之间)，道德目标是对他人的平等、和谐和帮助，内容有不损害、平等、尊重、诚实、谦虚、忠诚、利他、仁慈等。3. 道德主客体是个人与社会(个人—社会)，道德目标是社会秩序的稳定、和谐，内容有忠诚、服从、守约、集体至上、奉献等。4. 道德主客体是社会与个人(社会—个人)，道德目标是个人的基本权利，内容有公正、平等、自由、发展等。很明显，不同的道德主客关系有着不同的道德关系和道德方式，不同的道德关系在整个社会道德系统中的地位也有所不同，本文尤注意它们在社会转型期的不同表现。

上述四种伦理道德类型又可归结分为两种方向：一是反映个体关系的"个人伦理"方向；一是反映社会与个人关系的"社会伦理"方向。纯粹个体(暂不考虑他们的社会背景)之间的伦理关系主要表现为"日常生活"的一般道德原则，如：诚信、尊重、关爱、谦和、仁慈等，它们反映了人际关系中最基本的人道原则，有着恒定的价值，不会随着社会制度、社会关系的变化而变化。"社会伦理"反映着个人与社会秩序或社会组织之间的伦理关系，这种伦理关系特别体现于保障社会正常运行的一系列政策、制度、体制和规范当中，我们可以简化称之为"制度伦理"。任何社会都会根据它的目标和理念来设计所谓"合理化"的社会秩序和社会交往，其主要手段就是通过各种制度来分配、协调各种利益关系，通过制度来规范、约束社会行为。这种制度方式和制度伦理直接支配着社会利益关系，因而对社会行为方式有一种强制的范导和约束。"日常生活"中的伦理方式也往往以此为范型。可见，制度方式和制度伦理在整个伦理生活中占有支配性的地位，而一种社会转型必然意味着相应的制度转型和制度伦理转型。

尽管人们对现代化有着各种各样的理解，某些"现代"社会转型却已成必然：如由集权社会转向民主社会，由身份社会转向契约社会，由乡村社会转向城镇社会，由农业社会转向工业社会，由伦理社会转向法理社会，由封闭转向开放，由单一转向多元等。现代化在中国的过程虽然复杂，如果从总体价值和伦理来看，"自由"与"平等"尤具现代意义。"自由”意味着个人的独立和更多的生存空间,意味着社会的多元与开放。“平等”意味着身份、等级的打破,意味着个人之间、个人与集体之间的平等。

当代社会转型的重要内容之一就是个人与社会、个人与集体、个人与权威的交往方式的变革。在传统整体性的社会中,每一个人都会受到不同级别的行政组织的严格管理和控制,个人严重缺乏自主性、独立性。而现代人的价值是自由和平等,现代社会不再是身份等级的共同体而是平等合作的共同体,个体也不再是各级行政权力的绝对依附。与之相应,当代伦理转型主要不是“个人道德”活动原则和内容的转型,而是社会与人之间以及与之相应的人与人之间伦理关系的更新,这种更新最终须落实在社会关系和社会制度的更新之中。

二、当前“道德困境”透视

当前的道德危机和道德困境有目共睹,权钱交易、执法犯法、假冒伪劣、坑蒙拐骗、行业垄断、职业道德水平低下等,造成这种道德困境的原因十分复杂,本文着重从当前社会转型期的时代特征提出以下几个方面的原因:

首先,新旧伦理道德交替形成“道德真空”和“道德冲突”。无论是以儒家伦理为代表的中国传统伦理,还是新中国成立以来长期奉行的单一的集体主义伦理,都不能适应新时期的社会发展。特别是市场经济的全面实施,不仅意味着新的经济体制的确立,也会引起更大范围的社会结构、社会关系的相应变化,从更广泛的层面上说,它带来了新的生活方式和文化观念。诸如个人的经济自由、个人利益的正当性、个人的自主与自立、平等交换、契约方式等。此一系列生活方式的变化,必然要求交往方式和伦理关系的变化,传统儒家伦理与单元集体主义伦理已不能适应这种变化。

传统儒家伦理确实存在人文化与政治化的两种方向,但从现实化、社会化的历史效应来看,儒家伦理更是一种宗法化、等级化、权威化的政治伦理。儒家伦理对尊卑贵贱的伦理身份有着明确的规定,它强调个人对于整体的绝对义务和绝对服从,儒家伦理所要求的限制和批评主要指向个人的私欲和自我,而不是指向组织和社会。儒家的"仁"从精神旨趣上虽有成就人、实现人的道德理想,一旦落实于现实,却往往表现为政治化的伦理实践。儒家伦理是一种典型的权威化道德系统,它的行为规范及相应观念完全由少数权威来制定,只体现某一社会集团的私己利益,而另外的人只有遵守、服从的义务,他们没有决定权,没有知情权,更没有批评权。这种宗法化、等级化、权威化、整体化的传统伦理,显然与平等、民主、开放的现代社会价值相背离。

单向度的教条化的集体主义伦理有着诸多局限。如对集体强调得过多,对个人正当利益讲得太少,压抑了个人的正当权利和正当发展。单元集体主义伦理忽视了人道德行为的多样性和多层性,只承认大公无私、毫不利己、专门利人等高层道德原则的正当性,这种过高的要求往往在现实中并不能实现,但仍作为普遍、基本原则来要求,甚至作为普遍事实来宣传,势必造成道德上的虚伪和欺诈,高尚情操下面实际上道德行为的假、大、空,各种不道德行为照样横行于世。单元集体主义伦理的另一个重要缺陷是对集体没有伦理要求。马克思早就提出对"真实的集体"与"虚幻的集体"的区分。只有集体利益与个人利益真正一致的那种集体才是"真实的集体",与个人相对立的集体是异己的、虚幻的。如果一个集体总是少数人说了算,只是代表着少数人的利益,那么这个集体对它的大多数成员来说,还算是真实的吗?健全的伦理必须面对这样的问题:人们以什么样的方式联成集体,或者说,人们在集体中以什么样的方式来联结,才是合理的。

旧的伦理主导已经过时,而新的伦理主导尚未建立;过去那种"集体利益"或"共同利益"已成为"幻象",而新的合理的利益秩序尚未建立;势必会出现目前所谓"道德真空",或者说,是道德目标和道德原则的主观化、任意化、多元化。目前的“道德失语”现象就是一个明显的例证,旧的道德规范用语或道德号召的关键词已经过时,还没有找到新的具有普遍号召力、约束力的道德用语。与之相应的就是“道德失范”,公共规范往往是无人理睬,大家各行其道,各显神通。

其次,社会正义伦理或制度伦理建设滞后。当前的道德建设主要还是通过宣传、教育着重提高个人的道德素质,比较忽视社会制度建设对道德建设的重大意义。社会制度是从生产结构、分配结构和政治结构的层面上决定着人与人、人与组织的关系,意味着义务与权利的分配和调节的系统方案,是一种普遍的具有强制意味的社会调节。社会制度对社会成员的行为有非常现实的约束、范导、整合、评价、奖惩等功能,它是现实利益关系的范型,也是现实社会伦理原则的体现,制度伦理对个人道德行为起着最基本的范导和支配性的作用。不合理的制度(即不合理的制度伦理)必然破坏各项社会运作的道德性,如行政公正性以及市场体系中的公平竞争。制度本身不规范、不公正,就相当于游戏规则的扭曲,在这种情况下,利益博弈游戏的结果不可能得到大多数社会成员的认同,社会制度就难有效整合各个社会群体的利益矛盾,道德失范也就不可避免了。制度问题是根本性、全面性、长期性的问题,制度建设已成了当前道德建设的关键步骤。

目前较为突出的问题就是制度建设或制度公正建设。政治体制改革与市场体制的改革不能同步,在很大程度上导致了新型经济文化与传统政治文化的矛盾,因而造成了社会结构本身的不合理。对以下的观点,人们越来越达成共识:行政权力对经济领域的过分干预、严重的行业垄断、权力监督机制的疲软等制度上的原因,是导致权力腐败的重要根源。所谓“官场通行市场原则,市场通行官场原则”,“用国家的钱去买政府的权,又用政府的权去赚国家的钱”,意味着权钱交易的盛行。所以,目前道德失范并不简单地是对群众思想教育不足的结果,而是行政权力和职业权力资本化和分配不公所造成的“反面行为示范”的结果。

再次,新的制度和规范与人的素质还有一段长期的磨合过程。人们需要经过一定的过程才能逐渐适应和接受新的制度和规范,这是一个必经的“学习期”,过渡意味着杂乱、无序、困惑、真空,但也意味着整合、重组、学习和新生。转型需要成本,也需要时间。

三、现代伦理的基本价值与基本系统

现代伦理的基本目标根源于现代化的基本价值。本文不及对“现代性”问题作复杂而玄奥的讨论,仅提出以下重要的现代价值,这些价值特别相对于中国传统文化而言,它们包括:自由、平等、公正、民主(个人权利)、开放、效率(发展)等。与新型伦理关系最密切的是自由、平等、民主、公正,与之相应,现代社会将发展出一系列新的伦理方式。本文着重提出以下四种新型伦理。

1. 个人权利伦理。“个人权利伦理”是个人自由、个人权利的价值在伦理关系中的表现,它是现代人文主义的重要内容。以前,人只是作为一个种族、民族、党派、家族、社团的一员,总是在一种整体关系的网络中,自己的价值甚至存在完全从属于整体。随着这层纱幕的消散,人们开始意识到个人的独立、价值和尊严。这些价值综合起来就是自由,自由意味着个体的自觉、自立、自主,意味着个人(自身利益)可以成为个人生活的目的。在传统儒家伦理和单元集体主义的伦理体系中,整体是唯一的目的,个人不可能是目的,个人一旦把自身的利益作为目的,便是私,便是恶。其实,私是去不掉的,人生而有私,生而为私,人首先就是一个个体,也就是一个“私”,社会应该是“私”与“私”的自愿合作和规范合作,而不应该僵硬地除去私,把所有的个体强拼成铁板一块的整体。从机械式的集体到有机式的集体,从专制权威社会到平等合作社会,是现代化的必然趋势,也意味着个人和个性的解放。

2. 正义伦理。“正义”特别指社会秩序、社会制度的公正性和合理性，正义伦理是对社会秩序、社会制度的伦理要求。不同的时代、不同的制度有不同的公平、正义观，身份等级制度曾经被认为是公正的，而现代公平则强调每个人先天的平等，特别是“基本权利”的平等。这种平等不仅是个人与个人之间，而且是个人与集体之间的平等。从道德关系上说，它特别体现为权利与义务的平等或均衡。道德主客体之间是平等的，权利和义务之间的关系也是平等的，在一个长期的稳定的伦理交往中，大家都必须既是主体同时又是客体，既享受权利又承担义务。如此才有伦理上的平等，这种平等是维持伦理关系的基础。

对于当代中国来说，正义伦理特别意味着在个体与集体（社会）的平等，个人对集体承担义务，集体也应当保障个体的权利，这是个体与集体的互利，亦即个体与集体的平等。集体是个人之间的社会组织，每个人对与已有关的集体如何构成、如何运作都有批评的权利。集体利益高于个人利益，当且仅当这个集体是一个“真实的集体”。总之，个人与集体、与社会是平等的、契约的、对话的关系。

3. 契约伦理。前面讲的是公民的权利，而现代公民的社会义务特别表现为守约、守则和守法。如果说传统社会成员的社会义务主要表现为个体单向服从整体的话，那么，现代公民的社会义务主要表现为遵守契约，即信守承诺。这是由身份社会转向契约社会，权威伦理社会转向法理型社会的重要特征。社会团体的形成不再是指令性、权威决策的结果，而是自由个体在平等、自愿的基础上进行契约式的自愿选择和合作，双方的伦理关系、双方承担的义务和权利，都是通过协商和协约来确定。公平自愿缔结的社会契约实质上是每一个公民的自我承诺，守诺成为公民起码的社会义务。个人对任何有关自身利益的契约都有批评和修正的权利，但约定一旦确立，就必须遵守。

游戏规则是游戏得以正常进行的保障，进入游戏，就必须遵守游戏规则，这就是规则伦理。规则本身的公正、裁判的职业伦理以及游戏者的守则伦理的相互配合，是一场游戏正常进行的保证，任一环节的伦理发生了问题，都会影响游戏的公正，这种游戏也很难长期、稳定地进行下去。法律是社会公正的体现，是公共利益的保障，法律是整个社会得以运转的基本的游戏规则，法理型社会的公民其突出的社会义务就是守法。所以，法律意识是现代公民最基本的伦理素质。

4.职业伦理。在现代社会中，职业伦理也有突出的地位。每一种职业都意味着一种义务，完成这种义务，你才能得到相应的回报。职业伦理不仅是对社会负责，也是对自己负责，它是守约的一种基本方式。不尽职即放弃了实现公正的义务，也就等于放弃了享受平等的权利。平等和公正应该从自己做起，从这个意义上说，职业伦理是个人伦理的基础。另外，由于现代社会对整体效率的要求以及职业的高度分化，每一个职业都承担着一个独立的环节，独立职业之间的协调特别重要，职业伦理直接关系到社会的稳定和效率。因此，职业伦理已成为现代个人伦理的重要方面。

本文想要说的伦理系统，不再指伦理原则和伦理规范之间的严密结构，而特别指伦理主客体之间的互动以及在一种社会运作系统中各个伦理环节之间的协作。我们已开始步入一个多元化、开放化的社会，这种社会已不再适应一个高度统合化、一元化的伦理体系，我们很难也不需要找出一个有着严密结构的伦理系统来统合所有的伦理方式。但是，时代性较强的一系列基本的道德原则和价值原则，如平等、公正、自由、守约，也许还有效率，它们在相当的时期内占据着重要地位。

四、建设之路

关于伦理道德建设的操作性研究，已经引起理论界的高度关注，有人甚至提出建立“道德建设工程学”。伦理道德建设确实是一个复杂的社会综合工程，它无疑有着自身合理的操作程序和操作机制。由于尚缺乏系统深入的研究，本文只就几个问题略作讨论。

1. 操作主体。谁在做伦理道德建设？广义地说，任何一个公民，任何一个社会组织都应该成为伦理道德建设的主体，但是，大多数个人与团体很难成为依据理想目标而自觉进行伦理道德建设的主体，更不用说现代伦理建设在相当程度上是一个需要进行制度更新、体制重建的社会综合工程。伦理道德建设的主体主要还是政府，它也是政府应尽的义务。现代伦理建设的复杂性、综合性特别要求建设主体的高度责任感和高度理性化的操作意识及操作水平，诸如操作目标的明确、操作过程的合理设计、操作方法的反省和调整等。

2. 操作程序和操作机制。从逻辑上说，伦理建设的大致程序应该是：确立伦理价值或伦理目标——制定伦理规范以及有相应内涵的各项制度，其中，法律、经济、政治制度的完善特别重要——建立和完善各种伦理道德机制，如传播、教育、监督、赏罚机制等——规范、制度与人的不断磨合。合理化操作机制的确定应该建立在对个人伦理、社会伦理、大众行为演变机制的细密研究的基础之上。上文提及的个人道德水平与制度伦理水平的互动，以及社会运作过程中各种伦理环节之间关联和配合等，都应是伦理建设机制应注意的问题。单向的操作并不能收到预期的效果，甚至可能适得其反。就个人伦理建设来说，应该有相应的管理机制、教育机制、监督机制、赏罚机制以及各种机制的配合。

3. 道德精英。从社会效用来说，合理的制度伦理肯定要远远大于道德精英的运作和示范，但是，再好的制度也要靠人来制定和执行，个人道德素质和道德精英仍有着根本性的地位。个人道德和制度伦理只有进入一种良好的互动，整个社会的伦理道德水平才有可能提高，在这一过程中，最初的社会良知是弥足珍贵的。本文反对精英和庸俗的简单对立，一个人在任何时候表示出社会良知，在那个时刻他就是道德精英。

4. 制度建设。有人把当前伦理建设理论分成三个方向：宣教派、学院派和制度派，认为第三条理路直切社会道德伦理大厦的根基。对制度建设的伦理效用，大家已逐渐形成共识，前文已多有提及。“制度伦理”的广泛提出,反映了制度建设的迫切要求,以及整个社会对制度问题的觉醒。当前制度建设的迫切问题是政治体制改革的进一步深化、行政监督制度的完善、分配制度的公平化、司法制度的完善以及各类制度的协调。

5. 道德教育。制度伦理的作用虽应得到强调,而个人道德仍处于终极性的地位,伦理道德建设的起始要依赖个人道德,而它的最终目标也是个人道德。制度示范和制度引导终究带有强制性的味道,良好的赏罚机制对社会道德有引导、规范、强制、促进等功用,但它的作用是有限的,完全依赖制度会导致道德状态的功利化、习俗化、程式化。个人良知的确立最终要依据于内在的信念或是落实为内在的信念,这种信念的获得在很大程度上还是依赖于教育。这种教育不能再是硬性的灌输,而只能是主体意识的培养和人文精神的熏陶,无论是道德还是人文,最终要靠主体自己去理解,自己去选择。以前的道德宣教太注重原则和规范的输出,而不在于启示一种主体自觉和伦理精神,伦理精神的本质是主体人格的完成而不是对社会秩序的消极适应。

6. 社会整合。社会从一种稳定形态变化到另一种稳定形态是一个长期的社会变革和社会整合过程。在这个过程中,各种社会目标之间、社会与个人之间、社会各环节之间、人与人之间需要不断地调整和磨合。从伦理建设的层面说,各种伦理关系的理顺必须依赖于各种利益关系的理顺,所以,制度建设和各种制度的整合,以及制度与个人的整合构成伦理建设的社会基础。就个人伦理建设来说,也有管理、教育、监督、赏罚各种建设机制的协调过程,也有个人心理与社会环境、个人素质与社会制度的协调过程。

建设之路艰巨而漫长,但是事在人为,其中有两个关键:一个是培养道德精英,他们维护并促进社会良知,这其中的关键是党员干部的道德水准和职业素质;一个是现代制度建设,旨在建立新型、合理的利益关系和利益秩序,这其中的关键是政治、经济体制改革的深化和完善。

〔主要参考文献〕

[1] 夏伟东:《关于集体主义道德理论的若干问题》,《中州学刊》1995.3。
[2] 阮纪正:《儒家文化传统与当代道德建构》,《哲学研究》1996.4。
[3] 胡承槐:《体制的道德性与目前道德伦理格局》,《哲学研究》1997.8。
[4] 鲁鹏:《制度的伦理效应》,《哲学研究》1998.9。
[5] 赵磊:《论当前改革中的利益失衡》,《哲学研究》1998.11。
[6] 罗国杰主编:《道德建设论》,湖南人民出版社,1997 年。
[7] 陈晏清主编:《当代中国社会转型论》,山西教育出版社,1998 年。
[8] 肖雪慧主编:《守望良知》,辽宁人民出版社,1998 年。
[9] 王海明,孙英:《寻求新道德——科学的伦理学之建构》,华夏出版社,1994 年。

(原载《首都师范大学学报》1999 年第 4 期)

实在论在中国

“清华哲学学派”与“学”的自觉

前言:“清华哲学学派”

现代学术的成形至少需要三个不可或缺的因素:1)“学”的自觉。此是对“现代学术”的精神、方法的充分自觉和反省,尤其是对知识学的方法自觉。2)现代学人群体和学术作品。此是指已有相当数量认同现代学术方法并致力于现代学术的学人群体,并已产生出一定数量的代表性作品。3)支撑现代学术的教育、法律制度体系。没有教育、制度等的社会性基础,现代学术很难成为广泛而深厚的现实存在。按照以上标准,在20世纪30年代前后,中国的现代学术体系已初见端绪,广义的“清华学派”(清华文科)可谓当时最具代表性的现代学术群体。

本文所说的“清华哲学学派”是指上个世纪20—40年代以清华哲学系同人为主体力量的一个哲学流派,其主要成员有冯友兰(长期担任文学院院长兼系主任)、金岳霖(哲学系的创立者,曾任系主任)、张申府、张岱年等。因他们都有新实在论倾向,又被称为“清华实在论学派”。不过,以“实在论学派”名之,易使人以为实在论是此派哲学的核心主旨,不免有些偏狭,再考虑到与广义的清华学派相区别,所以不妨略嫌笼统地称之为“清华哲学学派”。

这一学派得以成立的理由有三:1)共同学术趋向。如重视科学方法、强调分析精神、接受实在论、超越中西相待,注重哲学本身的问题,致力于自家哲学的建立等。2)学术的群体自觉。冯友兰多次论及清华哲学的治学传统,曾明言清华哲学同人均致力于新哲学新文化的创造。张申府曾说清华哲学系有志形成东方的剑桥学派。① 这一群体的学术成就在当时已有目共睹，孙道升在《现代中国哲学界之解剖》②中较清晰地描述了这一哲学群体："就中张申府先生之罗素，邓以蛰先生之美学，沈有鼎先生之逻辑，皆称一时独步，而首领当推金岳霖先生。"

本文不拟讨论"清华哲学学派"对现代中国哲学的贡献，而是简述其哲学建立中所蕴含的"学"的自觉，以见其对于中国现代学术之建立的意义。

一、"哲学"作为"知识形态"的方法确认

中国现代学术的建立基本上是由西方人发展起来的"知识－学科－教育"模式的引入。对于中国文化来说，这是一个不容回避的学习、探索过程。这种学术精神最终应该成为我们民族文化主体的一部分。

作为现代学术形态的哲学的一个重要标志就是哲学之为"学"的"知识化"的方法自觉。在此，冯友兰提供了中国现代哲学史上关于哲学之为"学"的经典阐述：

> 凡所谓直觉、顿悟、神秘经验等，虽有甚高的价值，但不必以之混入哲学方法之内。无论科学哲学，皆系写出或说出之道理，皆必以严刻的理智态度表出之。……各种学说之目的，皆不在叙述经验，而在成立道理，故其方法，必为逻辑的，科学的。……科学方法，即是哲学方法，与吾人普通思想之方法，亦仅有程度上的差异，无种类上的差异。③

冯也许并不是中国哲学之为学的自觉的第一人，但他简明、扼要、初

① 齐家莹编：《清华人文学科年谱》，清华大学出版社，1999年，第152页。

② 《国闻周报》12卷45期，1935年11月。

③ 《中国哲学史－自序》，上海商务印书馆，1934年。

具系统的阐述却极具启蒙意义。冯这种学的自觉已经远不只是停留在一些反省性的言论上，而是有系统的哲学建构为之佐证。冯所建立的新理学体系在理论前提的设定、概念的界定和分析、命题的严格演绎和论证、概念命题之条理清晰、问题之多层多面的整理和澄清、理论系统的形成、哲学方法的自我反省等建构知识形态所必须的诸要素上的努力已成为现代中国哲学中的典范。

金岳霖的作品更是一种精细分析和形式严格的知识典范。无论是其《论道》还是《知识论》，还是其他哲学作品，都是“异常的”严谨邃密，在当时确是独步天下。孙道升说他的头脑简直就是西洋的，张申府说中国如有哲学界，那么金先生就是中国哲学界第一人。

注重健实的实在感，注重逻辑分析，注重科学方法是清华哲学学派的显著特色。如果说清华哲学学派诸人的学源都与逻辑有关是一种巧合的话，那么他们都竭力强调逻辑分析对于哲学研究的意义就不能不说是一种自觉的方法倾向了。张申府在精神上紧随罗素，反复申明他的思想有两个关键词，一是唯物，一是解析。张申府的大客观论别有新意，只是没能发展充实下去。其弟张岱年一出手就在问题分析上表现不凡，其所作《论外界的实在》①一文，张申府以“析事论理、精辟绝伦”誉之。现在看来，这确是一篇入哲学门径的不可多得的范文。

清华哲学学派对哲学作为“知识形态”的理解和运用主要侧重于哲学系统的“形式化”特征。它包括两个方面的含义：一是形式的方面，即哲学作为一种理论化的言说系统，它对概念、命题、理论的建立过程有着一定的明晰性和逻辑性的要求；一是实质的方面，即哲学几乎不提供任何积极的知识，哲学只是对最少内容的自明提前的演绎分析。当然，金、冯、张诸人在此的看法和运用存在着一定的差异。

---

① 《大公报－世界思潮》1933年5月25日。

二、清除独断："科学"的哲学

视科学为求真的唯一合法的知识形态是现代学术的重要标志。冯明确地把直觉、顿悟、神秘经验排除在"学"的范围之外，体现出对于学之知识形态的严守。对于清华哲学学派，这种知识化的严格立场在哲学层面上切要地体现为对于伪知识的"形上独断"的清理。

金岳霖曾区分旧玄学与新玄学，认为"新玄学的题材，是各种科学中所使用而不能证明、不能否认的概念。先用'欧肯的刀'割去用不着的，然后分析存下的思想，分析之后再从事条理"。[①] 金指出旧玄学的态度是造出"太极""上帝""宇宙魂"等类的概念，去做一个贯通万事万物的媒人。金虽认为元学不是知识论，不妨可以怡我底情，但他的元学并不就是诗，而仍"不愿意说违背历史和科学的话"，仍注意逻辑，仍选择了假定性(独断性)程度很低的"唯实"立场。

冯友兰一方面为确保哲学的科学性、合理性、客观性，一方面又要提防哲学对于实际世界的独断倾向，便把哲学推至"逻辑底分析""形式底释义"。冯说："真正底形上学，必须是一片空灵……其不空灵者，即是坏底形上学。坏底形上学即所谓坏底科学。"哲学试图僭越科学的职能，必是坏的哲学，也是坏的科学；但哲学如果不坚持科学的客观方法，哲学毋宁就是诗了，又何谈为"学"呢？在《新理学》绪论中，冯友兰用新逻辑尝试解释形式底释义，他明确指出新逻辑把"凡人皆有死"改变成"对于所有底甲，如果甲是人，甲是有死底"。的逻辑意义即在于"不肯定主词的存在"，而旧逻辑就"未明白表示此点"。可见，冯对新逻辑意图解消"实体形上学"的独断的用意是相当清楚的。

张申府将其所服膺的唯物论的特征概括为："实践地重视科学，尤重

① 《唯物哲学与科学》，原载《晨报副刊》第57期，1926年6月。

视科学法,重视健实的实在感,尽可能地施用欧坎刀或节省律。"①这些思想可以说均是对旧玄学而发的。张岱年主张哲学之圆满的系统必满足以下条件:(1)不设立超越的概念范畴。(2)不设定虚幻的区别。(3)不以一偏的概念范畴统赅总全。② 其反独断的意味是相当充分的。

清华哲学学派的科学化路向,很大程度上是受现代西方实证哲学和分析哲学的影响。这是一股哲学科学化、分析化的潮流,它旨在清除哲学活动中"非知识"(情感、态度、价值的表达)和"伪知识"(旧形而上学)的倾向,强调哲学虽不产生知识,却是对知识的一种分析或阐明。清华哲学学派也由此呈现出一定程度的分析化倾向:哲学虽不能客串科学的求真功能,却可以在真的基础上展开活动,或是求通(金岳霖、张申府),或是对于实际的形式底释义(冯友兰),或是显真明德(张岱年)。

总之,谨慎地避免独断,严格地遵循科学的方法程序,使得清华哲学学派成为中国现代哲学中理性主义路向的代表。这一路向对于在中国文化中引入和培育科学理性、认知理性有莫大的奠基性的意义。这不是主张科学万能论的唯科学主义,而是尊重知识活动内在逻辑的现代学术精神。

三、理之体与学术独立

学术独立已被认为是广义清华学派的一个代表性的精神线索。此学术独立常在两种意义上使用,一是指摆脱对西学的依附,寻求民族文化学术的独立发展;一是指学术的价值即在于学术本身,后者才是学术独立的根本义或本体义。学术独立的实现不仅是一个伦理实践和制度环境的问题,也是一个理性认知和精神认同的问题。对学术独立的认知不足,往往成为阻碍学术独立之实现的一个深层因素。在我们的思想传统中,真、知

① 《唯物论的重要》,原载《新华日报》1942年8月27日。
② 《张岱年文集》第三卷,清华大学出版社,1992年,第7页。

识的价值常常委身于善、外在效用。

所谓知识(学术)本身的价值,是指知识的价值即在于其是知识也,知识是否有其他的价值丝毫无损于其为知识的价值。知识的价值为何?在于求真明理也。从这个意义上,客观主义、实在论、理本论(尽管理本论本身也有独断性,其独断性也需要某种消解)的哲学对于确立知识的地位或价值具有理性奠基的意义。“理本体”正是确立知识、理想和理性的本体依据。冯友兰有“理之尊严”之说,理之尊严就是学之尊严。金岳霖也说过,为学的标准即在于其言之成理,持之有故。学术的内在生命即是理,求理明理即是学,任何外在的标准都与学之成立无干,都会使学术沦为工具。传统价值模式中的政治实用主义、人生实用主义、文化实用主义之类都是非内在的知识标准,均有损于纯粹知识或知识本身之成立或独立。

四、学术的主体意识和哲学创新

“理之体”不仅关乎学术之成立,也关乎学术之发展。对理之体的认同(理之客观性之自觉)与批评(理之无限性、相对性之自觉)是理性主体的基本结构。理是学术的唯一标准和方向,学术主体的真正确立就在于“唯理是求”,纯粹的学者应该是“理外无物”“理外无心”。清华哲学学派关注纯粹哲学之旨趣,超越单一的史学研究而试图创立“自家”学说的治学路向即是体现其学术主体性的明证。冯友兰曾说:“在战前,北大哲学系的传统和重点是历史研究……相反,清华哲学系的传统和重点是用逻辑分析法研究哲学问题,其哲学倾向是实在论,用西方哲学的名词说是柏拉图派,用中国哲学的名词说是程朱。”①

哲学的发展总免不了以某种脉络来衡量,当然离不开历史的传统的

① 冯友兰:《中国哲学简史》,北京大学出版社,1994年,第370页。

脉络，但是理自身的脉络才是最根本的脉络，而理自身的脉络是真正开放的，无所谓民族性（可以参照冯友兰的论述）。学的追寻的本质是面向“真”和“理”的。面向理之体，致力到学术和知识自身，“学”才能获得根本的解放。清华哲学学派在此方面有重大的现代性的奠基意义。

金岳霖特别是一个“问题型”的哲学家，他的哲学研究，给人一种“自家从头做起”的感觉，他只有一两篇研究哲学史问题的专文。金岳霖并不是不重视哲学史，他是把休谟、罗素、摩尔、怀特海等哲学资源消化在“哲学问题”的研究当中。由于他消化、融汇得好，也由于他紧扣纯理本身而深入下去，就不易看出他兼收并蓄的痕迹。扣紧关涉纯理之纯问题而不断地深入下去，是学术研究创造性进展的根本源泉，西方学术发展景观的根本原因即在于此。此理性主体结构的获得、坚守和充实甚至是学术发展的必要充分条件。

当时清华哲学群体的创新自觉和创新成果堪称奇观。金岳霖有《论道》和《知识论》；冯友兰以贞元六书成新理学；张申府欲自成“大客观论”和“解析的唯物论”；张岱年于四十年代有《知实论》《事理论》《天人简论》等，欲成一以新唯物论为基础的哲学系统。由此可以想见清华哲学的哲学建立在现代中国哲学中的地位，这里还不包括金岳霖在逻辑学、冯友兰在中国哲学史研究上的开创性的贡献。

总之，清华哲学学派已有相当完整、系统的学的自觉，并依此方法自觉为中国哲学研究和中国哲学史研究做出了典范性的贡献。

（原载《哲学动态》2002年第4期）

金岳霖新玄学:实在的分析与构造

金岳霖特别是一个“问题型”的哲学家,他的哲学研究,当然离不开哲学史的进展,但他所要解决的问题则是哲学本身的问题。他很少关注哲学史问题,他的哲学研究,给人一种“自家从头做起”的感觉。从这个意义上,把金岳霖哲学贴上某个主义或某个流派的标签是不适当的。但是,如果我们有着这样一层自觉,即任何类似的标签只是一种大致特征的显示,而不是一种僵硬的划界,我们就仍可以尝试用某种“标签”来称谓金岳霖的哲学。“实在主义”或“实在论”就是一个合适的选择,金岳霖也曾以此自谓。

金岳霖被公认为中国现代实在论的“领袖”,其哲学无疑与新实在论有特别的渊源,只是这种影响几乎没有痕迹地融化到他的哲学建立之中,我们很难说金岳霖的哪些思想是受新实在论的何种影响而形成的。我们只能对金岳霖哲学与新实在论的方法和观点进行比较,来阐明金岳霖哲学的实在主义意味。从实在论之东渐的历程来看,金的哲学探索特别标志着实在论哲学在中国的充分展开。金的努力使实在论的哲学在中国有了自己的完整的现代的系统。与之相比,冯友兰的贡献更在于基于一种实在论的立场来实现中西哲学的会通。

由于金岳霖在逻辑学和知识论上的卓越贡献,人们往往因此忽视金在形上学上的努力和成就。金自称为一个“哲学动物”,不可能不对存在的问题作系统的考察,《论道》提供了关于存在的系统分析和构造,形成中国现代哲学史中别具一格的形上学系统。

一、存有论和认识论

素朴实在论的立场是“直接地”讨论“客观存在”。西方古典哲学有一个与之几乎同样古老的传统，就是怀疑论的传统，这种怀疑会引出两种不同的结局：一是共相的、理型的实在论，它只相信抽象对象是真正的实在；一是唯心论，它只相信意识才是真正的实在。

这种“主观主义”立场在近代发展到一个高峰。笛卡尔找到了一个不可怀疑的起点，即“我的怀疑是不可怀疑的”。笛卡尔的哲学方式促使哲学的重心转向人的主观世界、心理世界，西方哲学由此滋生出一种顽固的主观主义立场，即无论是认识还是存在都要从主体说起，从感觉和意识说起，直至主张一切存在都是意识的构造。较为温和的立场是，“有外物”只能从“有感觉”中推论出来。贝克莱说：存在就是被感知，而休谟只承认印象。存在的问题被转化成意识的问题或认识的问题，或者说存在的问题要以认识的问题为前提。

由于现代自然科学一连串的巨大成就，客观主义的命运有了转机，科学给客观认知和与之一致的知识论带来了无比的信心，怀疑主义、批判主义的方向被淡化，主观主义遭到批判。布拉德雷之后，盛极一时的唯心主义开始衰落，一种客观化的哲学运动开始形成。“我如何可能认识世界”以及“我如何认识世界”已不再是问题的中心，问题的中心转向“什么是客观知识?”人们称之为由认识论(epistemology)转向知识论(theory of knowledge)，在哲学上它表现为，对意识、心理的研究转向对客观知识的研究，对观念的研究转向对语言的研究，自然哲学家被物理学家代替。实在论的哲学运动很大程度上标志着二十世哲学的开端。

新实在论的哲学潮流一方面要求把形上学从认识论中解放出来，一方面回到素朴的实在论的立场，即相信外物和客观之理不依赖认识而独立存在，甚至回到“外物正如我们所认识的那样”的素朴性。从认识论的角度说，认识论开始限制自己的地盘，而不是无限地扩张。因此，存在论和认识论开始呈现一种新的关系，认识论实质上以某种存在论为基础，而存在论的明晰和细致，也依赖于认识论的阐明。哲学家开始基于科学主义的自觉，重新建立自然哲学，即对存在作逻辑分析和逻辑构造，它更依赖于常识、经验和逻辑，而不是思辨、想象和直觉，思辨的形上学逐渐被逻辑分析的客观存有论所代替。

金岳霖的存有论正是在这种“新认识论”的背景下，从常识出发，对存在作逻辑的分析和构造。金岳霖的存有论典型地体现了一方面认可某些形上的信念，一方面又尽可能容纳认识论之阐明的时代特征。金岳霖哲学思考的一个重要起因是对休谟知识论的批评，金说：

> 休谟底因果论有一时期使我非常为难。——休谟底议论使我感觉到归纳说不通，因果靠不住，而科学在理论上的根基动摇。——但是，我对于科学的信仰颇坚，所以总觉得休谟底说法有毛病。以后我慢慢地发现休谟底缺点不在他底因果论本身，而在他底整个的哲学。①

可以说，金岳霖思想的一个主旨就是为科学或客观知识找实在论的根据。金指出，休谟的问题在于他只承认具体的意象，而不承认意念，也就不承认有抽象的思想，不承认抽象，哲学问题就无法谈得“通”，不承认客观之理，科学或知识问题也谈不“通”。

“通”的原则在金岳霖的体系中非常重要，“通”在金岳霖那里的一个重要向度就是要探索存在的“究竟”或“终极”，具体地说就是通过分析和抽象发现那些绝对、永恒和普遍的存在。另一向度就是贯通实在和经验。金明确主张哲学以“通”为目标，而各门科学可说是以“真”为目标，而知识论与哲学一样也是以“通”为目标。因此，在金岳霖的知识论体系中，

① 金岳霖:《论道》，商务印书馆，1985年，第4页。

探讨绝对、客观、实在的问题就占有相当的地位，因为它要回答知识之真的本质，并且要考虑到这种回答与我们的经验以及对逻辑的追求相贯通的问题。从这个意义上说，金岳霖的体系绝对不是工具主义、经验主义、主观主义、实证主义的，而是要探究存在的“究竟”，以“通”为宗旨的知识论正须建立在这个“究竟”的基础之上。因此，在金岳霖的知识论系统中，实在与认知、绝对与相对、固然之理与变化之势、绝对之真与发现之真等的关系问题占据了中心内容。金岳霖的思想系统也由此特别体现了存有论与知识论的关联，它是在存有的基础上讲知识，在知识的阐明中讲存有。基于此，我们不妨从金岳霖对知识论问题或认知、官觉问题的讨论开始。

二、唯主方式之批评

现代实在论的哲学运动是从对唯心论、自我中心论及认识论中心主义的批判开始的。金岳霖实在论立场的确立也经历了这一过程。金岳霖把从“自我官觉”出发的方式称为“唯主方式”，唯主方式生发于一种看起来很“合理”的原则：无可怀疑原则，即认识必须从无可怀疑的命题出发。所谓无可怀疑的命题是自明的命题或者逻辑上不能不承认的命题，后一种是无积极性的命题，就知识论说，只能从单纯自明的命题出发。所谓“自明”只是主观的自明、心理的自明。一个人在他思想的时候，不能不承认他在思，一个人在怀疑的时候，不能怀疑他的怀疑。所以，知识论在寻求无可怀疑原则的时候，很容易陷入“官觉中心观”。金认为，贝克莱、休谟、康德，甚至罗素都是这种出发方式的代表。

金岳霖着重从两个方面指出唯主方式的缺点：一、唯主学说得不到非唯主的或真正的“共同”。唯主学说的共同是主观的共同，是官觉内容中的共同，是主观者内容中的项目相同，是主观者与其所建立而为其本人的官觉的“他人”的共同。因为，唯主学说永远无法承认外在的独立的外物和他人,所以,它的共同,不是超越主观的“公”的共同,主是主观与独立存在的他人的共同。金指出:“我们所要的是非唯主的真正的共同,非唯主的真正的真假,非唯主的真正的客观。”①非唯主的共同,无法从唯主的共同推出。二、唯主方式的第二个缺点就是不能承认独立的外物。按照唯主方式的不可怀疑原则,它只能从主观官觉开始去推论出或建立出外物。经过细致的分析,金指出,如果不先假设或肯定外物之有,我们就无法从官觉内容或原则“推出”或“建立”起外物。

所谓“无可怀疑原则”也是值得反省的,逻辑上的无可怀疑没有积极性,而且与主观官觉的立场无干。而“心理上的无可怀疑”是说不通的,因为,在官觉的立场上我们不能怀疑官觉,而不在官觉的立场上,即令我们事实上在官觉中,我们仍然可以怀疑官觉。知识论所需要的近乎前提式的命题都是综合命题,都有积极性的命题,而积极性的命题根本没有无可怀疑性。不在逻辑的立场上,连逻辑上的不可怀疑都没有。这种唯主方式,就是以自我为中心的方式,自我中心的人求诸外总容易怀疑,求诸内就立于不败之地。唯主方式实质上在主与客之间划下了一道鸿沟。

金岳霖进一步指出,人类中心观和自我中心观在哲学上和知识论上都有不妥处。人类中心观对宇宙论相当不适当,就自然史说,人类是近多少万年才出现的动物,而且宇宙的演化不必就在人类上打住。从知识论说,知识的对象不能只限制到人类知识之理,知识的对象应该是普遍的理。

因此,金岳霖提出,“有官觉”和“有外物”在逻辑上是平等的,它们都是综合的,都不是无可怀疑的,只承认官觉的理论困境一点也不比承认有外物少。如果我们承认有官觉,就没有理由拒绝承认“有外物”。所以:

---

① 金岳霖:《知识论》,商务印书馆,1983年,第61页。

“这两个命题都是知识论所需要的。不承认有官觉，则知识论无从说起，不承认有外物则经验不能圆融。”①

在金看来，一种知识论要讲清楚知识的本质，知识的客观性、真理性的来源，又要注意与常识和日常经验的圆融，就只能选择一种合适的本体论或世界观，这就是实在论的世界观。这就是知识论要“通”的保障。从上述观点也可看出，金在很大程度上是基于“通”的立场来批评“唯主方式”。金绝不赞同唯主方式在本体论上的表现，而在知识论尤其是认识方法的范围，还是某种程度地肯定了“唯主方式”的某种合理性，比如他承认“手术论”在科学的领域可能是适用的。

三、常识

金岳霖对唯主方式的批评实际上依据于一个坚定的信念，外物和他人都是独立的存在。如果说唯主方式的出发点是自我中心的官觉的话，那么，金的出发点则是“有外物”和“有官觉”并重。金指出，“有外物”是无法证明的，也无须证明，它来源于常识，或者说是来源于本能的信仰。金的实在主义的立场的一个重要特征就是对常识的尊重，常识意味着在生活中我们习以为常的那些不言而喻的经验知识和最基本的信念。常识是人们一致赞同的信念，或是人们自然而然地倾向于持有的观念。关于常识，金认为：1. 常识不能完全否认。2. 修改常识的仍为常识本身。② 我们如果完全抹杀常识，我们不会有出发点，任何学问的出发点都直接或间接地利用了常识。金有时把他的知识论称为“素朴的实在论”，其素朴性，就来源于对常识的借助。

金岳霖这种“常识实在论”的立场，应该很受摩尔的影响。摩尔有

① 《知识论》，第76页。

② 同上，第18页。

《为常识辩护》(1925 年)一文,详细论证了"常识的世界观"的可靠性。摩尔举出两类准确无误的命题,第一类的命题如:我的肉体存在着,而且已经存在了一段时间;地球在我们出生之前已经存在了许多年;好多人在地球上生活,如此等等。第二类命题是指所有像摩尔这样的人都相信第一类命题是真实的。摩尔把"物质对象是存在的"这样的命题称为"常识的世界观"。在他看来,常识的世界观的基本特征就是无可怀疑的真实性。① 这种常识世界观自然引来了相当的批评,因为,它无法澄清其"真实性"的根据。那些追求真实无误的真实性的哲学家们,都在追问摩尔,什么能保证常识的真理性呢?

其实,金岳霖虽然运用了这种常识实在论的原则,但并没有停留在常识的"自明"性上,金岳霖本人也对所谓"心理上"的自明持有保留态度。总的来说,在金岳霖的体系中,常识的立场只能算证明"有外物"的方法之一。

四、存有:实在性的分析

在唯主方式中,"外物"的地位是这样的:1. 外物不是我们所能直接经验得到的。2. 外物是需要推论或建立出来的。3. 外物的承认在知识论上是不必要的。

金岳霖对于外物的态度不是"假设其有",也不是"推论其有"或"建立其有",而是直接"肯定其有",他明确指出外物的"实在感"或外物的硬性。外物的实在感包括这样一些内容:

1)非唯主的共同的外物,不是官觉者个体,"不是我们底心理意志所创造的"。

① 涂纪亮:《分析哲学及其在美国的发展》,中国社会科学出版社,1987 年,第 113—117 页。

2）当官觉者官觉到外物时外物存在，当他不官觉到外物时外物也存在。

3）外物底形色状态是它本来有的，不是我们给它加上去的。

4）每一外物都各有其时间的绵延上的同一性。

此实在的硬性，用通俗的说法就是“我们拿它没办法”。①

从个体事物起，金岳霖的道论中区分出三种客观性的存有：一是不仅有，且实，而且存在。如个体事物。二是不仅有而且实，如共相。三是有而不实的纯有，这个有是“有可能”“有能”“有式”的“有”。② 与此三种存有形式大致相应的有三种世界：一是自然世界，金称之为“有观的现实”，即经验世界。二是现实化的本然世界，金称之为“无观的现实”。三是可能世界，“可能”是不必有“能”的“架子”或“样式”，无生灭、无终始。可能世界是非现实的，可能世界的现实化（可能有能）即成本然世界，本然世界进入人的经验即成自然世界。本然世界是自然世界的基础或“底子”。从逻辑上说，本然世界是先验的世界，只要有经验的世界，就必有一本然的世界。如果把存有作有、实、存在的三级区分，那么，“有”是在逻辑上最在先的。所以，道论形上学的是从“有”说起，它的最前面的命题分别是“道有‘有’”，“有能”“有可能”，这里的“有”就是指一种客观性的纯有。

金岳霖对“实在性”的辨析可谓细致而清晰。共相（事理）与个体相比，“共相当然实在，不过它没有个体那样的存在而已。一方面它是超时空与它本身底个体，另一方面它既是实在，所以它是不能脱离时空与它本身底个体的”。③ 而事物的理与逻辑的理相比，前者实后者虚，前者杂后者纯。逻辑之理可谓纯有，此有虽不“现实”，在时空中没有位置，却是自

① 《知识论》，第62—64页。

② 《论道》，第139页。

③ 同上，第74页。

在自如,不依赖个人的经验。可是,纯理之"虚"是对于事实而言的,这个虚绝对不是虚无的虚,逻辑命题不仅不能假,而且必然地真,逻辑命题虽不表示事实,然而它肯定现实之不能不有。"相对于'现实',纯理不虚,不仅不虚,而且表示最普遍的道,最根本的道。"①这个根本的道,是式的根据,是逻辑必然的根据,是一切现实的根据。在金岳霖看来,纯理是纯净的、绝对的、无生灭、无终始的,是一切现实所不能逃的。由此,我们可以感到金岳霖道论中浓厚的唯理主义气息。

五、可能、式、理

如果说外物的硬性来源于常识,那么共相(事物之理)的硬性来源于什么呢?此共相的实在性不仅在其宇宙论中有位置,在其知识论中有更为重要的位置。现代实证主义的发展,越来越趋向于对抽象实体的否定,经验主义、实用主义、工具主义的倾向越来越浓厚,诸如逻辑被认为只是一种工具,抽象实体只是共名的指称,它们的实在性遭到怀疑和悬搁。金岳霖的哲学努力的内容之一就是建立必然之理的本体论,重新恢复外物和客观之理的实在感。金岳霖对这种实在感的信念应该受到英国新实在论者摩尔和罗素的影响。

这个实在感包括被"觉"的实在感和被"知"的实在感,前者指外物的实在感,后者指共相或理的实在感,后者特别意味着事物的同一性和稳定性。如果一物没有同一性,我们就无法了解一物,无法获得关于一物的知识。不仅如此,假如不承认被知事物的同一性,它的独立的存在就有问题。假如它没有同一性,在 t1 的彼此变成 t2 的彼此,独立存在的意义就没有了。独立存在的一部分意义就是表示"在间断的两官觉事实 S1S2 或

① 《论道》,第 14 页。

间断的两知识经验 K1K2 中，官学或知觉对象是同一的”。① 所以：

“要维持被知的实在感，我们不但要承认它底存在和它底性质是于知识者的，而且要承认被知的底彼此是各有各的同一性的。”②

这个同一性是什么呢？就是理。

现实个体化之后，“可能”就成为个体的共相，这是“可能”的现实化。每一“可能”都有许多个体来表现，这许多个体之所共，就是普遍的相。共相是一部分个体之所共，因而它不能脱离这一类的所有个体而实有。共相虽不能脱离这一类的所有个体，但却超越这一类个体中的任何一个体而实有。

可能之间有关联，可能之间的关联有一部分是必然的关联，这个必然的关联就是“式”，纯粹逻辑就是“式”。可能现实化之后，成为共相，可能之间的关联成为共相的关联，此关联是现实的关联，它是现实不能不遵守的关联。共相之间的关联就是理。个体永远处于变动之中，然而个体变动中有共相的关联，共相的关联就是个体的变动所依据的规律，就是事物之理。无论事物如何地变动，事物的理不随事物的变动而变动，“事物底硬性要靠它底变动，而理底硬性要靠它底无所谓变动”。③

个体不变，不成其为个体，如果个体变而无常，则有意义的经验根本不可能，法则不会有，即便有，我们也无从发现，无从认识，对可能世界的关系我们也无法由经验而知道。个体底变动是可以理解的，所为理解的一个意义是说，理解者遵守好些相通的普遍命题。遵守相通的普遍命题就意味着有某某方面的共相底关联。反过来说要有共相底关联才有相通的普遍的命题 。而有了这一层的满足，个体底变动才是可以理解的。金岳霖说：“此变动可以理解，因为在变动中本来就有共相底关联，而所谓理

① 《知识论》，第 106 页。

② 同上，第 107 页。

③ 同上，第 111 页。

解就是知道与发现共相底关联。”①从知识方面,共相的关联“表示我们有根据使我们可以发现普遍的随时可以证实的真命题”。所以,金岳霖称共相的关联是“科学底大本营”。科学“命题之所表示的就是共相与共相之间的现实的关联”。

从宇宙论的角度说,可能世界是共相和逻辑的根源或本体基础。对此,金岳霖解释说:“式就是逻辑底泉源——逻辑底积极意义就是表示‘能’之不能逃式。”②即使有不相融的逻辑系统,也是以不同的方法表示“能”不逃式而已。

六、个体、多元及关系

注重实体与关系的辨析,并试图以关系代替实体和性质是现代实在论的一大特征。对个体、性质、关系的讨论也是金岳霖道论的重要内容。

金岳霖提出“现行不悖”“现行不费”原则以说明事物的多样与变化,而所谓现行不悖和现行不费,就是“能有出入”的各种方式,“能不断出入”是事物的多样性和变动性的根源。所谓“现实并行不悖”是同一能可以同时套进不同的但相融的可能(并),可异时套进许多不相融的可能(行)。它表示了能总是处于最大的活性状态,也意味着事物之间的联系及其变化的无限丰富性和多样性。现实并行不悖也就是并行“不费”,不费就是各种可能最充分、最大量地现实化。有并行不悖才不会出现“不并不行”(所有的能都在一个可能之中,只有一个可能实现现实化,太费能)、“并而不行”(所有的能都分别地、平均地套进所有的可能,套进之后毫无更改。这样没有一个可能可以充分地现实,太费现实的机会)、“行而不并”(所有的能整个套进一可能,然后又套进另一可能,费能也费现

① 《论道》,第167页。

② 同上,第24页。

实的机会)。①

正由于有同一的能套进不同的可能，或不同的能套进同一的可能，现实化或具体化的过程呈现一分解化、多数化的过程。也就是现实化、具体化之间总有或因能不同或因可能有异而引起的差别，这些差别造成现实的个体化、个别化、特殊化。每一个体总有它特别的情形，总有自身特有的性质或关系或殊相或特别的时空位置等。如果说共相是一类个体相区别与其他个体的性质，那么，殊相则是一类个体中每一个体相区别的现象。个体之所以是个体，不仅因为它是具体的，不仅因为它大都有一套特别的性质与关系，也因为它有它底殊相。金又说："一个体底殊相虽不同，而它所现实的共相极可以继续地成一套，所以它还是一个个体。"②这里涉及个体的具体性、特殊性和绵延的同一性，以此对个体的解说可谓非常全面。

金岳霖坚持区别个体的"性质"和"关系"。金认为，分别地表现于个体的共相是现实的性质，而"联合地表现于一个以上的个体的共相是现实的关系"如"大""小"等，只能说这个比那个大，或那个比这个小。此"大"或"小"只能联合地表现，它们反映出个体之间的关系。"性质"可以完整地体现在一个个体之中，而"关系"只能联合地表现。一切个体都彼此互相影响，这个影响有程度上的不同，也有性质和关系上的区分：

从性质说，一个体受一部分个体底的影响，从关系说，一个体受任何个体的影响。③

从关系上，我们至少可以说任何事物都有时空上的关系。所以，一个体与一切个体都有这样那样的关联，从这个角度说，"每一个体都反映着整个的本然世界"。④ 再进一步看，其实"关系"和"性质"之间并没有绝对的界限。

---

① 《论道》，第 68 页。
② 同上，第 136 页。
③ 同上，第 87 页。
④ 同上，第 89 页。

金岳霖对内在关系和外在关系的分析也十分独到。金从两个方面说内在关系：

> 从定义方面说，所有的定义都表示一方面底共相底内在关联。每一定义划分一领域，在此领域之内，各命题底关系都是一方面底共相底内在关联。从个体方面说，一个体底性质都是该个体本身各部分或该个体与其他个体之间的内在关系。①

所谓定义方面，是从纯逻辑方面说，一个定义意味着一个命题系统，命题系统内任何一个命题的改变都会破灭这个系统，或者改变这个定义。从性质方面说，性质就是各种内在关系的集合。所谓内在关系，就是关系的变化必然引起关系项的变化，或者说一个关系项的变化必然引起另一个关系项的变化。在内在关系中，关系与关系项都没有独立性。如果只有内在关系，"从定义方面说，领域不能分，每一定义均牵扯到其他所有的定义；从个体方面说，界限不能别，每一个体底性质也是其他任何个体的性质"。② 真如此，整个世界实际只有一个个体。主张内在关系论的人实在是主张所有的关系都是内在的关系，不止于说有内在关系而已。金明确反对这种"内在关系论"，反对内在关系论，并不是不赞成内在关系，而是在承认有内在关系的同时也承认有外在关系。

所以，金岳霖既不是内在关系论者也不是外在关系论者。英美新实在论大多强调外在关系，对内在关系讨论较少，金则努力分别给予其适当的地位。金在形上学里相当程度上容纳了内在关系。金岳霖道论里的世界既不是布拉德雷神秘的绝对，也并不呈现为罗素那种彼此分离的原子或原子事实，而是展开为既有独立性又具有相互联系的世界，这个世界虽然也统一于一个整合性的"道"，但这个道并不意味着严整的秩序或界限，事物在道里面还是可以"徘徊徘徊，还是可以怡然自得"。

---

① 《论道》，第 112 页。

② 同上。

七、时空与历程

时空一直是理解存在的重要环节。在相对论之后，时空的问题更引起存在论哲学家们的关注。20 世纪初开始，物理学有了一系列新的突破。量子力学的发展，相对论的提出，使人们对世界和时空的观念发生了根本的变化。绝对时空面对挑战，传统的物质观或实体观遭到怀疑。一部分自然科学家主张取消物质概念，认为“物质”只是一个能指，一种描述的方法，它不再指向一个实体，或者说世界不是由实体构成的，而是“由诸多相互联系的性质形成一个杂色多样的结构”。①

在当时，有两种时空观值得注意，一是亚历山大的时空本体论，一是手术论的相对时空观。亚历山大根据相对论，主张时空不可分离，而且时空本身就是浑然一体的基本实在。亚氏主张，时空实在是至高无上的本体，时空具有的唯一性质就是运动。一个纯事变就是一个时空，整个宇宙就是时空所连成的纯事变的充塞体。在时空的基石上，宇宙得以层层进化，由时空而物质，由物质而生命，由生命而心灵，由心灵而神。

手术论的时空观是相对的时空观，这种时空观主张时空取决于我们度量的方式和程序，即度量的手术。手术论认为，承认本然的时空是没有意义的，任何时空的意义只能建立在一定的测量手段上。手术论的基本思想是，任何一种有效的观念或意念都对应着一种操作、实验或手术，没有操作基础的观念是无效的、虚妄的。

金岳霖并没有简单地否定手术论的时空观，而是在不同的条件上对“绝对时空”和“相对时空”分别予以承认。金认为，科学的基本方法是试验、观察、度量等，这些总离不了手术，科学的概念与思想都可以解释成手术论的概念与思想。可是，科学的思想虽然严格与精确，而严格与精确的

① 洪谦编：《逻辑经验主义》，商务印书馆，1989 年，第 434 页。

程度总达不到理想的程度。“手术论在科学虽是对的学说，可是，申引到哲学的范围之内去，是说不通的学说。科学不承认绝对的时空，不一定表示哲学也不能承认绝对的时空。这两学说可以并行不悖，而在本书里，绝对与相对的时空都分别地承认之。”①所谓“绝对的时空”就是非具体的、非个体的时空，它不以个体事物为关系，只以时面、空线、时点—空点为关系，绝对时空的秩序超越于个体之间的秩序。至于个体事物之间的时空关系虽直接或间接地根据于个体和个体之间的关系，“但从标准、理解、意义方面着想，它们不能不根据于绝对时—空底秩序。”个体化、具体化的时空关系是以本然的、绝对的时空为基础。

金岳霖的本然时空观更有一层宇宙论的意义，为了简略起见，我们主要讲时间的问题。本然世界是无极而太极的洪流，这个洪流是无始无终的。这个洪流表示本然界是有时间的，甚至这个洪流本身就是时间。讲“能有出入”，就是承认有时间，没有时间，就没有出入，就没有现实，就没有个体化和多样化的世界。从这个意义上，时间就是川流，就是历程，因而时间具有本体的意义。

金岳霖的宇宙论从宏观上说就是一无极而太极的洪流，宇宙呈现为一永恒的过程。此种注重宇宙历程的哲学与怀特海过程哲学形成相呼应的局面。1929 年，怀特海出版《过程与实在》一书，集中阐述了他的过程哲学或机体哲学思想，提出创生性作为宇宙的终极原理。怀建立了“永恒客体”(eternal objects)与“实际存在体”(actual entity)两个范畴。“永恒客体”数量无限，作为潜在的可能性而客观存在，它们为具体事物提供确定性形式。永恒客体存在于变化之外，其本质是永恒不变的。“实际存在体”也可称为实际事态，它充满生机，并处于瞬息万变之中。这种实际存在体是一种有机体，它具有自己的内在目的性，其作用是选择有利于自己生长的因素，排除不利于自己发展的条件，使潜在的过程变为现实。怀特海认为，现实的存在就是生成的历程，历程才是现实的终极或本

① 《论道》，第 13 页。

体。在金岳霖的道论体系中，“能”相近于怀特海的“实际存在体”，“可能”相近于“永恒客体”，“能有出入”的过程，相近于“实际存在”的生灭不已。

金认为，“本然世界无不变的个体”，一个体可以变成多数个体，一个体也可以变成另一个体，这可以说是大变。一个体也可以变更它某一方面的某种性质，或某一方面的某种关系，这可以说是小变。个体的变是免不了的，在任何时间，个体免不了变它的关系，在相当的时间，个体也免不了变它的性质。个体的变动也可以从殊相的生灭去理解，个体的动总是殊相的生灭，可以有性质殊相上的变动，也可以有关系殊相上的变动。凡个体，必有变动，此变动就是殊相的生生灭灭。而所有的变动都是能之出入于式引起的。所以，变动可以理解为“居式由能”。从这个角度说，金岳霖的道论也可谓是一种过程哲学。

一切都在变动之中，生生相承，灭灭相继。自道言之，无最前的因，无最后的果，“道”是一永恒的历程。在这个历程中，有变动的极限，此变动的极限就是势归于理，所谓势归于理，就是情求尽性，用求得体。一切情尽性，一切用得体，此之谓太极。从这个意义上说，一切历程终逃不了式的范围、理的方向。到头来，这个极言变化的过程，终归固然不动的太极。总的来说，金岳霖体系洋溢着柏拉图主义的基调。

八、道与太极：金岳霖的玄学情结

金岳霖的道论系统很大程度上是对存有的逻辑分析，它形成一客观存有论，与传统形上学的方法大有不同。金曾批评“老玄学”的态度，说：

> 他们最注意的，不是求他们对于一事一物的知识的增加，是求他们的思想贯彻。宇宙间的事物，在理智上不容易贯通的地方很多，他们一定要贯通，结果就不免造出许多的“太极”“上帝”“宇宙魂”等一类

的概念。①

金岳霖自称其是有相当玄学情结的人，只是他所求的是“新玄学”。我们认为，这个“新玄学”的特点是最大程度地容纳了现代逻辑的分析方法，也可以说它更注意从逻辑上对存有论作认识论的阐明，而在求“通”的归结上，它与“老玄学”并没有根本的区别。在《论道》中，经过相当细致的分析和构造之后，整个存在还是被赋予“道”和“太极”的整合，这个整合一方面好似分析的结果，一方面确也蕴藏着某种信念，甚至是寄托了某种情感。金岳霖明确表示：“研究知识论我可以站在知识底对象范围以外，我可以暂时忘记我是人。研究元学则不然，我虽可以忘记我是人，而我不能忘记天地与我并生 ，万物与我为一，我不仅在研究对象上求理智的了解，而且在研究底结果上求情感的满足。”②这个情感的满足恐怕就是对“终极之道”有所把握的那种满足，是“穷尽天下”的那种满足，也可谓一个“哲学动物”不得不求、不能不有的那种满足。当然，这里也有一层民族情结的满足，但是，中国传统的“道”的范畴特有的“宏阔”和“自如”，恐怕一直是哲学家本人所追求的。

“道”可分开来说，也可合起来说。无极是道，太极是道，无极而太极也是道。宇宙是道，天地日月山水土木也莫不是道。道是一，也是多。各共相是道，所有共相的关联合成一整个的图案也是道。这个道不是僵硬的，界线分明的，这个“道不必太直，不必太窄，它底界限不必十分分明，在它里徘徊，还是可以怡然自得”。这个道是健动的、开放的。由此道论，可以获得尽理的满足；由此道论，可以感到宇宙的博大和无限；由此道论可以表达对完美究竟的信念；由此道论可以隐约觉得自己与道为一，与天地并生。在这种至大至微，至根至本，至原至极的求索中，哲学的情结也

① 《唯物哲学与科学》，载于《金岳霖学术论文选》，中国社会科学出版社，1990年，第158页。

② 《论道》，第17页。

得到了最大的满足。

金岳霖这个“新”玄学至少有以下显著的时代特色：1. 科学主义的基本立场。容纳科学、解释科学成为新哲学的一个重要特征。2. 注重逻辑分析。注重分析不仅意味着方法，也意味着一种重要的立场，即清除似是而非的观念和成见，使结论建立在可靠的、严谨的基础之上。3. 反对旧的玄学假设，特别是它们关于绝对本原或绝对实体的假设。这种客观主义、实证主义的立场试图剃掉一切不必要的实体。在金岳霖那里，只剩下一个超越的“共相”实在或“理”。4. 宇宙的多元论。注重事物自身独立的多元论倾向，注重考察事物之间的外在关系。5. 注重事物的动的方面。虽然可能世界及共相的关联秩序是恒在恒如的，但个体的性质、关系或时空的位置总是处在不断的变化之中，实存的世界是一个变动不居的世界。这一点是与现代科学（尤其是现代物理学）的发展相适应的。

金岳霖的形上学意图在“实在的逻辑分析”与“道的历程”之间实现某种“融通”，这种尝试是非常珍贵的，蕴含着丰富的思想资源，值得我们继续深入地体会和挖掘。

（选自张耀南、陈鹏《新实在论在中国》，首都师范大学出版社，2002 年）

张申府的“大客观论”

新实在论作为当时最有影响的西方哲学流派之一，其“在中国”的过程也包括这样几个环节：介绍、研究和融会。“介绍”是用我们的语言来客观地表述外来哲学的内容，可以是原本的翻译，也可以是纲领式的介绍，简单地说是把外来哲学现成的内容直接搬进来。“研究”则不止于搬入现成的东西，而是对外来哲学的内容、历史、地位、前景等问题提出我们的思考、探讨或评价。此种研究的立场和方法不一定来自外来哲学，但它的研究对象确是外来哲学。“融会”则不一定从外来哲学出发，它可能是从别的哲学流派出发，或者就是从哲学问题本身出发，总之，它有“自家的”问题（此“自家的”问题可能从中国传统哲学中来，也可能是从外来哲学中延伸出来），但在解决自家问题的过程中，在一定程度上则吸收了外来哲学的成果。“融会”的过程实质上是“自创”的过程，只是在自创的过程蕴含着外来哲学的影响。在现代中国，特别由于几位哲学家（如金岳霖、冯友兰、张东荪）的努力，新实在论的立场和方法得以融会在他们自创的哲学体系之中，这些思想体系在现代哲学史中具有某种经典性的地位。

张申府也是这一群体中的重要一员。通过张申府，我们可以看到一种较纯粹、彻底的客观主义精神。张申府说过：

> 近来最常盘还于我脑际或喉头的，则尤在于分析（analysis 我尤常愿名之为解析），多元（pluralism），客观（objectivism），切实（realism）之四事。①

① 张申府：《所思》，三联书店，1986年，第1页。

其哲学思想的要点可谓尽在如此，而这些要点也最能体现新实在论的基本特征。由此可见张申府哲学思想与新实在论思潮的渊源。我们要特别提出的是，张申府在吸收新实在论的客观主义立场、方法的基础之上，提出“大客观论”，以“统合主客”“统合科学与人生”。

一、纯客观法：统合主客

张申府对其“纯客观法”作这样的说明：跳出主客，主亦为客；是为纯客。纯客所证，厥为事情。张以图表示。甲为客，乙为主，丙为跳出主客。①

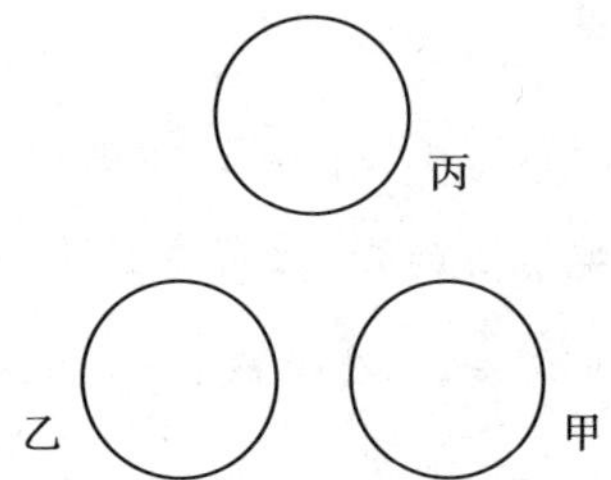

张认为，跳到丙那儿，再看甲乙，是从甲乙对待的关系中跳出来，自“外”看甲乙，如此，甲乙之间的“对待”都成了客观的事情。值得注意的是，张并不承认甲乙自身是客观的，而认为“甲乙那两个东西，更是虚妄分别出来的”，它们只是“逻辑的构作”或“逻辑的虚构”。“故由纯客观法所得的元学应是：一切皆成自事情。”②即由纯客观法的角度，一切都自在的客观的“事情”。在此，有两点值得注意，一是自纯客的角度一切都是自在自如的，都是客观的，二是客观的不是个体，而是个体之间的“对待”这样一个“事情”(event)。

张申府这里的观点虽然采取了新实在论“事情本体”的流行说法，却

① 张申府：《张申府学术论文集》，齐鲁书社，1985年，第14页。
② 《张申府学术论文集》，第16页。

也有其独到之处,即特别显示出要把“主观”及其活动也要纳入“客观”的努力。所以,张申府不是泛泛而谈什么客观主义,而是针对相对论、行为论等新的科学方法,以及想统合自然和人生的哲学宗旨来建立其所谓“纯客观论”。

张申府这个“纯客观法”主要是从相对论和行为论那里体会出来。他说:

> 我本相信这个方法是合于科学的精神、科学的趋势的,相对论的物理学,与行为论的心理学,都趋于这个方法。——如果相对论和行为论站得住,便无从怀疑这个纯客观法。①

且看他对相对论的解释:

> 相对论者,名为相对,亦实在摈除相对。——即所以消除所对座标,或指对系,超脱观察者的动,以得真的真,绝对的真,以得出一个不依附观察者境况的说法;以得泛应皆当,以见纯客观。②

又说:“安斯坦,崴尔,爱丁顿的相对论的结果,得了种种统一。例如:时与空融而为一,时空与物质融而为一,直与曲融而为一,物与事融而为一,过去与未来融而为一,动静融而为一,有穷与无限融而为一——此种种可以见以前的科学太抽象了,或太著实了,或即是‘具体错置’。”③

张申府讲得较为简略,我们可以替他作一些解释和分析。以前我们只知观察、思考,并以为我们观察、思考的结果就是客观本身,而自相对论之后,我们知道,我们的观察、思考都是在某种程度上从“我”出发,都是依赖某种参照,我们以前以为的客观都只有“相对的”意义。如果跳出来看,这个“相对”本身是客观的,是绝对的。所以,所谓纯客观或绝对的客

① 《张申府学术论文集》,第16页。
② 《所思》,第29页。
③ 同上,第46页。

观并不是排除一切参照，而正是把参照计算在内的客观。而这把主客“对待”计算在内的客观才是张“纯客观法”的应有之义。

至于对“具体错置”的批评，应该是另一种客观法，与其所谓“纯客观法”不尽相同。这种客观法的含义在于，我们的抽象和分析往往是以抽象物或分析后的构造来代替真实的具体的客观实在。比如，我们习惯于把时间和空间分开为二，而实际上时空是融为一体的。这种客观法是试图反省主体参照系统的遮蔽性，是想破除“我执”获得纯粹外在的客观，它仍处于“对待”之中，只是想把主体还原成不带任何“偏见”的镜子，“照”出对象的真相。而“纯客观法”是跳出主客“照”出主客相对、主客互动的客观性，比如感觉的真相应是主客互动的结果，它既不纯客亦不纯主。又如测量过程，测量的结果与测量的方法和工具相关，测量实际上是主客相互作用的事件，如果我们把测量结果理解为与测量方法和工具无关的纯客观的话，我们反而是犯了主观的错误。能认识到测量的结果是主客关系的产物，才是真正“纯客观”的情形。

所以，理解客观有两种方式，一是内外主客式，即外在的不以自为转移的就是客观的。另一种是跳出主客式，即把主客相对也当作一个客观的事件。后一种方式实质上是前一种方式的特殊的应用。它的意义特别在于把主体、主观的活动作为对象，要“照”出主体、主观活动的真相。

二、大客观论——统合科学与人生

张申府的“纯客观法”又称作“大客观论”，这个“大”是很有意义的，纯客观法在某种意义上的确扩大了客观的“范围”：不仅离人心而外在的自然世界是客观的，即使人心的活动也是客观的。大客观论“从客观出发，扩大客观的范围，把主观也容纳于其中，不以主观为观点，更不僭以主观当客观，但也不抹杀主观的地位”。①

---

① 《张申府学术论文集》，第63页。

张申府提出大客观论，一方面固是在阐明科学精神，而更别开生面的一面是统合科学与人生。张申府认为，平常的客观主义常陷入某种偏执，或默许现状，或流于宿命。而大客观论不仅要如实认识事实，更要加以价值判断，“客观地根据事实，而建设主观的理想”。大客观论绝对不忽略人的影响，绝对不轻忽人的实践。大客观并不仅注意事实的现状，实更注意现状的所由然，与所包孕的可能。大客观论所注重的实际上是人与物或人与现实的“交往”，即人如何理解现实、把握现实，直至改造现实实现理想。“要实现将来的可能，必不可不体认目前的现实。必须能随顺现实，乃能变革现实。必须不离现实，也不局于现实，即能扬弃现实，乃有理想的实现。”①

这个统合主客的大客观论与新实在论者摩尔、培里的客观主义价值论在方法上是一致的。即价值虽有主观的成分，但就价值作为一定的主客关系而言，它是客观的，在一定条件下，主客产生何样的关系，是不依赖我们的认识或判断的。对于摩尔、培里这种以“关系质”（张东荪语）来界定价值的方法，用张申府的大客观论可以得到简捷的说明，即跳出主客，“主客对待”也是客。从“主”的角度说，“客”的好坏、善恶依赖于“主”的意欲，而跳出主客，那么“主”的意欲与“客”满足意欲的程度之间的关系也是客观的。如同一种特殊的纸放入米汤后就变成红色，这个红色既不属于纸，也不属于米汤，而是属于两者的关系质。这个关系质是客观存在的。如果结合培里对“意欲”和“判断”的心理区分，会帮助我们更清楚地理解这一问题。“意欲”是价值主客关系质内部的因素，所以，价值的主客关系质的内容必受意欲状况的影响，意欲是“主”的部分。而“判断”是超越价值主客关系的，它只是对主客关系状况的认知，而不进入“意欲”以至于影响价值的主客关系质的内涵。简单地说，此时的“判断”是超主客的。

① 《张申府学术论文集》，第64页。

张申府就是用这种大客观论来说明人生价值的客观性和现实性，同时，他也指出，在这个客观性面前，人并不是完全无能为力的。张申府认为，人生活动的真相就是人一方面随顺现实、不离现实，一方面又扬弃现实、变革现实，直至实现理想。

至此，统合主客的纯客观法已完全应用至人生领域。而这个方法，也正反映了张申府对“辩证唯物论”的理解。张申府引用一位辩证唯物论者（迭薄林）的话说：

> 辩证唯物论的方法即为客观主义与主观主义的会通综合。辩证唯物论的方法把这种主观客观的对立，科学地使归于谐和，使归于辩证的谐和。——辩证唯物论既摈斥脱离客观实在而基于思想与情感的唯心主观主义，也同样摈斥元学的客观主义。①

可以说，人生的理想就是追求主观与客观的辩证的和谐，这个和谐就是：主观一方面顺应客观，一方面又能改造客观，以实现主客的新的统一。这也就是人生不断实践，不断追求理想、实现理想的过程。基于这一视角，张申府干脆如此说：“如不怕误会，简直也可说，大客观乃既要客观，更进而要唯心，创造的唯心。”②人生的过程，也就是以心创造现实、扭转现实的过程。

张申府的大客观论在方法上给予我们众多的启示。它特别提出了一种容纳主观的客观，或者说它把客、主和主客的层次揭示出来。我们常常在主观客观、唯心唯物上争来争去，而其实大家是处于不同的主客层次。与主相对的客观是外在的客观，是小客观，是离心离人的客观，而综合主客的客观是大客观，是容纳主观和价值的客观，这种客观并不否认心的能力，甚至像张申府那样特别鼓吹心的创造力。只是这个创造力并不能脱离小客观和主客关系的限制。通过大客观论，我们才能真正理解张申府

① 《张申府学术论文集》，第64页。

② 同上。

辩证的唯物论的真实宗旨。

三、"仁"与科学法

张申府不满足于纯粹科学的解析、求知、客观,而更要关注社会,思考人生,所以张申府也有依据某种方法会通科学、求知、人生、社会诸问题进行系统建构的理论要求。张申府的出发点是科学和客观精神,所以,张申府的哲学思考特别体现于会通科学与人生的努力。具体地说,他在尝试孔子之"仁"与西方的"科学法"的会通。张申府曾说过,罗素和孔子是他最钦佩的两位哲学家,集取二者之精华是他的哲学理想。他说:

> "仁"和"科学法"是我认为人类最可宝贵的东西。仁出于东,科学法出于西。科学法是西洋文明最大的贡献。其实,这法的精神,本不外乎四个字,毋意,毋必,毋固,毋我。而祛倍根之四妄:种妄,穴妄,市妄,戏妄。①

"仁"虽不以客观精神为终结,却以毋意毋我的客观精神为基础,这也是仁与科学相通的地方。又说:"一与通是东方哲学之特长,多与析则西方哲学之所擅。罗素固讲多与析者之翘楚。信一与通,邻于神秘。——我则祈:于多中见一,由析达通,一不忘多,析而以通为归宿。"②张申府所追求的是多中见一,一不忘多,由析达通的境界。大致地说,一与通近于"仁",多与析是"科学法"。

张认为,哲学最后目的的只是一个"通"字。这个"通"字,是看得到,想得开,说得各得其当,使得各得其所。人生一切必须以"通"为归宿。换辞来说,人生必须由科学的进展,人性的认识,社会的改制,教育的更新,以达于"仁"之境 。"仁""易""生"是中国哲学中三个最根本紧要的

① 《所思》,第94页。
② 同上,第135页。

字,而实际上是一体的。"离仁无生,离生无易",辩证法是方法的方法,它的精要就在活,在通,在实践。"仁,生,易,实深合乎辩证法,有顺乎大客观。"①

无疑,张申府会通中西、一多、科学与人生的最后根基就是"通"。这个"通"有客观义,即各得其所,各当其当。这个"通"有活动义,它不凝固于现实,而是有变化,有实践。这个"通"有科学义,要认清现实,就要有解析,而且,在解析基础上的"通",才是更清晰的通,更充分的通。所以,"通"是仁,是生,是易,是辩证法,也是解析法。在"通"的境界中,"仁"和"科学法"获得一致。这一切,都显示了张立足于"通"来融通中西,容纳中西的努力。

(选自张耀南、陈鹏《新实在论在中国》,首都师范大学出版社,2002 年)

① 《所思》,第 192 页。

是是非非

——评陈大齐的是非论

陈大齐(1887—1983年),字百年,浙江海盐人。幼年接受私塾教育,后留学日本。学成归国,曾任北京大学哲学系主任、文学院院长、代理校长等职。是中国现代心理学的先驱,著有《心理学大纲》,《现代心理学》等。后赴德国柏林大学研究,对西方哲学有了更深的了解,学术也从心理学转向理则学(逻辑学),著有《哲学概论》(1928年)。赴台湾后,任台湾大学教授,教授理则学,后任台湾"政治大学"校长,晚年任台湾"孔孟学会"第一届理事长,创办《孔孟月刊》《孔孟学报》,致力于孔孟思想研究及文化推广。

陈大齐早年对西方实在论哲学在中国的传播颇有贡献,其早期哲学思想有着明显的实在论立场。在1927年底到1928年的《哲学评论》1卷5期和6期上,陈大齐发表长文《实在主义者屈尔拍对于意识主义的反驳》,介绍德国哲学家屈尔拍(Oswald Kuelpe,1862—1915年)的哲学观点。陈文在介绍德国现代实在论方面在相当程度上弥补了当时的空白。

本文专就陈大齐理则学中关于是非问题的讨论作简略的评议,着重指出其旧玄学(柏拉图式的实在论)的立场和方法妨碍了他在是非问题上应有的理论成就。

一、是非绝对性论证的哲学游戏

理则学的建构是陈大齐思想的重要部分,理则学既然专门研究思想的是非问题,首先要确定的就是是非有无定论的标准。在陈看来,如果不能确定是非的绝对性，理则学就没有了根基。陈大齐是从“公认的普遍性”来分辨绝对和相对，他说：

> 所谓绝对者，言其是非的效用是普遍的，不受时间的限制，亦不随主观而有所变易。——所谓相对者，言其是非的效用是受有相当限制，是偏在而遍及的。——绝对的是非一而有常，其效用遍用一切，别无反者可与并行，故一定是大家所公认的。相对的是非多而无常，其效用偏在而不遍及，别有不同的或相反的意见相与并行，故一定不是大家公认的。①

陈很快发觉这一说法的武断，因为普遍的东西不一定大家就公认，不能以人们实际上公认的普遍性来分别事实或道理本身的绝对性和相对性。在现实中，即如“二加二等于四”这样的普遍之理也不一定所有的人都实际上承认。比如幼儿、低能者就不一定承认。在现实中几乎永远也找不到所有人都承认的普遍、绝对之理。所以有必要作如下的分别：一是“道理上”应有的遍及和公认，一为“事实上”存在的遍及及公认。陈大齐以“人人应救人急难”为例。救人急难之所以为善，因为同情心的发扬是人人应具的崇高理想，而救人急难的行为正与此理想相符合。“人人都应遵循此一理想，不应有例外，这是道理上应有的遍及或公认。人人都识得救人急难之为是，绝无一人以坐视不救为正当的行为，这是事实上存在的遍及或公认。”②道理上应有的遍及，出自是非内容的本身，而不待于大家实际上的公认。所以，对是非的绝对与相对有了新的分别：“凡是是非的内容应当可以适用于一切而不应有例外的，则为遍及，为绝对，非然者则为相对。”③这就是“现象上的不一”和“本质上非不一”或“道理上的非不一”，后又称“现况上的无定”和“本质上的有定”。诸如真相未明，智愚异见，

---

① 陈大齐：《名理论丛》，台北，正中书局，1970 年，第 91—92 页。
② 《名理论丛》，第 91—92 页。
③ 同上，第 96 页。

一偏与全局、期待与叙述、是非异所等情形所导致的是非异见都属于现象的或现况的无定。①而不影响本质上或道理上的有定。或者说,是非的相对性是假象,是非的绝对性才是真相。

至此,本质有定的意涵仍嫌含混,因为有人会提出道理自身的普遍性仍具有相对的范围。陈大齐需要进一步说明“是非异所”的相对性并不妨碍是非的绝对性。他说:

> 一切道理莫不有其适用的范围,而范围的广狭不一定相同。只有少数的道理,具有最高的普遍性与最广的适用范围。大多数的道理仅涉及宇宙一部分的事物,而非遍及宇宙全体,故其普遍较低,其适用范围较狭。——大多数道理,在适用上,都不免依其普遍性的高低而受著相当的限制。然而此一限制,并不与正理之一而有常有所抵触,并不能损害其一而有常。因为各种道理只须其适用范围以外,才不能成立,一入其适用范围以内,一定唯我独是,决不能相反的道理可与并是。②

比如,在一定的条件下,水在摄氏一百度沸腾仍是遍及一切的正理,所以,是非异所的正理依然具有绝对性。经此一层说明,陈大齐的是非绝对性的立场才算清澈。

陈大齐以为说到此,是非的绝对性和相对性问题可算是大致解决了,可是,陈这一理论存在的问题颇多。现举要如下:

(一)此种是非绝对性的论证在某种意义上只是一种逻辑游戏。现象的相对性和本质的绝对性的分疏对于纯客观的事实及事实之理,还好理解。比如,水的本质是自在的独立的绝对的,与人是否认识,作何种认识无关。至于价值标准是否具有本质的绝对性则颇为复杂。一般来说,实在论者对此解决方法是这样的:如果树立做好人的理想或目标,那么人应

① 陈大齐:《大众理则学》,台北,台湾中华书局,1982年,第26—32页。

② 《名理论丛》,第104页。

救人急难的道理就是绝对的。用命题形式来表达可能更为清楚:"如果要做一个好人,就应救人急难。"这个假言判断的道理自身是绝对的。这个假言是前提、条件,也是关系。

用这种办法,实在论者可以从哲学上说明任何理都是绝对的,所谓"百理平铺,原来依旧"。这些理在内容上实际上体现了事物的因果关系或其他类型的关系。如:

要做好人,就是要具同情心。

在一定条件下,水在摄氏一百度时沸腾。

都是"如果A,则B"的逻辑结构。每一种列举的前件在内容上都与后件构成了内在的关联。

(二)是非相对性的理路和是非绝对性的理路应有某种平等的地位。陈也承认真正普遍的绝对的东西很少,大多数道理是在一定条件中或一定的范围中才有的。这种绝对性其实是相对性中的绝对性,用命题来表述就是:

"水在摄氏一百度时沸腾"是可真可假。

"在一定条件下,水在摄氏一百度时沸腾"是绝对真。

从后一句话看,绝对性实质上是对某种相对性的论定,本质在实质上还是关系的产物。

说理是绝对的,或者说理是相对的,都是合理的,它们并不构成真正的冲突,因为它们是从不同的角度讨论同一问题。绝对主义看到的是道德本身的自在性,相对主义看到的是道理无不处在一定的相对相关之中。本质不光有绝对性的一面,也有相对性的一面,绝对性的理路与相对性的理路具有某种平等的地位。如同性恶论和性善论之间可以互补一样,相对性和绝对性的理路也可以互补。陈大齐对此种现象分析得十分清楚:

设或相反的两说,其所肯定与所否定的,虽属一事,但其重点不同，则应当视为并未构成真正的相反。①

看似绝然相反，其实正好补充。陈先生正是依此方法对孟子性善论和荀子性恶论作相反相成的分析和评判，堪为逻辑分析的典范。

（三）不仅有现象的相对性，也有本质的相对性。陈大齐基于实在论的立场，表现出追求绝对性的运思方向，这种理路非要从相对性中找出绝对性，非要从千理万理中找出一条正理。在陈看来，不如此，"臆造虚构的言，荒谬绝伦的意见，只好任其独行，而是非的辨别亦成为赘疣了"。如此仅止于此并不为过。但是，陈实在是太不放心相对性，以致干脆把相对性完全归为现象，把绝对性归为本质。这一招虽然干净利落，一锤定音，却不能不说是其理路的内在缺陷了。

陈提出四种现象上的相对性：不明真理，智愚异见，一偏与全局，知识之进展。这四类是非不一，或出于人类知识未有进展，或由于各人知识之参差不齐，或由于以偏概全。这些是非的相对性或不确定性，均出于人的认知的局限。陈说：

这些现况上的无定，都无碍其本质上的有定。只要把这些引起无定想法的心理缺陷一一廓清，本质上的有定，即可显露出来。②

陈所列举的这些相对性，确可以看作现象的相对性，这些相对性确无碍本质的绝对性，随着认识的进步，这些相对性终究要被超越的。我们不妨把这些相对性称为"虚假的相对性"，因为除了这些虚假的相对性之外，还有"真实的相对性"，比如价值的相对性和真理的相对性。陈大齐是一个绝对主义者，试图用绝对主义代替相对主义，其方法之一就是把相对主义归为现象，而把绝对主义归为本质。正确的方法应该是指出绝对主义和相对主义各自的角度和合理性，而不是用一种理路去完全取代另一种理

① 《大众理则学》，第24—25页。
② 同上，第31页。

路。如此,正如陈大齐自己所说的“众端参照”的思想要则。

本来中国传统哲学最能理解相关性、相对性的,可是陈的思想中的柏拉图气息过于深厚,受旧形式逻辑的影响太深,以致妨碍了他“众端参照”的辩证原则。

(四)未区分事理的绝对性和道理的绝对性。从哲学上,事理的绝对性和道理的绝对性虽然都可予以承认,但事理和道理对于人的强制性却有根本的不同。无论人是否认识到事理,事理仍按其自身的性质作用于人,影响着人的行为。而人于道理一日不能认识或接受,此道理就一日不能对人产生作用和影响。道理的强制性只有在人接受了它的目标和理想时才起作用。用陈大齐处理孟荀人性论的方法可以说:事理于人的关系是现实的,道理于人的关系只是可能的。理则学欲统论事实与价值,区分事理与道理与人的关系的不同,不能不是理则学的应有之义。

仅仅完成了对是非本质的绝对性的哲学论证是远远不够的。陈建立理则学的使命是引导人趋是避非,它不仅停留在玄辩上。哲学的玄辩再充分,对于一般人如何区别道理的是非,如何选择行动的目标毫无意义。郑晰就曾批评实在论不过是指出了“满坑满谷死无对证之理”。如其空言道理的绝对性,其在相对性与绝对性之间作哲学意义上的逻辑游戏,不如设身处地地感受人的实际处境,然后再以具体的产生道理相接引。陈大齐思想本是以此实践精神为根基,无奈仍未脱其旧玄学的气味。

二、事实的是非与价值的是非

陈大齐理则学的一个不平凡之处即在于它不止于讨论逻辑形式的是非,也试图讨论实质的是非,即价值意义上的真伪和善恶。陈的是非理论欲分别价值的是非与事实的是非,并在一个适当的系统中整合二者。

陈对事实问题与价值问题有一明确的分疏。陈认为,事实是自在的,是独立固有,不受主观的影响,故亦可称为客观的。价值是人赋予的,不是事物本身所固有的，不是自在的，不是客观物的。就事物而言，根本不具有价值。他说：

> 一切价值莫不是来自主观的赋予，主观都怀有某种兴趣，抱有某种欲望，总而言之，必有所要求，且即取此要求以为评判的标准，据以评判一切事实。①

可是，陈的讨论没有得到应有的合理的展开。陈的思路局限于价值的客观方面，即思维的重点始终是：在主观价值标准已经确定的情形下，客观事物能否满足此价值标准。而对价值的主观方面，即每个主体何以具有多元的要求及其确立的原因没有足够的关注。正因此，陈在思想种类的分别和理解上出现了比较大的缺憾。

陈大齐把思想分为两大类：一为"认识"，一为"衡量"。认识是理智作用，是以客观事物为对象，认识的任务就是把客观事实的真相表而出之，其理想在于"如实"。"衡量即是就价值的正负作适当的论定"，"标准是衡量的灵魂，假若没有标准，衡量作用势且无从进行，价值正负势且无从认定。"②衡量是在价值标准确立之后，来确定物件是否满足自己的要求，满足者为正价值，不满足者为负价值。陈说：

> 衡量始于需要的满足，终于满足工具的认定。所以，需要的满足，可说是衡量的中心工作，亦可说衡量的究竟任务。满足需要，亦可称成全需要，不使其长此空虚而不获充实，故又可说：衡量的任务在于有所成。③

按照这样的逻辑，陈所说的衡量其实就是认识，因为标准已定，衡量的作用，就在于认清事物是否符合此标准。这一认清活动就是确定物件中有

---

① 《大众理则学》，第11页。
② 同上，第15页。
③ 同上。

没有符合此标准的成分,而这一问题实际上已是一个事实的问题,对事实问题的研究就是"认识",目标就是"如实"。这样一来,陈对认识与衡量的区别已没有多大意义。

其实,陈已多少意识到衡量活动应该具有的意义,用陈的话说就是"赋予价值"。可惜,这只是一带而过,"衡量"的意义还是被固定在对对象是否符合已确立的价值标准的认定上。陈恰恰抽除了衡量活动中应有的确定价值的作用,从他选择"衡量"一词,已可看出他的逻辑立场已大致无法扭转了。

从陈大齐理则学应有的逻辑看,"认识"在于决定事实的是非,"衡量"在于决定价值的是非,而决定价值的是非应该是:先衡量各种价值的意义然后再确立一价值的过程。所以,"认识"活动并不妨碍"衡量",反而是衡量的基础,"衡量"应该是在充分认识到各种价值的效应之后再选择某种价值,是"衡"而后"定"。值得注意的是,选择某种价值不全是"理智的"过程,也会有情意的参与,甚至是独断。

价值确立实际上是一个价值选择的复杂过程。以"人应救人急难"的道理为例,在实际生活中,人对这一道理的接受和实践的情形就非常复杂,大多数人只在原则上承认这一道理,至于具体的理解就有很大的差异,而在实践表现上更会是千差万别。比如:

- 别人不救人急难,干吗要我去救人急难。
- 救人急难首先应该是政府、警察去做的事。
- 救人急难？我的急难谁救？
- 救人先须自救。
- 救人急难要看具体情况,自己不能付出太多。
- 如果举手之劳就能救人急难,肯定是应该做的。

……

价值确立在很大程度上是一个价值冲突之后的价值选择,影响这一选择的因素非常之多:历史的、文化的、社会的、认识的、性格的、情绪的都有。可以想见,一个道理影响人的过程是异常综合和复杂的。价值理性不仅蕴含工具理性的所有特征,而其复杂性远远超过了工具理性。泛言某些道理的意义或好处没有多大价值,研究人的具体境遇及其价值选择的复杂关系才更有意义。依此,陈大齐的理则学要引导人趋是避非,并追求实践性的品格,还有许多工作要做。

陈由于其实在论的、客观的、科学化的立场和方法,决定了他过多地注意了价值的客体方面,而几乎遗弃了价值的主体方面。陈所关心的只是价值标准确定了之后,客观能否满足这一标准,即客体对价值有没有"成就"的意义。在陈看来,是非具有本质的绝对性,凡事都是"正理一条,蛮理千条",事理的和价值的标准的确定不成问题。好比方有方之理,山有山之理,人有人之理,其正理的内容是唯一的、绝对的,人们迟早会认识到这一点。只是有人多走些弯路,有人少走些弯路。这种本质主义的绝对立场肯定了在任何情形下都会有一个唯一正确的选择或是唯一合适的价值,只是看你找不找得到,这基本上封杀了主体选择的空间。对于价值,主体不能不有一个选择的空间,价值的确立应该是主体在客观的可能世界中的自我选择和自我决定。决定论的、客观主义的理路总是试图消解这个自我决定性的"我",最后,这些理论会表现为本质论、历史决定论、社会决定论或生物决定论之类,可以在一定程度上自我决定的主体的"我"被瓦解了。

实在论的立场在根本上是一外在论(主体虚无化)的立场,实在论者总是站在事物之外,把事物(包括主客作用)都看成外在的,独立自足的,以作客观化的、决定论式的处理。实在论的理路决定了它只关注现实的或现存的东西,事实是现存,事理是现存,道理也是现存,尽管它们存在的方式不一样,但是它们都是现实的。甚至整个可能世界的大小也可以说成是现实的。

还是上面的意思,外在论和内在论、客观论和主观论在理路上都各有价值。自天的观点看，一切不在天之外；自人的观点看，花与我同寂同开，只看到一种理路为不全面，以一种理路否定另一种理路为错谬，在一种合适的秩序中等观两种理路才能算真正达到陈大齐所说的“周全”。

三、辨别是非的方法原则:思想三要

陈大齐有著名的“思想三要”，分别是:契合事实、辨别同异、众端参观。此思想三要确实切中要害。思想之总则在于契合事实，思想之清晰、明确必待于辨别同异，思想之周全必待于众端参观。由此三要，思想方可“致广大而尽精微”。

有此类方法自觉，为什么还会在是非问题上陷入单一的客观主义立场呢？上述对陈大齐思想的批评应该不算是苛求。陈大齐是非思想之所以有如此的局限，一个重要的原因就是他过于局限在柏拉图式的绝对主义、本质主义和实体主义的旧玄学立场上。

这种旧玄学的立场与科学主义精神的内在冲突几乎构成现代中国新实在论者(金岳霖、冯友兰、陈大齐等)的普遍困境。柏拉图式的新实在论实际上借着一种泛科学主义、客观主义的思潮而兴起的，可是，旧玄学中的本质主义和实体主义与科学精神其实是不相容的。随着现代物理学的发展，实体主义与本质主义遭遇重大挑战。西方的现代实在论因此花样百出:罗素的事件实在论、怀特海的过程实在论、亚历山大的层创实在论，以及各种约定化、工具化、构造性的反实在论等。但是，中国的现代新实在论者由于缺乏系统的现代科学的思想资源，在基本哲学立场上还是属于传统的柏拉图主义。与此同时的西方新实在论者，实际上并没有这么重的柏拉图气息。

与金、冯相比，陈大齐思想中的柏拉图气息还稍少一些。他思想方法的根本还是科学主义、实用主义的。从陈大齐思想文献的字里行间，可以看出他为学的细致、周密、谨严和平实。陈大齐后期思想相当的精力都用在了对孔子思想的解释上面，他特别注意阐扬孔子思想的周密、平易、力行的方法精神。他说：

> 孔子的思想非常精深，但平实而不玄虚。孔子的思想亦非常博大，但周密而不放荡。……本书为了维持此两大特色，不敢做玄虚的诠释，不敢作放荡的推测，举凡后世带有形上学色彩的注解，亦都未敢采取。若因此而蒙浅陋之讥，则不敢置辩，若因此而谓有损孔子学说的价值，则亦不敢承认。①

所以，他不重道德形上学，而特重孔子的实践的道德哲学，在对儒学的现代诠释中别成一派。陈大齐以精深、博大、平实、力行来形容孔子思想，其实这也正是他自己为学的追求。

（原载《中国近代文化的解构与重建》论文集，
台湾政治大学文学院，2001 年 5 月）

① 陈大齐：《孔子学说》，台北，正中书局，1964 年，第 2—3 页。

现代新儒学

回应西方:现代新儒学的境界之思

引言:接受与回应

中国文化在20世纪初经历了一场惊心动魄的自我批判。陈独秀说:"要拥护那德先生,便不得不反对孔教、礼法,贞节,旧伦理,旧政治。要拥护那赛先生,便不得不反对旧艺术,旧宗教。"①他慷慨陈词:"我们认定,只有这两位先生可以救治中国政治上、道德上、学术上、思想上一切的黑暗。"②胡适则畅言:

> 我很不客气的指摘我们的东方文明,很热烈的颂扬西洋近代文明。……我们必须承认我们自己——不但物质机械上不如人,不但政治制度不如人,并且道德不如人,知识不如人,文学不如人,音乐不如人,艺术不如人,躯体不如人。③

吴稚辉更要把"孔孟老墨"丢在茅厕里三十年,说与其坐等别人用机关枪打来我们,不如先"鼓吹成一个干燥无味的物质文明——把中国站住了"。④钱玄同发出惊人之语:"欲废孔学,不可不先废汉学。"正是这股革命化的西化浪潮启动了当时的新文化运动,但是它的片面和极端是显而易见的。西化运动虽然扫荡一时,却始终有一种保守主义的思潮与之抗

---

① 《新青年》六卷一号。

② 同上。

③ 《介绍我自己的思想》,《胡适论学近著》,商务印书馆,1937年。

④ 郭湛波:《近五十年中国思想史》,山东人民出版社,1997年,第134页。

衡。这一思潮最初以杜亚泉、章士钊、梁启超、辜鸿铭、梁漱溟、张君励等为代表。他们认为“一战”已使西洋文明露出显著之破绽，西方文明“埋于物质生活之中”，只是“乞食之道”（杜亚泉语）。西方文明“一百年物质的进步比从前三千年所得还加几倍。我们人类不惟没有得着幸福，倒反带来许多灾难。……欧洲人做了一场科学万能的大梦，到如今却叫起科学破产来”。①“安心立命”是人生的根本，是我们富贵的家当，千万不能丢掉。将来的文明还是要以中国文明为基础来融合西洋文明的“断片”。“非特吾人自身，得赖以救济，全世界之救济，也在于是。”（杜亚泉语）梁漱溟从文化哲学的高度肯定中国文化的独特价值。他认为中西文化不是程度的差异，而是方向的不同，西方人是“向前面要求”，遇到问题要改变局面，满足意欲；而中国人是向自己要求，不求向外的改造，只求当下的调和、持中。正常的文化演进应该是先走西方的路向，然后再走中国的路向，再是印度的路向。东方文化的“失败”只是“不合时宜”而已。现在“第一路走到今日，病痛百出，今世人都想抛弃他，而走第二路”，未来“中国文化之复兴”指日可待。1923 年 2 月，张君劢在清华作了题为“人生观”的讲演，明确指出科学方法不能解决人生观问题，“科学为实验的方法所支配，而人生观则起于直觉”。随之，一场颇有声势的科玄论战开始了。保守派、玄学派与西化派、科学派的来回争辩，使人们对中西文化之间的关系有了更深层和更多元的思考。保守主义表达了一种新的姿态，即以传统来批评、回应西方，而不仅仅是接收或拿来。它的特别意义就在于突破了单一的“西化的”文化标准，直接启发了一种超越或中或西的“人类文化”或“世界文化”的立场。

现代保守主义的最大阵营当推现代新儒学。从批评西方，回应西方的角度说，现代新儒学之现代转折的一个重要起点是转向纯粹的“人生哲学”。它“暂时”净化了儒学政治整合、礼制秩序等的社会化功能，而纯化

① 郭湛波：《近五十年中国思想史》，山东人民出版社，1997 年，第 45 页。

为德性主体的建立和生命境界的提升；并依此来批评西方物化的、机械的、支离的生活方式。这种批评往往表现为以德性批评功利、以直觉批评理智、以浑融批评支离、以情趣批评物化、以内在批评外在等。在声势空前、席卷天下的西方浪潮面前，保守主义一开始不知不觉地把文化比较的位置"收缩"到了"准宗教"的心性学层面，也似乎只有如此，传统儒学才有足够的资源"回避"或"超越"科学和民主，直接回应西方的人生路向。这一方向无疑构成现代新儒学的基本环节。归结而言，它是以"境界人生"批评"物化人生"，此境界是德性的、内在的、自我建立的、天人合一的，同时又是充满情趣和审美受用的。可是，保守主义阵营在稍事休整之后，就滋生出一种"扩张性"的回应路向：试图以"心性"为体，开出种种"文化"之用。此境界是"归体"与"成用"的合一，一方面是向内返证本心本体，一方面是向外展开为种种功用。

这是先秦儒家内圣外王精神的某种回归："圣"不再止于一种内在的、自得的、终极的精神境界或心理受用，它必须拓展为种种现实之用。这是一种积极的整全的回应，它一方面批评西方文化不能"见体"，一方面又企图以"自家"之体来收摄或开出西方文化之用。由此开出的生命境界，不止于是心性的、精神的、审美的，而且是全幅文化的。

一、梁漱溟：仁的生活

梁漱溟虽少提及境界一词，但其主张的直觉、生活或仁，均指向境界形态的生命方式。在西化思潮风靡和唯科学主义盛行之际，梁以对生活方式的思考为基础，建立了他的文化类型论，在一个新颖的理论格局中呈现出中西文化各自的特征和地位。在当时确有振聋发聩、扭转乾坤的气势。值得寻味的是，梁站出来为中国文化说话在很大程度上是受到了西方哲学的影响，即柏格森的生命哲学。柏格森认为，永动不息的生命或生命之流是世界的本质、宇宙的意志。生命之流有两种方向，一是向上向前,从而产生一切生命形式,如植物、动物和人类,这是由低级到高级的进化。另一是向下向后逆转,从而产生一切无生命的物质事物。人的生命受物质的滞碍最少。柏格森高扬生命和精神的同时,就是主张直觉限制理智。在他看来,人类的理智形式(感觉、概念、判断)和理智方法(分析、综合、抽象、概括、归纳、演绎)只能认识相对的、外部的、静止的东西,而不能认识变动不居的生命和精神。概念"永远不过是对象的一种人工构造,它们只能用符号表示对象的某些一般、在某种程度上可以说是非个性化的方面。……它们所提供给我们的不过是这些实在的阴影而已!"①

直觉才是把握生命的唯一方法,只有通过直觉才能与无法表达的东西融为一体,才能达到那"绝对的领域"②。在梁漱溟那里,柏格森的生命哲学与传统儒家的人生态度相互会通,共同形成对西方唯智文化的批判。在梁看来,西方文化虽在科学、民主方面大放"异采",却导致了生命的物化、机械化、功利化。梁主张回到东方,用儒家的、孔子的生活方式去解救这种物化的、分裂的生活状态。他说:

> 西洋人秉持为我向前的态度,其精神上使人与自然之间,人与人之间生了罅隙,而这样走下去,罅裂愈走愈大,很深刻的划离开来。③

西方理智型的文化"一味向外追求,完全抛荒了自己,丧失了精神;外面生活富丽,内里生活却贫乏至于零!"④自然被看成破碎的死物,人的生命也被彻底地物化,生活的情趣被斩杀得干干净净。

生命的障碍是物化,而物化的根源即在于理智。梁漱溟批评西方文化的矛头主要集中于理智这种"物化的"思维方式。梁认为,唯智主义就意味着打量、计较、权衡,是一种计量的、功利的人生态度,因此计量,私

① 柏格森著,刘放桐译:《形而上学导言》,商务印书馆,1963 年,第 8—9 页。
② 薛文华主编:《现代西方哲学评介》,高等教育出版社,1933 年,第 83—86 页。
③ 梁漱溟:《东西文化及其哲学》,商务印书馆,1933 年,第 178 页。
④ 同上,第 125 页。

心、私欲就随之而起，所以“人之不免于错误，由理智”。梁进一步说：

> 盖本无所谓物质，只纳于理智的范畴而化为可计算的便是物质，在理智盛行之下，把一切所有都化为可计算的，于是就全为物质的。若由直觉去看则一切都是特殊的意味，个别的品味，而不可计算较量，那么就全成为非物质的或精神的了。①

现代西方生命的衰落，就是因为知识论压倒了形上学。“形而上学起初很盛，后遭批评，几至绝路，今犹在失势觅路中；知识论则甚盛，有掩盖一切之势，为哲学之中心问题。”②

知识压倒了一切，结果是理智分隔、解剖了“生活”，使生活丧失了本来的面目。贬低理智的同时，就是赞颂直觉。理智导致物化，直觉返回精神。梁认为：唯有直觉才“可以体认出宇宙的生命”。直觉不同于感觉对事物的直接的客观的反映，也不同于理智对感觉的分析综合，直觉包含着主体的情趣和价值，直觉就是那流动的生活本身。在梁这里，直觉不再是“认知”的方法，而是生活的方法，与生活一体同流的方法。直觉意味着直接、自然、顺畅，意味着放下一切计量、分割、固化。这种随顺本然，充满情趣的生活，就是孔家的生活态度。梁认为，只有用孔家的生活才能超拔唯智、唯利的病态生命，这种生活用一个字概括就是“仁”。分疏开来，梁所谓“仁”的生命有这样几种含义。

1）自然，顺畅。顺应自然，不加造作。“生活就是流行之体，他自然走他那最对、最妥帖最适当的路。”③“孔家没有别的，就是要顺着自然道理，顶活泼顶流畅的去生发。”④

2）不认定、不固着。流动不居，活泼自如。不用概念去凝固生命。

① 梁漱溟：《东西文化及其哲学》，商务印书馆，1933 年，第 121 页。
② 《梁漱溟全集》第一卷，山东人民出版社，1989 年，第 401 页。
③ 梁漱溟：《东西文化及其哲学》，第 79 页。
④ 同上，第 129 页。

3)不计虑,超功利,任真性情流露。生活流行之体,不能用概念去把握,不能用理智去打量,而只能听任直觉,听任生活本身的流行。"直觉时即生活时,浑融一个,没有主客观的,可以称为绝对。"①

4)中道、和谐。孔家的生命方式,是将自身与自然融为一体,不放纵欲望,又不压抑感性。"在这自然变化中,时时是一个'中',时时是一个'调和'……如是流行不息。'仁'与'中'异名同时,都是指那心理的平衡状态。"②

5)乐观、情趣。孔家的生活方式又是极具有情味的。儒家圣人让你会要在他的整个生活"凡一颦一笑定呼吸之间,都佩服赞叹,从他的生命能受到感动变化。他的生命无时不得到最和谐,无时不精彩,也就是无时不趣味盎然"。③

梁漱溟把文化归结为生活样式,又把生活样式归结为一种精神境界或心灵状态。在这里,仁者应有的忧患、恻隐和承担被忽略了,孔颜乐处的情趣和自得被突显出来,以便对应西方生命的机械和冷漠。无论对儒家"仁"的生命作何种理解,梁对传统人生智慧的认同,表达了中国人尤其是知识分子近乎根深蒂固的人生归趣:极高明而道中庸。这种人生境界是终极的又是日常的,是超越的又是内在的,是哲学的又是审美的,是永恒的又是当下的。

二、熊十力:性智与本心

如果说早期梁漱溟的理论兴趣曾一时集中在"生活—文化"类型论上,那么,与其同期的熊十力则潜心于形上学的建立。这种探索同样有着批评西方、回应西方的背景。熊对西方文化的批评用语不多,却力透纸

① 梁漱溟:《东西文化及其哲学》,商务印书馆,1933年,第177页。

② 同上,第178页。

③ 《朝话》,中国文化服务社出版,1936年,第75页。

背，充分显示了对圣学真谛的体证和信念。熊认为，对西方文化有两种态度，一是妄自菲薄，全盘西化；一是据己本有，融会创新。熊指出，"欲新哲学产生，必须治本国哲学与治西洋哲学者共同努力，彼此热诚谦虚，各尽所长，互相观摩——须知创新者，不是舍其所本有"。至于"全盘外化之说者，是太消灭自家创造力，自暴自弃之徒也"。① 不同于梁把中西文化当作两种路向、两个阶段的排列，熊以其体用合一的本体论为基础，试图以"以体摄用"的哲学模式实现"中体西用"的文化整合。熊因此奠定了现代新儒学回应西方的"扩张性"的路向：它以内在的、整合的、生命的、精神的本体为根基，一方面批评西方，一方面又容纳西方。熊十力对西方文化的批评依据其本体论的立场，表现为本体（体）对有限功用（用）的批评，这一批评主要从以下几个方面展开：

1. 哲学对科学的批评。简单地说，哲学"证体"，而量智或科学只能"知物"。"哲学是超越利害计较的，故其出发点不同科学"；"哲学所穷究的是宇宙真理，不是对于部分的研究，故其对象不同科学"；所以：

> 哲学底领域根本从本体论出发而无所不通，故其领域不同科学。"哲学"底工具全仗他底明智与神悟及所谓涵养，等等功夫，故其方法不同科学。②

> 哲学之事，基实测以游玄，从现象而知化。穷大则建本立极，冒天下之物；通微则极研深几，洞万化之源。③

哲学旨在"建本立极"，而科学只是"支离破碎功夫"。熊十力一再强调，本体不是西方意义上的外在的实体，不是抽象的性理，而是具体的流行的生命，所以不是理智或知识的对象。这个"体"是翕辟之变、健动不息、创新不已的宇宙大化，也是吾人的本心。这个体只能向内求证。所以，哲学

---

① 《文化与哲学》，天津《大公报》，1935 年 4 月 23 日。
② 熊十力：《十力语要》，湖印局本，1947 年，第 47 页。
③ 熊十力：《新唯识论》，商务印书馆，1944 年，第 24 页。

的究竟是对于本心的悟觉,而不是用概念、名言构画出来的理论之“学”。这是对重践履、重体证的传统之“学”的主动复归,与现代学术意识的兴起适成反衬。熊明确地说:“余之学——都不是为专家之业,而确是对于宇宙人生诸大问题,求得明了正确之解决。”这个解决不是知识的或理论的解决,而是生命的解决,在于获得一种终极的、根本的人生境界。

2. 一如对二分的批评。“世俗或以己身为自然界这一断片而不知己身实赅自然,本为一体同流。”①把整个宇宙看成万物森然、各自独立,实在是世俗的浅见。“器界者,貌似物各独立,疏离隔碍,而实则凡物互相系属,互相通贯,浑成全体。”②宇宙一切事物皆与本体贯通而无一欠缺。佛家将“生灭不生灭折成二片”,西方哲学将“实体与现象分割为二”,都是有欠圆融。所以,佛教弃世,终归于寂;西学一味外求,终溺于物。只有儒学传统的圆融中道“去小己之私而与天地万物同于大通,直到内外浑融”。体用不二、一体同流是熊氏哲学的中坚,于此,熊下力最多,精譬之语随拾即是:

> 一言乎用,则是其本体全成为用,而不可于用外觅体;一言乎体,则是无穷妙用,法尔皆备,岂其顽空死物,而可忽然成用?③
>
> 实体完完全全的变成了万有不齐的大用,即大用流行之外无有实体。④
>
> 譬如大海水,确是将他的自身全变成了众沤。众沤以外,没有独存的大海水。⑤
>
> 体用可分,而不可分:可分者体无差别,用乃万殊。千万殊中,而指出无差别之体,入洪建皇极,而万化皆由真宰,万理皆由统宗。无

① 熊十力:《新唯识论》,商务印书馆,1944 年,第 94 页。
② 同上,第 111 页。
③ 熊十力:《新唯识论》,第 111—114 页。
④ 熊十力:《体用论》,中华书局,1994 年,第 57 页。
⑤ 同上,第 54 页。

差别之体，而显现为万殊之用——体用不得不分疏。——不可分者，用，固然不即是体，而不可离用觅体，因为本体全成为万殊的用，即一一用上，都具全体，故即用显体。①

总之，"本体与现象不二，道器不二，天人不二，心物不二，理欲不二，动静不二，知行不二，德慧知识不二，成己成物不二"。

3. 宰物对物化、内证对外驰的批评。这个"体"究竟是什么呢？这个体就是宇宙大化或宇宙精神。于此，熊特别发挥先秦大易的生生哲学。"泰初即已有辟，我们把这个辟，说名宇宙的心，伟大的自然，或物质宇宙的发展——他们内部，确有一种向上而不物化的势用(即所谓辟潜存着)。"②"一一物各具之心，即宇宙之心；宇宙的心，即是一一物各具之心。"③这个心，也是神或精神，此神不是超越乎天地万物而独在，而是"周遍潜运"于天地万物之中，"潜运乎繁然散殊之中以统御之，使其不失为完整体者"。这个"心"通过人类得到最充分最圆满的发展，"心灵焕发，特有主宰之权能，乃足以用物而不为物用，转物而不为物转"。④此心"阳明、健动、开发无穷、升进不已"。此心自主自宰，"体物而不物于物"，"御物而不役于物"。所以，吾人只须内证，便能契合创化不已的本原，而不能一味外求，逐物不返，反而为物所引，失却了自己的本性。

4. 本心对习心、性智对量智的批评。所谓"习心"是指因形骸躯壳的"限囿"或"染污"，表现为种种情见、欲求，习心的特征是："其运用皆从形骸上打算，即妄执有小已，而计为内，同时亦妄见有外，而不息其追求，此其虚妄分别。"⑤熊有时强调理智并非即是习心，理智本身是中性的，如其为性智所宰即成为本心的功用，如其为习气所制即成为物化之心。

---

① 熊十力:《新唯识论》，第 64 页。
② 同上。
③ 同上，第 69 页。
④ 同上，第 103 页。
⑤ 同上，第 281 页。

可是,妄自外求的理智往往是习心最通常的表现,熊也因此常常把理智与习心视为一物。所以,熊对本心习心的区别,基本上展开为性智与量智的区别。本体即吾人本心对于本体唯有"返求实证",此自识、自明、自证即是吾人"性智"。性智不是概念认知,而是直接与对象内外浑融的直觉体认。欲得性智,须是"止息思维,扫除概念","精神内敛,默然反照","性智内证时,大明洞彻,外缘不起,默然自了,是谓证量"。得此"证量"之境,"方可于小体而识大体,于相对而悟绝对,于有限而入无限"。而"量智只是一种向外求理的工具。这个工具若仅用在日常生活的宇宙即物理的世界之内,当然不能谓之不当——也用他作工具,而把本体当作外在的境物推求之,那就大错特错了。"①量智是经验的、逻辑的、分析的方法,"只能行于物质的宇宙,而不可以实证本体"。此量智如不能为性智所用,必以本体是一外在境界,一味外求,终沉沦于天人、物我、人己的割裂。人心一旦为习心量智所囿,即会迷以逐物,心为物转,此心就不再是自主的、能动的生命,实质上已不成其为"心",不成其为"精神"了。以上均是对"执用遗体"的批评,它反映了由用见体的要求,那么,见体以后呢?熊发掘《周易》生生之义,一反宋儒受释道的影响而表现的沉寂倾向,建立一以仁德为体,以活泼健动为用的生命境界。在熊这里,"体用合一"已成为"体的收摄"与"用的展开"的辩证过程,以体摄用,用不外驰;即体起用,体不空寂。体用合一不是一个终结的状态,而是体用互动、翕辟成变的健动不息。依据这样的体用关系,熊并没有把"性智"和"量智"全然对立起来,而试图把它们整合在一个辩证开展的过程之中。性智圆满具足,蕴含了无限的潜能和功用,它可以发用为辨物析理的理智活动。"玄学者,始乎理智思辨,终于超理智思辨,而归乎返己内证。及乎证矣,仍不废思辨。"②为防止量智之心的物化,就要返己内证,及乎证矣,仍不废思

---

① 熊十力:《新唯识论》,第254—255页。

② 《十力语要初续》,台北,乐天出版社,1971年,第8页。

辨”。为防止量智之心的物化，就要返已内证，及其证得性智，又可开发出量智之无穷之用，此即所谓“以性智统辖量智”。

熊十力所建立的生命境界不再偏安于一味内敛的个人心性，此境界不仅是内在的、终极的，又是健动的、创化的，此境界不仅是归本内敛的，也是外向进取的。只是对于此本心究竟如何创化？如何开拓？熊并没有充分的交代。由本体—心性学向心性—文化学的进一步展开是由后来的牟宗三、唐君毅来完成的。这种本体—心性—文化的庞大建构代表了现代新儒学回应西方的“扩张式”的路向。

熊十力所建立的生命哲学或生命境界，既批评了西方生命的物化、沉沦、支离，也吸收了西方生命的外向、开拓。也因此既拥有了以我为主的主宰和尊严，又体现了兼容并包的博大和整全。可是，它仍没有超越“中体西用”的传统模式。熊以代表生命的仁心作文化之体，以生命的健动来容纳西方文化的外向开拓，重新建立了以体摄用、以生命摄文化、以内圣摄外王的系统。可以说，文化保守主义的哲学支持就在于认定德性、境界、直觉等是生命的归宿，也是文化的终极。这仍然是单一简易的心性学或生命哲学路向，这种哲学的根本缺失就在于以个人内在心性的完善和自得来取代主客关系以及人群关系的组合和变化，把复杂的社会、历史和文化过程化约为单纯的人和心性过程。作为保守主义的现代新儒学在挖掘传统文化价值方面功不可没，可是，如何面对人性、社会、文化的复杂性，仍有许多课题要做。

（原载《首都师范大学学报》2000 年第 2 期）

立学与立教:重建儒家信仰的社会化途径

从实践层面上说,当前重振儒家的努力基本停留在“学”的范围,大家关注的似乎只是重建儒学,而不是现实化、社会化的儒家文化。我们已经习惯了用“儒学”来涵盖所有“儒家”文化行为,而淡忘了知与行、问学与德性、思想与实践之间存在着某种绝对区别。由于缺乏社会性的展开,现代儒家文化活动基本上封闭于学院、静处于文字、孤悬于理想。一套旨在参与社会的意义系统深陷于无休止的、还有些自得的对象化研究和理论筹划之中。

再从学的层面上说,大家的注意力几乎完全集中在现代儒家精神的理定,以及对此精神于个体精神实现和社会现代化进程的积极意义的论证。极少有人基于儒家社会化的本旨以及社会学的视野来研究,儒家精神在当前形势下如何在人群中落实、在现实中展开。

如果儒家精神只在学院中,只在思考中,又何谈儒学在现代社会中的意义?儒家精神必须落实在社会中,然后,在实践上,才有儒学与社会的关系问题。

一、学·信·教

传统之学虽有深厚的脉络,但是一直没有学科化、分析化、系统化的方法反省和形式整理。传统之学的宗旨在于对“道”的追寻,也许正因此,传统之学就如同“道”一般的含混和包容;其学可以是一个思维的过程,也可以是一个直觉体验或心性修养的过程;其学的结果可以是一种知识或道理,也可以是一种精神境界。

在此，我们须区分两种学：客观之知与价值之知，前者是对象化的研究，在于获得关于对象的客观知识；后者是价值的建立，在于为价值选择提供充分合理化的论辨。客观之知与价值之知相当程度地对应于马克思·韦伯所说的工具理性（科学理性）和价值理性。逻辑地说，科学理性是一种严格的对象化的知性过程，它以客观知识为目标，只试图表明对象是什么，这一过程逻辑地要求认知主体的中立化、透明化。价值理性实际上是一个非理性过程与理性论辨过程的结合，价值建立起源于一个初始的价值直观，价值理性的大部分内容是在为价值直观提供理性化的充分阐明，而使之更加牢固和自觉。如果说科学理性之理性着重于求知，并通过逻辑和实验去确证，那么，价值理性之理性着重于论证和阐明，其合理性和说服力依赖于个体主体自身的确认和主体间性。价值理性之所以是理性，在很大程度上还是由于科学理性。

所以，也有两种儒学，一是对象化研究的儒学，它的目标只在于“儒学是什么”；一是价值论辨的儒学，它的目标在于“我们为什么需要儒学”。前者之学是完全价值中立的，它对于儒学没有任何好恶意义上的态度，后者之学在于揭示儒学的意义，但必须以前者为基础。一般意义上的儒学大都指后者，下文的儒学也作此义。

儒学不止于确立一般意义上的价值或信念，而是要确立终极信仰。这种信仰可参比于神学家蒂利希所谓“终极关怀”。“意义”之所以是“终极”的，是因为这个意义是一切存在的理由，它是绝对的、永恒的。因此，儒学必须内含一个形上学，以证立一个绝对本体，此本体即是终极关怀的根源。有此终极关怀，生命才有了终极化的安顿。此“信”一旦真正获得，我们的心灵就不再追问，不再有疑惑，精神的皈依也就是精神的绝对化、独断化的完成。要指出的是，学与此信之间的关系是复杂的，可能会有学无信，也可能会有信无学，而且学还有个程度问题。

此终极信仰在大多数人看来实际上已成了“教”，因为这种信仰就是所谓宗教信仰，这是从信仰的层面看宗教，本文更愿意强调宗教的社会化层面。本文主张,纯粹个人的精神信仰不能成教,只有群体化的信徒出现之后才能成教,而且有的宗教不仅要求精神的皈依,同时要求行动的展开和某种社会文化功能的实现。因此,宗教可以界定为:群体化、组织化的信仰及其活动。在这个意义上,“起信”与“立教”同样是有着相当的距离。

二、现代儒教的定位

传统儒家是否为宗教的争论由来已久。“儒学宗教论者”和“儒学非宗教论者”的分歧不仅在于宗教的界定上,也在于儒学或儒家的界定上。牟钟鉴提出中国传统文化中有一个正宗大教即宗法性宗教,但他认为宗法性宗教并不是儒学,他并不同意儒学是宗教。而大部分儒学宗教论者则认为这个宗法性宗教就是儒教。任继愈认为,儒家在汉宋以后,逐渐完成了宗教化的改造,它以天地君亲师为崇拜对象,以孔子为教主,以六经为经典,以祭天祀孔为礼仪。① 按照任先生的说法,儒学是借助宗法性宗教(主要是形态方面)而逐渐成为宗教的。与之不同的是,何光沪认为,中国古代以在天坛祭祀的昊天上帝为至上神的宗教体系就是儒教,儒教尊奉的天是“佑下民”“讨有罪”的人格神。李申认为,孔子虔诚地相信天命鬼神,儒者们也都把昊天上帝作为自己信仰的至上神,儒者治学,是在遂行上帝所赋予的治教天下的责任。②何、李等认为,古代中国是一个政教合一的社会结构,国家组织就是儒教的宗教组织。

这里涉及儒学、儒教、传统宗法性宗教的关系问题,笔者于此无多研究。这里只提出一个大致感受:儒学与传统宗法性宗教的关系应该是相互渗透的关系,任何一方也不能完全涵盖另一方。传统儒家的复杂之处在于一方面它是神秘化、宗法化的,一方面又指向人文化、理性化的天道、

---

① 任继愈主编《儒教问题争论集》,宗教文化出版社,2000 年,第 472 页。

② 同上,第 474 页。

天理本体。由此,传统儒教呈现出宗法性宗教(天祖崇拜、人格之天)和仁德教(天德崇拜、义理之天)的纠缠、混合,两者相即相离,并没有融而为一,当然也不是互不相干。之所以提出传统传教的混合性,是想说明传统社会祭祀天祖的一系列神秘化的制度礼仪,与世俗化、宗法化的政治—行政制度力量一同,既实现了儒学,又支援了儒学。可以说,传统儒教虽没有独立于世俗之外的制度化过程,却有着最庞大、最切实的世俗化组织力量的支持。

笔者基本认同儒家是宗教,但不是从儒家有天地神灵崇拜及其规仪的角度来说的,而是从其有理性化的、超越的终极关怀及与之相应的世俗化的制度、组织系统来说的。儒家即使没有天帝神学、政治神学及相关礼仪,也可以成教,我们承认传统儒教与天帝神学、政治神学有相当的牵涉,但它们不是传统儒教的本质。另有相当的人认为儒家虽有宗教性,但不同意它是宗教。持如此看法的人对于宗教的界定基本上固守着这样两个宗教标准:1)肯定超自然的终极实体。2)独立于世俗的制度化、组织化系统。如果不固守这两个标准,在一个相对宽松的更具现代意味的界定下,儒家自可以包括在宗教之内。

根据宗教学者杨庆堃制度型(institutional)宗教和弥散型(diffused)宗教的分类法,儒教正可称为一种弥散型的宗教。① 因为儒教虽没有自己独立的制度、组织体系,却是把它的义理、礼仪及活动完全融入在世俗社会制度之中。传统儒教不是没有制度化的展开,而是有着充分的神学化、政治化、社会化的展开。传统儒文化不仅是一套为王权政治和社会秩序提供神圣性、合法性辩护,以及为个人生活提供道德意义指向的社会意识形态,而且有庞大、完备的社会制度、组织实体与之呼应。传统儒教塑造了中国传统文化的主体结构。

---

① 孙尚扬:《宗教的界定与儒教问题》,载《诠释与重建——汤一介先生75周年华诞暨从教50周年纪念文集》,北京大学出版,2002年,第243页。

以上所谈的主要是现代儒教在宗教形态上的定位，至于现代儒教的终极关怀、精神义理层面的定位不是本文所要讨论的内容，但有一点与儒家立教的依据有关，不妨略加申述。

儒学是一种典型的社群主义的学说，它不仅否认个人可以孤立的存在，而且强调个人应该积极地建立理想的人际关系和社会秩序。儒学并不主张消极顺从，而是健动地追求自己的社会理想。传统儒学由于时代的限制，认同圣王政制和宗法秩序，但是这并不影响我们在继承儒学社会化人文关切的前提下改造儒学。传统儒学，尤其是先秦儒学并不仅以信仰为终极，并不以内在的精神实现和境界获得为终极，而同时强调内在精神的实践性展开，并以理想的人际关系、社会秩序为目标。换一种说法，儒教的目标虽可说是成圣，但是成圣不是个人的事，也不是纯粹精神的事业，个人成圣的过程必须呈现转化社会的过程，一个圣人只有在社会转换的实现中才能实现人性的转换。格物、致知、诚意、正心，正在于齐家、治国、平天下，更准确地说，齐治平正是诚正格致的过程。传统儒教的社会化特征促使我们不得不面对重建儒学以及儒学如何在现代社会中展开的实践性课题。

理性化和世俗化已成为现代宗教发展的趋势，现代宗教不必有一个超越的、人格化的神，也不必依赖官方的制度化力量。如果说传统儒教由于神学化、政治化、社会化过程的纠结而难以定位，那么，现代儒教则可能界定为理性化、人文化的终极意义的确认及其社会化、制度化的展开。现代儒教的发展应该自觉成为一个人文化的、开放的民间文化活动，以参与建设一个理想的社会人生为目标。理想化、理性化、民间化以及制度化、组织化的实践展开是新儒教获得生命力的关键。

三、突破学院体制及其角色定位

近现代以来，道学政相统一的儒家大文化系统逐步瓦解。传统儒家作为一种悠久的文化积淀有着深厚的文化惯性，它在现实社会中仍然发挥着不可忽视的作用。可是这种文化作用已从显在社会意识规范和社会制度支持转变成残存的、潜意识的文化呈现了。①

传统儒家系统崩溃之后，新的主流社会意识和社会制度开始建立，旧儒家的社会基础逐渐消失。当社会支撑日渐坍塌，当实践的展开日渐扭曲、虚幻以致不可能之后，内向、自省的学的寄托似乎成为承继儒家、开发儒家的最自然的主要途径。此时，一批知识精英，或是基于民族本位、文化保国的立场，或是基于对社会人生的恒常意义和现实意义的立场来坚持和宣扬儒家文化的价值，以回应西方文化的挑战。于此，各种历史文化因素摧生出一股蔚为壮观的新儒学思潮。

现代新儒学的发展在相当程度上得益于现代学术方法和现代教育制度的建立。“五四”以后，现代文化教育制度为几乎无家可归的儒学提供了群体化的、规范化的存身之地。在现代学院和研究机构中，各种各样的“学”得以维持它的存在和延续，现代学院实际上某种程度地扮演着学术博物馆的作用。梁漱溟、熊十力对于儒学的皈依可能与学院没有多大关系，但他们的学术文化活动与学院仍有相当密切的关联。至于冯友兰、牟宗三、唐君毅则基本上是成于学院、长于学院的讲坛哲学家。徐复观早年行走于社会，后期文化活动也基本上限于学院。80 年代以后，伴随着传统文化讨论热、国学热，内地儒学研究几乎呈现出迅猛发展的势头。如此儒学研究的规模，当然得益于遍布全国的综合大学的哲学系和社会科学研究机构。

可是，学院化既成就了儒学，也限制了儒学。与学的繁盛形成强烈反差的是：儒学的社会化的实践性的展开却是异常的薄弱，反倒显出学者儒学形影相吊、孤芳自怜的窘境。当前的儒学热基本上仅仅局限于学术圈

① 现代化（制度层面和文化层面）过程的不彻底实际上一直给予宗法性、官僚性的儒文化留有相当的社会空间。

子，与现实社会和普通大众没有多大关联。而且，在现代学院学科化、职业化的背景之下，可以肯定的是，大部分的儒学研究只是一种职业行为，只是把儒学作为研究对象，儒学不再是活生生的可以自家去体证的精神，更不必说皈依儒学了。儒家研究工作者的制度设置，等于给研究者一个明确的职业化的研究定位，它几乎先天地限制了儒家精神的落实。对于儒学研究工作者来说，他不仅受到分科格局、对象化研究等种种思想限制，而且理论或思想的完成就是他最终的目标。更为严重的是，这种规模化的学院体制，往往会使人们获得一个儒学繁盛的假象，关于儒学的文山会海会使很多人迷醉和自得。

学院化儒学一方面自限了儒学实践性开展的内在要求，一方面也使儒学理论和思想本身得不到健康的、更合理的发展。

一套旨在参与社会的意义系统如果长期只停留在精英思想的阶段，这套意义系统的社会化价值必然会逐渐萎缩，甚至会完全内敛转向成学者化、心理化的精神自得。儒学如期望有相当广泛的社会影响，要成为真正参与社会广义建设的精神资源，就必须不断地进入现实社会人生中。人们只注意到“学”对于成“教”的意义，而往往忽视无“教”也难以成“学”。这个“教”就是通过一系列的社会活动，使儒家的信念被更多的人接受、认同，使更多的人能真实参与到儒家社会化的过程中来。单从学的层面看，儒学也只有在社会实践的实际参与过程中，才能真正检验其参与能力和参与的合理性，才真正了解其学所可能达到的实际效用。儒学能否在实践中展开，能否成功地参与现代社会文化建设，能否回应现代社会，很大程度上是一个实践的问题。只有在理论和实践的不断循环中，儒学才能真实地了解现代社会，切实地回应现代社会。只有儒学实践才能给予儒学以真实的思想资源和思想评判。儒家社会开展的薄弱必然导致其学的孤立、空洞和虚弱。借郑家栋的说法，从实践层面看，后新儒学的基本特征应该是：从典籍走向现实，从精英走向大众，从书宅走向社会。①

① 郑家栋：《儒家传统的诠释与转化》，《哲学动态》，1996年第6期。

四、教化重建：一个社会化、制度化的过程

纯粹个人的精神皈依往往具备浓厚的理性色彩和独特的生命机缘，如果仅仅依赖于个人之间的相互影响和某种信念在生活交往中的自然传播，相对理想化、边缘化的价值形态很难转化成更为普泛的群体意识。如果宗教仅仅是个人的精神皈依，那么宗教的许多社会化功能都很难以实现。一种意义系统要想尽可能地社会化、大众化，尽可能地发挥它对社会的影响力，它就必须通过制度化、组织化的方式，进行各种各样的社会活动，以实现它的影响。而这一社会化过程可以简称为文化运作或精神运作的制度化过程。在这个意义上，儒教重建实质上是儒教制度化重建的问题。制度化不等于官方化，一个开放的社会，有着各种各样的制度化运作，它可能是官方的，也可能是民间的，可以是法律上的，也可以是民间自愿协议式的。

当传统儒家道学政的系统解构以后，独天得厚的政治、社会基础已不复存在，儒学基本成为边缘化、民间化的文化力量。可是，儒教不像佛、道原本就是边缘化的文化存在，自始至终有一套自己的社会开展的方式和传统，并有着相当的制度化、组织化的基础。所以，现代儒教的建立过程将基本上是一个自家从头做起的工作。

儒学的意义系统要想成为一种更具影响力的文化意识形态，就必须有一个社会化、制度化的过程。在某种意义上，儒家起信立教的过程就是一个精神传播的过程，于此，我们可以借用大众传播理论来简单描述一下儒学的社会化过程。传播被基本界定为个人或团体主要通过符号向其他个人或团体传递信息、观念、态度或情感。大众传播理论一般把传统模式概括成以下构成要素：传播者、传播内容、传播媒介（身言、成例、仪式、大众传媒）、接受者、传播环境。① 那么，从儒学传播的角度我们可以作出以

① 丹尼斯·麦奎尔、斯文·温德尔著，祝建华、武伟译：《大众传播模式论》，上海译文出版社，1987年，第48—49页。

下的对应:

1)传播者:儒者和相关团体,如儒家书院、儒官、儒商、儒师、儒将等。

2)传播内容:儒学的精神和义理。

3)传播媒介:体现儒家精神的身教、言教、社会活动、仪式等。

4)接受者:社会成员。

5)传播环境:现实社会环境,接受者周围的人群和社会结构,尤其是体现儒家精神的个人、群体、场景和活动。

最早的传播理论比较忽视传播环境的影响,而现代传播理论越来越重视社会环境对传播效果的影响。在传播过程中,接受者对信息的理解、选择等,受到社会环境的强烈的制约和引导。比如,社会环境相当程度地决定了个人的利益预期。一般来说,人们最初的价值选择都是来源于模仿,来源于他们最熟悉的意义方向,来源于社会主流或社区主流价值方向。只有相当少的人因为各种机缘获得了较为充分的反省和批评的能力,才有可能以自我、理性为依据重新审定价值。大多数人的要求和利益是由社会来决定的。或者说,大部分人的生活意义和生活习俗是由社会来塑造的。

一定程度的群体化、社会化认同本身必然会显示出这一意义系统的强制性和模范性。由于这一价值的群体化,使得任一成员只要接收这一价值,也就意味着有一个群体可以成为他的知音。而且,荣誉及其精神受用在相当程度上依赖于社会化的认同。一个社会化的价值系统常常不是因为它指向真理而产生力量,而是因为其群体优势而形成强大的社会感召力。也许最后的信仰和精神是纯粹的、独立的,信仰最终会获得自我存在的根据。但我们之所以走上信仰之路,最初往往是与这种精神信仰相牵涉的社会化的强制性的力量和习惯性的力量所致。指望用纯粹的精神去直接唤起纯粹的精神是天真的。

儒家精神的传播必须有一个制度化、组织化的过程。应该积极建立具有鲜明儒家特征的组织,比如书院、各种社团等,并通过它们开展各种传播活动和社会、文化服务活动。儒学社会化的一个重要环节就是通过儒者、书院、儒家社团等实体及其活动形成一个儒家化的人文环境，这个环境不是脱离于现实社会之外的，而就是现实社会环境的一部分。儒学的社会化过程，很大程度上就是儒家人文环境的建造过程，这个环境建造得越深厚，同时越具有自我批评、自我转换的能力，这个环境就越具有生命力和感召力。

在这一过程中，有两个实体非常重要：儒者和书院。简论如下：

儒者。有儒家信仰并将其作实践性展开的人才是儒者。儒学研究人员不一定就是儒者。儒者不仅具备儒家精神，而且要在社会中力行这种精神，传播这种精神。不仅需要学者化的儒者，也需要，而且是更需要兼有其他社会职业和社会角色的儒者，如儒官、儒师、儒商、儒将等。这些社会化儒者的大量出现是儒教充分社会化的重要标志。目前，最需要的是传播儒学和致力于立教的儒者，这批儒者将是现代儒教的先行者。我们期待其中出现马克斯·韦伯所谓卡里奇玛式（Charisma）的领袖人物。这些人大都不会从学者中产生，更有可能在社会中产生，很可能从既具有一定学院背景又具有相当社会成就的人中产生。

书院。传统儒家书院在儒学的发展中曾起过非常重要的作用，宋明诸儒及其学派的形成，与书院的创立与讲习关系甚大。① 朱熹在《白鹿洞书院揭示－跋》中所说，“窃观古者圣贤所以教人为学之意，莫非使之讲明义理，以修其身，然后推己及人，非徒欲其务记览，为词章，以钓声名，取利禄而已也”，尤能体现书院的真精神。可见，民间书院的建立对讲研儒学，开发、传播儒学的真精神方面有莫大的意义。后来，如东林书院、张之洞创办的广雅书院、康有为创办的万木草堂书院等在文化史中都有相当重要的地位。民间书院不仅可以兴自由论学之风，不仅是一个学术实体，它还是一个社会文化实体，它可以成为一种文化传播和文化推动的基地，

① 马振铎、徐远和、郑家栋：《儒家文明》，中国社会科学出版社，1999年，第349页。

可以成为一种文化的象征，汇聚时贤，传播文化，贡献社会。

与现代学院相比，传统书院在今天有其不可替代的地位，尤其在当前民间文化急需振兴的时期。现代教育体制的学校和科研机构，擅长对象化的知性研究，而且分科化、功利化的气味很浓，很难形成一种以某种价值为主导的纯粹的精神氛围，更不必说由此铸成一种精神的脉络。当然，不能否认现代学院对于科学精神的存蓄是极其必要的。但是，在多元、开放的现代社会中，在官方和学院之外的民间，自由汇聚一些文化和精神的力量是必要的。官方的文化力量在于其稳定性，学院的文化力量在于其规范性，而民间的文化力量在于其自发性和纯粹性，三者可成鼎足之势。

就目前而言，重建儒家书院，使其成为讲研、交流、传播、培育后进、凝聚信念、社会服务的文化基地和文化象征，是开发儒家真精神，重建儒家道统（传续之统，而非一统之统），逐步开展儒学社会化的重要步骤。

（原载《儒学的现代性探索》，北京图书馆出版社，2002 年）

“现代之后”的儒学

——李泽厚的“四期儒学”

李泽厚深受马克思哲学和康德哲学的影响，并承续中国“实用理性”“乐感文化”“一个世界”“度的艺术”的哲学传统，逐渐建立其“人类学历史本体论”的哲学架构。人类学历史本体论以工具本体（科技—社会发展的外王）和心理本体（文化心理结构的内圣）为根基，阐释自由直观、自由意志和自由审美的人类主体结构，重视个体生存的意义归宿；以充满情感的“天地国亲师”的宗教性道德，范导自由主义理性原则的社会性道德，重建“内圣外王之道”；以情感、审美为本体解决散文化时代的个体生活依归，并最终确立天人合一、美乐悦神的天地境界。

李泽厚也称其人类学历史本体论为“儒学四期”，由于“儒学四期”着重解决现代化之后的人生归极问题，我们不妨视之为一种“现代之后”的儒学。

一、现代之后的思考

当代中国思想界一直处于现代立场与后现代立场的纠结，李泽厚也是横跨现代和后现代的思想人物。他是现代化的积极鼓吹者，有着强烈而迫切的现代性意识，其广泛的思想影响主要来源于此。可是，实际上他自己的“本真的”思想趋向是“后现代”的，即面向现代化之后的个体生存和心灵境界问题。

（一）拒斥超越：人类历史本体

李泽厚反对本源—万物、本体—现象、宇宙—人生的本体论逻辑，而强调哲学的起点不应是某一超越的本体或本源，而只能是“我活着”。“我活着”是一切的开始，然后有“如何活”“为什么活”“活得怎样”等问题。李泽厚的哲学基本视野是人类的、生活的，他拒绝在“我活着”之外讨论任何类型的超越的本体问题，无论是神、上帝，还是绝对、宇宙原理等。他认为，离开人的生活、人的感知，思辨地讨论超越的本体问题必然是独断的，是没有意义的，无论这个本体是抽象的、思辨的（可思不可感）还是实存的（可感）。李泽厚指出，毋宁说生活本身就是本体。他说：

> 不能把生活、现实、人生、语言归结为超验、先验或既定的范畴、程序、结构、逻辑。恰好相反，一切既定的程序、结构、逻辑以及语言、思维都是从这个“合理性”的活生生的经验生活中涌现和产生出来的。理性只是作为生活的“工具”即第二性的存在，才具有其价值和意义。①

李泽厚的本体概念不再是抽象的、思辨的、逻辑分析的存在，而是指向真实的、终极的实在或实存，这个最终的存在不是原子式的或是实体的，而是一个整体性的历史进程，是“以人与自然（外在自然与内在自然）的历史总体行程来作为一切现象包括‘我活着’这一体己现象的最后实在”。②

此理路是实证的、经验的，同时又是有机的、过程的、关系的，注重历史便是注重事件的关联性、连续性和过程性。在李泽厚看来，只有人的经验生活才是实在的，那么，只有人类经验存在的总体即人类历史总体才是终极的实在即本体。这是他的人类历史本体论的基本逻辑，在这一理论框架下，历史是绝对的。首先，一切个体都是历史的结果、产物，都是在享用历史、感知历史、预想历史的前提下生活。在这个意义上不是个体组成了整体，而是整体成就了个体。其次，一切存在自身也是一种过程、一种

---

① 李泽厚：《历史本体论·己卯五说》，第39页，生活·读书·新知三联书店，2003年。

② 同上，第19页。

变化、一种延续。最后,一切存在自身贡献给历史,成为更宏大的历史的一个部分、一个环节。每个生活的个体总是出生、生活、生存在一定时空条件的群体之中,生活在一定的历史链条之中,任何个体的、片段的存在都不是终极的存在,只有历史的整体才是最后的实在,才可称之为“本体”。

李泽厚反复申明,历史本体论不是超验的思辨哲学,它无意脱离人类生活、人类历史去建立某种玄学本体。这一历史本体不是某种抽象物体,不是理式、观念、绝对精神、意识形态等,它不能脱离每个“我活着”,当然它不就是每个“我活着”。其实,这里还是有一点“思辨”,即关于“整体性”或“总体性”的思辨。它隐含着关系优先于实体、过程优先于结构、整体优先于部分的立场,而且“历史总体”并不是一个经验的概念,而是一个思辨的概念,是一个较少形上学意味的思辨概念。历史本体论是一种反对唯理主义的生活本体论,它强调现实人生是真正的“最终所指”,它扎根于日常生活、日常感受之中。李泽厚说:“离开了心理的本体是上帝,是神;离开了本体的心理是科学,是机器。所以,最后的本体实在其实就是人的感性结构中。只是这结构是历史地建构起来,于是偶然性里产生了必然。”①李泽厚对普遍性(在历史过程中不断形成的社会性、公共性)、绝对性(人类历史总体意识的历史积淀)、必然性、先验(经验的历史积淀)、理性等都作了历史主义的解释,他概括为:历史成理性、经验变先验、心理成本体。李泽厚如此描述他的历史本体论:“历史不是上帝创造的,历史本身就是上帝。”

李泽厚的历史本体论与中国传统哲学的“天人合一”“体用不二”“实用理性”的理路一脉相承,历史本体论正是“一个世界”“体用不二”,正是不舍弃、不离开伦常日用和经验生活去追求超越、先验、无限、本体。所谓本体、道、无限、超越即在此当下的现实生活和人际关系之中,于有限中求

① 李泽厚:《批判哲学的批判》,第494页,安徽文艺出版社,1994年。

无限,即实在处得超越,在人世间获道体。历史本体论注重生活又不沉迷于生活,于日常生活中仍然求普遍、绝对、先验,只是不再作抽象的、玄虚的解释,而是作历史的、客观的解释。

(二)工具本体和心理本体

李泽厚认为,人类历史本体又可分为两个方面:一是客观的外在的方面,即工艺—社会结构,它指向人类的物质生活及与此相关的技术、制度等社会因素;一是主观的内在的方面,即文化—心理结构,它指向人的内在的主体结构和精神世界。人活着首先是物质资料的生产和使用,因此,使用一制造工具的实践是人的本体存在,是社会生活的基础。历史过程中的决定因素归根结底是人们的物质生活、衣食住行,而物质生活中的决定因素归根结底是生产力和科技。科技—生产力—经济越来越大规模地决定、控制甚至主宰人们日常生活以及政治、文化等。物质的社会力量或社会的物质力量,即人类掌握工具、科技进行生产活动的力量,是人类文明存在和延续的最后的、实在的、必然的力量。所以,人类历史本体首先是"工具本体"。

随着人类的历史进程,随着人的主体性的突显和不断的"人性化进程",人类历史的主观的、内在的方面即文化—心理结构的地位就越来越显著。李泽厚指出,在现代科技高度发展的社会,文化心理问题却愈来愈迫切而突出,不是经济上的贫困,而是精神上的贫乏、寂寞、孤独和无聊,将日益成为未来世界的严重课题。沿着康德哲学的架构,李泽厚认为心理结构主要表现为理性的内化(认识结构)、理性的凝聚(意志选择)和理性的积淀(审美能力)三个方面,它们落实在个体心理上,是以创造性的心理功能不断开拓和丰富自身而成为"自由直观"(以美启真)、"自由意志"(以美储善)和自由感受(审美快乐)。

李泽厚选择文化—心理结构作为自己的理论重点,其主旨不在于泛泛讨论人类的主体性问题和文化心理问题,更不在于对人类的理性结构作知识论式的学院式探究,而是关注理性在漫长的历史行程中如何内化、凝聚、积淀为感性生命(直觉、意志、审美),并最终落实到如何解决个体存在的意义归宿问题。在他看来,人的存在的本体状态或本真状态就是感性生命,而在"解决"物质生活、公共秩序等"现代问题"之后,根本的终极的问题就是人的心灵、境界问题。正是在这一"后现代"背景上,李泽厚可以充分、自如地吸收传统思想资源。

李泽厚无疑是中国现代化的积极倡导者,他非常强调启蒙、理性、科学、自由、民主、法治对于中国现代化进程的迫切意义,他也不断声明不能因为要弘扬传统而妨碍现代化的进程。不过,他自身真正的哲学兴趣则在于解决个人存在的"意义选择"和"终极关怀"问题,在于审美化的人生归宿。我们不妨把这一理路称为"后现代"的视域,因为从历史的生活的逻辑上,它是在解决了物质生活、公共秩序等"现代问题"之后的问题。李泽厚的思想一开始就蕴藏了这种"后现代"的理论方向。

(三)历史终结与后现代问题

李深厚肯定,从宏观历史来看,人类社会涉及人权、贫富、宗教、文化的严重冲突,将像历史河流中有过的壮观涟漪一样,最终将消失。这就是福山(Fukuyama)所谓的"历史的终结"。"于是那'最后的人'出现了:享有着物质供应的富裕,没有战争和革命的血腥,生活单调无聊,生命意义不可知晓。"①也可以这样说,现代化的主要问题是工具的改进、民主政制的完善、经济的增长、物质生活的进步。"现代问题"的解决就是所谓"历史的终结",它意味着解决了人"如何活"的问题;随之而来的将是"后现代"的"无聊人生"。李泽厚说:

> 全世界达到温饱小康之后,不但人的精神需要、文化需要愈益突

① 李泽厚:《历史本体论·己卯五说》,第235页。

> 出，而且维系社会存在和推动社会发展的动力也愈来愈不大取决于或依赖于物质生产和社会必要劳动时间，而将取决和依赖于人的精神生产和自由时间。……人类和个体的重心会自觉地放在“完善人自身”这方面来。①

人类将进入一个“散文化”的时代。由此，“如何使每个个体的身心、潜能全面而健康地开发成长和实现，就要提上日程。……教育学——研究人的全面生长和发展、形成和塑造的科学，可能成为未来社会的最主要的中心学科。”②

进入这样所谓“散文化”的时代，“心理本体”将取代“工具本体”，成为注意的焦点。个体的主体性日渐增强，人类的命运越来越由自己去决定，每个人都可以参与创造、影响总体的历史，“人活得怎样”的问题日益突出。这是温饱、自由之后，个体如何选择活法、个体如何成为自身的问题。为了简便起见，我们笼统把物质生活、科学技术、公共秩序等涉及基本生存的物质生产、公共秩序等问题称为“现代问题”。依据李泽厚的思想构架，在“现代视域”中就是工具本体的问题，而在物质生活（经济）、科学技术（工具）、公共交往（政治）等基本问题之后，就是个体的意义选择、生存归宿问题，我们称之为“后现代问题”，在“后现代视域”中就是心理本体的问题。

这是我们在此所说的“现代”与“后现代”概念，它与时下说的现代及后现代观念有一定的关联，但切不可混同。

（四）中国的现代化：西体中用

李泽厚肯定文化的发展会呈现前现代—现代—后现代的三阶段式的递进。在此，他拒绝绝对的文化相对主义，明确主张物质文明有其进步与

---

① 李泽厚：《哲学答问录》，载于《批判哲学的批判》，第509—510页。

② 李泽厚：《哲学探寻录》，载于《世纪新梦》，第17页，安徽文艺出版社，1998年。

落后的共同的客观尺度。人毕竟不是神，而是感性物质的现实存在物，人要生活就必然有某种向上的欲求和意向，因此就仍然有一种普通必然的客观历史标推。文化发展既有世界性的普通共同趋向和法则，同时又有其多元化的不同形态和方式。他认为，中国目前的迫切使命是现代化，而西方正在走出现代化，应该充分注意到中国与西方正处于不同的“历史时间”。李泽厚明确主张，中国现代化的主要进程应该是“西体中用”，它的一个含义就是以西方的现代性文化（西体和西学）为主体、本体实现在中国的应用。

这个“体”不再是什么抽象、玄虚的本体，而是社会存在、日常生活。真正的“体”不是观念形态，甚至也不是政经体制，而首先是社会生产力和生产关系。所谓现代化，首先是要改变这个社会本体，即小生产的经济基础、生产方式和生活方式。“现代化”不等于“西方化”，但现代化又确乎是从西方开始，从根本的方面——发展现代大工业生产的方面说，现代化就是西方化。这就是“西体”的意思。① 如果说物质生产、政经体制是“体”，那么相对应的科学、理论、观念就是“学”。中国的现代化不仅要学习西体，而且要吸收、消化西学。他说：

> 如果承认现代大工业和科技也是现代社会存在的“本体”和“实质”，那么，生长在这个“体”上的自我意识或“本体意识”的理论形态，即产生、维系、推动这个“体”的“学”，它就应该为“主”，为“本”，为“体”。这当然是近现代的“西学”，而非传统的“中学”……这个“西学”当然包括马克思主义……同时，“西学”也不只是马克思主义，还有好些别的思想、理论、学说、学派，如科技工艺理论、政经管理理论、文化理论、心理理论等。我们今天的意识形态、文化观念以及上层建筑便应输入这些东西，来作为主体作为基本作为引导。西方

① 参见李泽厚：《中国现代思想史论》，第333页，安徽文艺出版社，1994年。

> 自培根到康德，自文艺复兴到十九世纪，启蒙经历了数百年的历史，中国的启蒙行程还如此短暂，它在观念体系上彻底摆脱中世纪封建传统，就不是容易的事情。特别是与西方宗教相比，中国的伦理纲常由于有理性的支持，从中解放出来，就更为艰难。①

李泽厚同时指出，“学”的吸收、消化必须以“体”的改变为前提。“就中国来说，如果不改变这个社会存在的本体，则一切‘学’，不管是何等先进的‘西学’，包括马克思主义，都有被中国原有社会存在的，‘体’——即封建小生产经济基础及其文化心理结构即种种中‘学’所吞食掉的可能。”②此是“学”不能离“体”，另一方面是“体”不能离“学”。现代化不仅涉及技术、制度等现实的社会存在，同时涉及相关的知识、观念、理论和意识形态。现代化光有经济改革是难以奏效的，必须有政治体制（上层建筑）和观念文化（意识形态）的改革来相辅相成，现代化才有可能。“西体中用”的现代化过程，不仅需要文化观念意识，也需要经济体制意识、社会存在意识，现代化进程必须是文化、体制、经济诸层面的系统性的互动和推进。

李泽厚基本上把“现代化”描述为“西化”，同时强调“西化”的整体性。他的立场很明显，传统与现代化是基本冲突的，或者至少说传统对现代化基本上没有多少正面的、积极的意义。在“西体中用”的现代过程中，传统只是一个接收批判、被动适应、自我调整的角色，当然更谈不上占有主导地位了。他说：

> 要用现代化的“西体”——从科技、生产力、经营管理制度到本体意识来努力改造“中学”，转换中国传统的文化心理结构，有意识地改变这个积淀。……改变、转换既不是全盘继承传统，也不是全盘扔弃。而是在新的社会存在的本体基础上，用新的本体意识来对传统

① 李泽厚:《中国现代思想史论》，第336页。

② 同上，第333页。

> 积淀或文化心理结构进行渗透，从而造成遗传基因的改换。这种改换又并不是消灭其生命或种族，而只是改变其习性、功能和状貌。①

在此，对于中学，李泽厚体现出鲜明而彻底的批判意识，而对现代化，中学甚至可以作出“遗传基因”的彻底性转换。在这一进程中，“‘中学’应作为实现‘西体’的途径和方式”，“中学”的积极意义就在于为“西体”服务，“中学”在为“西体”服务的过程中实现自我更新、自我更换。

李泽厚同时提到，中国当下迫切的文化使命是现代化，应该特别注意避免传统与西方后现代文化结合起来，以反抗现代性的理由来阻碍现代性的建立。比如，工具理性的充分发展是西方建立现代社会的一个前提，中国进入现代社会需要它，前提尚未确立就加以批判那就很危险，就会变成民族浪漫主义而走向保守，与顽固派殊途同归。现在更需要科学理性，而不是海德格尔、德里达那一套；“社会公平”的旗号很漂亮，但是不适时就成为贫困平均化的帷幕和反对经济发展的借口。西方学者提出“反抗现代性”有一定道理，但中国的市场经济刚刚起步，现代化进程刚刚开始，现在就提“反抗现代性”会造成本末倒置。由于前现代（传统）与后现代在表面上有许多相似之处，就更要注意避免将后现代与前现代混同起来。现代与后现代尽管在表面上有些不同，在实质上却更为相通和接近。对于现代化，传统具有两种危险性，一是它作为一种顽固的、滞后的思想意识形态来阻碍现代化进程；一是它可能跟随西方后现代文化语境，打扮成后现代性不合时宜地批判仍相当虚弱的现代性。

（五）传统的“后现代”价值

从上述言论来看，李泽厚具有鲜明甚至犀利的现代化立场。可是，他显然不满足于仅仅做一个易被人们认为不合时宜、浅薄的现代主义者，何

---

① 李泽厚：《中国现代思想史论》，第 337 页。

况，他的思想脉络中一开始就蕴含了某种“后现代”倾向。这一点最终导致李泽厚思想横跨现代和后现代两大问题体系，他试图对两大问题都提供较完整的解决方案。当然，他的哲学重点还是在后者。

后现代的意义有两种：一是在现代化过程中范导现代性的建设，尽可能防止现代性孤进的负面因素；一是在现代化之后的文化建设。目前，李泽厚首先强调在中国的现代化进程中要“高瞻远瞩地注视后现代化的前景”，因此，传统可以具有某种“后现代”价值。他说：

> 在商品经济所引起的人们生活模式……改变的同时，在改变政治化为道德而使政治化为法律的同时，在发展逻辑思辨和工具理性的同时，却仍然让实用理性发挥其清醒的理知态度和求实精神，使道德主义仍然保持其先人后己、先公后私的力量光芒，使直觉顿悟仍然在抽象思辨和理论认识中发挥其综合创造的功能，使中国文化所积累起来的处理人际关系中的丰富经验和习俗，它所培育造成的温暖的人际关怀和人情味，仍然给中国和世界以芬芳，使中国不致被冷酷的金钱关系、极端的个人主义、混乱不堪的无政府主义、片面的机械的合理主义所完全淹没，使中国在现代化过程中高瞻远瞩地注视后现代化的前景。①

在此，李泽厚完全处于批判现代性的立场，他已不再提示过早地反抗现代性的危险，而是指明现代性孤军深入的危害；市场经济会导致“冷酷的金钱关系”，强调个人权利会导致“极端的个人主义”，工具理性的发展会导致“机械的合理主义”等。他设想在现代化过程同时具备一种“高瞻远瞩的后现代化视野”。

从“西体中用”到“后现代化视野”，李泽厚给我们提供了一个较完备的现代化建设的理论方案。不过，这两种讨论之间存在着相当的张力甚

① 李泽厚：《中国现代思想史论》，第338页。

至是冲突，其中之一就是：在“西体中用”的视野里，需要谨慎地批判现代性；而在“后现代化”的视野里，就需要彻底地批判现代性。我们现在既要建设现代性，又要批判现代性，这里确有个“度”的问题。

无论如何，在质疑、批判现代性的方案中，传统有着自身不可替代的文化价值。这一价值的基本方向是“后现代”的，即对现代性的批判和调整。在李泽厚这里，我们可以看到如实用理性如何容纳、消化逻辑思辨和工具理性；道德主义如何保持先人后己、先公后私的道德力量；传统道德如何保持温暖的人际关系；直觉顿悟如何保持综合的创造优势；乐感文化如何保持即凡而美的人生境界等的传统智慧。

“使中国在现代化过程中高瞻远瞩地注视后现代化的前景”确是一个完美的方案，但它目前不是一个现实的、具备相当可操作性的方案。李泽厚在此从一个现实主义者变成了一个浪漫主义者。现代化和后现代化之间的纠结确实是对中国现代化的严峻考验，而试图将现代化与后现代化“一揽子综合解决”的设想近乎于一种乌托邦。我们在相当程度处于前现代阶段，既缺乏“高瞻远瞩”的精英阶层，更缺乏与之匹配的政经体制和社会基础。实际上，李泽厚已意识到问题的复杂性和阶段性。他说：

> 真正吸收和消化西方现代某些东西来进一步改造学校教育、社会观念和民俗风尚，以使传统的文化心理结构也进行创造性的转换，便是一个巨大课题。之所以巨大，正是因为这种转换既必须与传统冲突（如历史主义与伦理主义的矛盾），又必须与传统相接承（吸收伦理主义中的优良东西）。①
>
> 仁学结构也许能够在使人们愉快而和谐地生活在一个既有高度物质文明又有现实精神安息场所这方面，做出自己的贡献？以亲子血缘为核心纽带和心理基础的温暖的人情风味，也许能使华人社会

① 李泽厚：《中国现代思想史论》，第50页。

> 保存和享有自己传统的心理快乐？……所有这一切都只有当中国在物质上彻底摆脱贫困和落后，在制度上、心理上彻底肃清包括仁学结构所保存的小生产印痕和封建毒素（这是目前主要任务）之后，才也许有些可能。①

传统的后现代价值只有在现代化基本完成之后才能充分展示出来，而且只有经历了完整的“现代化洗礼”之后的传统才具备批判现代性的资格。在现代化过程中，传统实际上得到了一个自我调整、自我升华的机遇。所以，李泽厚提出，经过转换的中国传统哲学中的“天人合一”精神不再是基于农业生产的“顺天”“委天数”，而是以近代大工业征服自然、改造自然之后所产生的人与自然崭新的客观关系为基础，是注意到在控制、征服自然的“同时和稍后”，有一个人与自然相渗透、相转化、相依存的巨大课题。这才是“天人合一”古老命题所具有的现代意义。②

二、四期儒学

将李泽厚的思想分成前后两期会显得过于生硬，我们可以将其思想分为两个层面：一个是中国现代化的层面，它的中心思想是“西体中用”。理论中心是工具本体、社会本体、实践本体；另一个层面是现代之后的文化整合，其中心思想就是“四期儒学”，核心是传统儒学的深层结构如何经由现代性实现其创造性的转化，哲学的中心在心理本体、情感个体、审美本体。

李泽厚对儒学的接收和解释，受到唯物史观、康德哲学、存在主义和后现代精神的多重影响。由于唯物史观的影响，他注意到儒学文化心理结构的形成实际上是一个漫长的深层结构（情理结构、心理本体）与表层

---

① 李泽厚：《中国古代思想史论》，第33页，天津社会科学出版社，2003年。
② 同上，第304—305页。

结构(政经体制与社会日常生活、工具本体)互动的过程。近现代以来,由于表层结构的崩塌,儒学的深层结构也要面临实质性的转换。由于受到康德哲学的影响,李泽厚注意到人的主体性结构尤其是审美主体,这对他的哲学发展是具有奠基性的影响。因此他越来超重视文化心理结构对于人的存在的本体地位,这也决定了他注重从情理结构、心灵境界方面来解读、重建传统儒学。

(一)儒学四期说

“儒学四期说”是针对儒学三期说而提出的。儒学三期说是由牟宗三、杜维明等提倡,以心性论为儒学道统,只承认孔孟、宋明理学与现代新儒学的正统地位。李泽厚则认为,以心性之学来概括儒学失之片面,它明显抹杀了荀学、汉代儒学的历史地位。如果把儒学仅仅视作心性道德的形而上学,那么就只能发展为某种相当狭隘的宗教性的教义,而无法适应内容复杂丰富的现代生活。

在理论层次上,李泽厚指出现代新儒学有两个深层的理论困难:一是“内圣开外王”,一是“超越而内在”。李泽厚认为,如果心体性体像牟宗三等说的那么神圣、完善,又何须科学和民主来干预和参与呢?传统的心体性体(内圣)与现代社会的民主和科学(外王)又有多大关联呢?现代新儒学与宋明理学一样面临“内圣学强,外王学弱”的思想困境。

在李泽厚看来,“内在超越”说的问题更为严重。“超越”属于“两个世界”(天堂与人世、理念世界与现实世界、本体与现象)思想架构的产物,“超越”者是独立自足、永恒自在的,这个世界来源于它,依附于它。它与中国传统的“天人合一”“体用不二”的“一个世界”迥不相同;既“内在”又“超越”会导致本体二重性的理论矛盾。比如,在宋明理学中,“‘仁’这个理学根本范畴,既被认作‘性’‘理’‘道心’,同时又被认为具有自然生长发展等感性因素或内容。包括‘天’‘心’等范畴也都如此:既是理性的,又是感性的;既是超自然的,又是自然的;既是先验理性的,又是现实经验的；既是封建道德，又是宇宙秩序……本体具有了二重性。这样一种矛盾，便蕴藏着对整个理学破坏爆裂的潜在可能”。① 这种破裂在王阳明及其后学中得以充分地显露。“王阳明哲学中，‘心’被区划为‘道心’（天理）‘人心’（人欲）。‘道心’反对‘人心’而又须依赖‘人心’才能存在。……因为‘道心’须通过‘人心’的知、意、觉来体现，良知即是顺应自然。这样，知、意、觉则已带有人类肉体心理性质而已不是纯粹的逻辑的理了。”②王学日益走向感性化，只要纯任自然、率性而为即是道，不再是伦理即心理，而是心理即伦理。仁既是绝对命令，又是恻隐之心；既是道德本体，又是自然感性；既是绝对超越，又是自然内在，其结果极有可能走到“自然人欲论”。心学最后的发展正是走向朱熹所反对的“认欲为理”。朱熹所追求的“天理”的崇高和威严完全丧失了。

李泽厚以西方式纯粹外在来界定“超越”，这样的“超越”当然不能完全“内在”。可是在现代新儒学那里，问题要复杂得多。现代新儒学的超越主要是“普遍的超越”，而不是外在的、理想的、纯粹的超越，在一种泛灵论的理论模式中，“内在超越”说至少在逻辑上是没有问题的。心学的本体（无论是王阳明还是牟宗三）并非理型的、原理性的，而是即存有、即活动的实存。另外，即使是纯粹外在的、理性式的超越也可以有某种程度、某种方式的“内在化”，从而与现实世界、感性世界发生某种关联。“超越”与“内在”“本体世界”与“现实世界”“先验”与“经验”“理性”与“感性”并不是不能发生关联。

宋明心学和现代心学的本体的“二重性”问题可以理解为既“完美”（本体）又“现实”（当下即是），它所导致的不是逻辑的矛盾，而是与经验事实不符的虚幻性。既是道德的又是感性的、既是自在的又是遍在的，在逻辑上并不矛盾，它所带来的问题：一是无法解释恶，二是道德本体的自

① 李泽厚:《中国古代思想史论》,第 227 页。

② 同上,第 231 页。

然化、直接化最终会取消了道德。如果过分强调道德本体的内在性、直接性,不仅忽视了道德认知和道德理性对于感性的引导和规范作用,而最终会导致自然欲望伦理化的结果,也就失去了自然欲望与伦理道德之间的界限。真实的道德最终要体现为情感是一回事(道德须率性),而一个人所有的情感体现即是道德的完全是另外一回事(率性即道德)。

再回到纯粹、外在、完美的“超越”,这样的“超越”概念确实与传统的“一个世界”的思维模式不同。如李泽厚所说,现代心学由于强调心体性体的内在化,道德本体就很难具有外在超越的神圣和威严,“没有那个可敬畏的上帝,又能超越到哪里去呢?”李泽厚也承认中国传统文化心理结构确实缺乏西方文化心理那种内在的张力(灵与肉、善与恶等的冲突),可是他似乎并不打算吸纳这种张力。他自己最后还是皈依中国传统的天人合一,当然不再是人性善的模式,而是从情感意识、审美意识切入。

李泽厚认为,现代新儒学无论在理论框架上、思辨深度上、创造水平上,都没有超出宋明理学多少,也没有真正突破的新解释。他们也没能解决道德本体的“二重性”问题,也没有对现代文化社会问题有多少真正的回应。现代新儒学用繁复的理论、高玄的学问来大讲儒学是生命之学、实践之学、修养之学,实际上却无关于自己的生命、实践、修身、道德。这种生命之学又有什么意义呢?现代新儒学至多只是宋明理学在现代的回光返照,构不成一个新时期。儒学真要复兴,还得另辟路径。李提出“儒学四期说”:孔孟荀为第一期,汉儒为第二期,宋明理学为第三期,现代或未来的发展则是第四期。现代新儒学则归属于第三期,可称之为“现代宋明理学”。

(二)儒学四期的文化课题:新内圣外王

按照李泽厚的说法,儒学四期的“间接源起”就是它要面对的问题。在牟宗三那里,三期儒学要解决中国传统文化花果飘零的问题,要解决依据传统如何开出“新外王”的问题。而在四期儒学,问题意识已发生重大的转换，四期儒学充分意识到传统对现代化没有多少正面的、直接的积极意义，已肯定现代化的过程是一个"西体中用"的过程。在此，已没有对传统文化"一本性"的诉求，也没有依据儒学立场构建新文化系统的宏大构想。儒学对于西学、现代化的挑战不是如何基于儒学开出现代性如民主、科学等，而主要是基于现代性的批判意识，基于一个更有整合性、完整性的理想，来回应现代化、科学民主，参与建设一个更完善的社会文化心理。李泽厚说：

> 所谓儒学命运便不但取决于表层结构能否应对近代西方科学、民主等挑战，更取决于深层结构上现代西方以其深刻的个人主义、悲观主义、反理性主义（如弗洛伊德学说、海德格尔哲学、基督教等）迥然不同的精神、传统和情理结构对华夏本土的文化心理发出了质询、征讨和否定。它们所否定的不只是表层结构的儒学学说，不只是那些伦常政教体制，而更是积淀在深层结构中以"儒"为主的"一个世界"观的华夏传统。①

儒学获得真正生命力的要点已不再是它如何贡献于现代化进程，而应是着重应对现代化之后的文化心理问题；它回应西方的重点已不是表层结构，而是文化心理的深层结构。当然这是一个漫长的历史过程，首先是实现"现代性的转换"，它是"让现代生活的理性体系和价值规范作为风俗习惯在日常生活中逐渐沉积，以改变原有积淀，为转换性地创造新时代的深层结构而努力"。它的最终目标是"以建立未来的人性为鹄的，通过教育，来逐渐既保存又改换传统的情理深层结构"②。

儒家深层结构转化的首要内容是现代性的奠基。比如在构建"现代社会性道德"的过程中，由于它是以现代理性精神、契约原则为基础，要求严格区分理性与情感、公共道德与个人修养，一方面就需要引入个体权

① 李泽厚：《历史本体论·己卯五说》附录一《初拟儒家深层结构说》，第281页。

② 同上，第282页。

利、人格、契约、自由等一系列观念思想，一方面要对传统儒家情理不分、家国不分、公私不分等进行批判。在认可、理解、吸收这种转化之后，儒学的深层结构可以做出创造性的回应，比如可以在严格区分情、理和以理性的法律为准绳的转换中，考虑如何重视人间和睦、人际关怀，如何重调解、重协商而并不一切均诉诸冷冰冰的是非裁定或理性法庭。

儒学四期实质上是一种后现代境遇下的儒学重建，因为“资本主义的散文时代”在中国已经开始到来。此时，没有战争，没有革命，没有“宏伟叙事”，人们平淡度日，走向个人主义不快乐的颓废。人们无所希冀，无所追求，人生的意义变得不清楚了。在现代世界里，人淹没在物质、功利、机器、技术、传媒、广告、政府、体制、国家的网络之中，渺小的个体无法对付强大的异化力量，个体自由实现和自由创造的问题将突显出来。李泽厚认为，如果说第一次文艺复兴是从神的统治下解放出来，确认了人的感性存在：第二次文艺复兴则盼望人从机器的统治下解放出来，再一次寻找和确认人的感性自身，重新“认识自己”“关切自己”“实现自己”。因此，儒学四期以情感为本体，思考如何在深刻的情感联系中充分展开个体独特的潜能、才智、力量、气质、性格，“使人的生活目的、命运寄托、灵魂归依置放在这个有限而无界的感性世界和情感生命中”①。

总之，儒学四期思考儒学是否可以提供一种参考系统，为创造一个“温暖的后现代文明”建设新的“内圣外王之道”，即如何“由某种乐观深情的文化心理结构面开出和谐健康的社会稳定秩序”②。

（三）儒学四期的纲领

李泽厚设想儒学四期的风貌是多元化、多样化的，至少有政治哲学、道德哲学、宗教哲学、美学哲学等不同的取向，他最终选择了超道德的即

---

① 李泽厚：《历史本体论·己卯五说》，第154页。

② 同上，第287页。

宗教即审美的思想归宿。他认为，如果说原典儒学的主题是礼乐论，汉代儒学的主题是天人论，宋明理学的主题是心性论，那么第四期儒学的主题是“人类学历史本体论”，其基本范畴是自然人化、积淀、情感、文化心理结构、两种道德、历史与伦理的二律背反等。个人将第一次成为多元发展、充分实现自己的自由人。总括起来，“儒学四期说”将以工具本体（科技—社会发展的外王）和心理本体（文化心理结构的内圣）为根本基础，重视个体生存的独特性、阐释自由直观、自由意志和自由享受，重新建构“内圣外王之道”，以充满情感的“天地国亲师”的宗教性道德，范导自由主义理性原则的社会性道德，来承续中国“实用理性”“乐感文化”“一个世界”“度的艺术”的悠长传统。①

儒学四期的核心线索是以“情本体”为根基，试图解决现代化之后个体生存意义的归宿问题，其主体内容是承续“实用理性”“乐感文化”的文化传统，着重建构“天地国亲师”的宗教性道德，并最终确立天人合一、美乐悦神的人生境界。在此，我们主要讨论其“两种道德”和“审美本体”的思想建构。

三、社会性道德与宗教性道德

儒学四期如何处理道德问题将是它的理论关键。儒学四期的基本线索是首先确认现代性的“社会性道德”为基础，再尝试建立“天地国亲师”的宗教性道德，最终是走向超道德的美乐悦神的天地境界。

（一）社会性道德

李泽厚所谓“社会性道德”，准确地说是“现代性社会道德”，主要是指“在现代社会的人际关系和人群交往中，个人在行为活动中所应遵循的

① 李泽厚：《历史本体论·己卯五说》，第155页。

自觉原则和标准”。由于现代大工业社会的来临，社会存在的“本体”（工具—社会本体）发生了改变，对传统社会造成了极大的挑战，社会观念与社会秩序不得不与之相适应。今天的中国人在现代经济发展中，已经有意或无意识地在突破“公德”与“私德”含混不分的传统状态，而追求建立适合现代要求的“社会性道德”。李泽厚认为，现代社会性道德的基本内涵是：

1. 现代社会性道德以个体为单位，为主体为基础。现代社会性道德的个体是抽象的个人和虚幻的“无负荷自我”，每个个体在权利上是平等的、神圣的。

2. 现代社会性道德的交往秩序建立在个体、私利的契约之上。它遵循个人主义、自由主义的基本原则，以契约、法制为运作程序。它的核心理念是“平等”“公正”（权利和义务之间的均衡）。

3. 现代社会性道德建立在公共秩序、公共社会之上，它是每一个公民必须遵守的基本行为规范，它的基本内容是承认其他利益主体，遵守法律，遵守公共规则。

李泽厚认为，随着形式正义、程序第一、个人利益基础上的理性化的社会秩序在发达国家中历史性地建立和稳定，这些现代社会性道德的基本命题随着历史经济的进程日益广泛地在全世界传播开来，这一点也将成为中国走向现代化的必经之路。① 现代性社会道德是现代性建设过程中的重要环节，它是一种普世性道德，是现代世界各社会、各地域、各国家、各文化中人们基本的行为规范、生活准则。中国在这一现代化过程中，传统道德须经受来自现代性道德的批判，并逐步建设现代性社会道德。

（二）宗教性道德：人类总体与道德本体

“社会性道德”的权义逻辑应该是：每个人的权利只有在一个公正的

---

① 李泽厚：《历史本体论·己卯五说》，第63页。

社会秩序中才能得到保障,遵守公共秩序、维护社会公正就是每一个公民的责任和义务。李泽厚认为,“社会性道德”只是出于某种公共理性,只具有实现某种社会秩序、人际协调的意义,而不具有绝对的、超越的意义,与之相对的应该是一种“宗教性道德”。“宗教性道德”相信并竭力论证存在一种不仅超越人类个体而且也超越人类总体的天意、上帝或理性,正是它们制定了人类所必须服从的道德律令或伦理规则。① 在这样的理解中,道德不仅是“人间秩序”而且是“天地秩序”,道德实践不仅是遵循公共秩序,而且具有安身立命的意义。“社会性道德”是一种相对主义伦理,在不同的历史条件下,在不同的社会环境下,就有不同的社会公共伦理;“宗教性道德”则是一种绝对主义伦理,它把个人的安身立命放置在这个绝对律令下,取得安息、安顿、依存、寄托。

李泽厚认为,在现代社会中,对个体必须有“社会性道德”的规约,而不能有例外;对个体可以有“宗教性道德”的期待,却不可强求;一个是最高纲领,一个是最低要求;一个是私人选择,一个是公共规范;一个是范导原理,一个是构造原理。② 他主张,“宗教性道德”是理想性的绝对伦理,纯属个人信仰范畴,个人可各自选择,任何社会社群、集体都不能以绝对伦理的名义来规定个人信仰。

随着现代化的进程,道德的世俗性日渐显露,世俗社会的人际秩序已不可能再依靠宗教性道德来维持。现代社会有必要建立一种不再基于神圣根源的世俗道德或公共理性,也就是李泽厚所谓的“社会性道德”。在这个意义上,现代社会需要一个独立的充分展开的“社会性道德”。李泽厚认为,在中国传统中,宗教性道德与社会性道德始终没有分开,天道与人道相连。在哲学上,中国人只讲超越(超出有限个体),不讲超验(超越人类经验),人类的经验与一切信息相贯通,也与一切神秘相贯通。这就

① 李泽厚:《历史本体论・己卯五说》,第51页。

② 李泽厚:《哲学探寻录》,载于《世纪新梦》,第18—19页。

是由巫史传统而来的“宗教、政治、伦理三合一”的状态。他指出,一方面宗教性道德不能去主宰社会性道德而阻碍了社会性道德的充分发展;同时,另一方面也要注意到社会性道德只是最低要求,它不能满足个体自由的实现,也不能满足个人精神的终极关怀。因此,“社会性道德”与“宗教性道德”恰好构成了道德实践的两个重要层面;一是实践公共秩序而成为一个理性的公民,一是通过自我选择实践终极关怀而完成个体精神的实现。

值得注意的是,李泽厚对宗教性道德完全放弃了“神秘主义”的解释,而是根据其历史主义和情本体的立场,着力对宗教性道德的神圣性做理性的、历史性的解释。他认为,宗教性道德基本上源起于一定时空内的某种社会性道德。社会性道德本是维系群体人际关系的原则、准绳,它不断演化、适应变化,可以凭借某种伟大人物的行为、言语赋以超越这个世界的神圣性质。由此,世间的习俗、经验、法规被戴上神秘光环,成了神圣教义,一定时空内的某种社会性道德,被提升为“普通必然性”的天理,成为信仰、情感的最终依托。中国“礼源于俗”的历史即是宗教性道德源起于社会性道德的显露。具有神圣性、普遍必然性的中国礼制就是以民间经验性习俗为来源,从汉儒制定天人感应的神圣图景,到宋儒以先验天理、良知来宣说人际的伦常纲纪,都是将社会性道德的经验内容塞入宗教性道德的超验形式,以成为普遍必然、神圣崇高的绝对命令。道德的神圣性仅有伟人的“点示”和“赋义”还不够,它还要求经验性的情感、信仰、爱敬、畏惧来支持。人们可以通过各种仪式性的活动、举止和组织并重复进行,来传播、加强、巩固各种神秘的体验和情感。这就是一个心理积淀的过程。

上述言论只是李泽厚对过往历史的一种解释,更为重要的是,李特别从“人类历史总体”的概念出发,试图重建一种道德原则的绝对性。在漫长的人类历史进程中,总有一些普遍的绝对的伦理原则如“不杀人”“不说谎”等,那么,这些普遍的绝对的伦理原则的根据究竟是什么呢?宗教说它来自上帝,理学家说它是天理,康德说它是先验理性,而人类学历史本体论则认为它来自人类历史,来自“无限延长的人类总体”。李泽厚认为:“‘实践理性’‘绝对律令’之所以具有至高无上的地位,它之所以高于一切,不仅高于个体存在,也高于任何群体、民族、阶级、社会、时代的延续和利益,高出任何具体的历史事件和人物,正因为它所代表的是人类总体的生存。”①“不说谎”“不自杀”等规范正是人类作为维系其生存和延续在一般情况下不可或缺的基本要求。人没有锐爪、强臂、利齿、巨躯而现实地和历史地活下来是极不容易的,在人的历史经验中,人们会强烈感受到人的群体生存和个体生存是同一的。在这个意义上,人的群体伦理也具有终极的存在意义和价值。群体道德、群体合作,尤其是某些基本原则的绝对性,正是来源于在漫长历史中积淀下来的生命意识和人类整体意识。

基于历史主义的立场,李泽厚主张先验来自经验的积淀,那么,绝对伦理是来自相对伦理的、历史的积淀。他不承认有某种神秘的感召、启示、命定,也不承认有超验的宇宙原理,而是相信道德本体的认定是由于历史的文化心理积淀,或是对人类历史总体的深层意识。他认为,康德的重要贡献在于把人的伦理行为这一理性主宰的特征,以“绝对命令”的崇高话语表达出来,并以之为超越因果现象界的先验的普遍立法原则,并主张这一绝对原则与个体的经验和情感无关,它是纯粹的理性原则,而不杂有任何感性的内容。这样一来,康德的伦理学具有极高的神圣性,却很难有具体的操作性。李泽厚认为,“人类总体”既是本体,又是现象,人类学历史本体论试图建立的是以真切的经验性的情感为根基的普遍性道德,他说:

如果将中国儒学的“仁”灌注于伦理的理性本体,就可为操作性

① 李泽厚:《历史本体论·己卯五说》,第255页。

奠立基础。这即是将“天理”落实到人情，将理性情感化。传统儒学或以“天心为仁”（汉），或以“仁”为“爱之理”（宋），从而落实为等差亲疏的人际关系和情感关系，由近到远，由家而国，由乡土及四海，形成“仁仁亲民、泽及万物”的一个有机世界。但由于这是以“人类总体生存延续”为基础，将经验性的仁爱输入实践理性，便并不丧失后者的普通必然的神圣性，即伦理道德仍然不是以经验性的仁爱而毋宁是以“人类总体的生存延续”这一理性的“绝对律令”为出发，为道德感情的根源。……“人类学历史本体论和中国‘乐感’的儒学传统，由于‘一个人生’的背景，本体即在现象中，并由此现象而建立。没有超越的上帝或先检的理性，有的只是这个‘人类总体’，它是现象，又是本体。从而‘绝对律令’等作为文化心理结构，必须与特定时空条件下的经验‘现象界’相联系相贯通，并由之塑造、积淀而来。”①

从个体心理状态来说，宗教性道德行为的心理呈现是一种极度的情感体验和心灵境界。李泽厚认为，从心理上，道德是一种理性对感性的自觉的、有意识的主宰、支配，道德意识的形成因此是一种“理性的凝聚”。同时，任何理性原则并不脱离感性存在，理性的凝聚又要经过相当程度的经验的、情感的磨炼。上古的礼乐、孔子的归“礼”于“仁”、孟子的“养气”“持志”，到宋明理学朱熹的“格物致知”、王阳明的“致良知”、刘宗周的“诚意”等，都强调经过艰苦的道德锤炼以建构理性凝聚的心理形式。这种理性凝聚逐渐形成一种强大的心理力量，超越了个体的幸福、经验、利害，成为康德所说的“绝对律令”和中国传统中所谓的“天理良知”。

正是由于这样的心理积淀，个体在履行宗教性道德行为中，其内在心理境界会超出狭隘的经验范围，具有某种独立自足的强大的神圣的精神

① 李泽厚：《历史本体论·己卯五说》，第258—259页。

力量。“谁能不为耶稣上十字架,孔子‘知其不可而为之’,以及屈原的执著、文天祥的刚毅、岳飞的勇敢,以及鲁迅的硬骨头,而感到如康德所谓的‘道德律令在我心中’那种唯人独有可与日星辉映的庄严神圣?!”①宗教性道德情感“常常显示出人的崇高、尊严,显示出人之不同于动物,不同于仅满足于感性快乐、世俗幸福之中的人的‘真正的’主体所在”。人由此而获得一种终极的心理体验,可以如醉如痴地沉浸其中而感到快乐无比。它是一种神圣的精神实现,而不同于一般的感性快乐和世俗幸福。

李泽厚为我们构画了一个以“人类历史总体”为根源,由长期历史积淀而形成某种宗教性道德情感的道德图景。这与牟宗三的道德形上学迥然不同。牟宗三的道德本体具有强烈的神秘性和独断性,其道德本体甚至还有一般存在论的意味;而李泽厚用“人类历史总体”来解释道德的绝对根源当然是反形上学、反独断论的,他不承认任何超越的绝对性的存在,而谨慎地用经验、实用、历史来解释一切。当然“历史总体”不是一个彻底的经验概念,它仍需要某种“逻辑想象”。

(三)天地国亲师:传统道德的现代意义

李泽厚所寻求的宗教性道德与社会性道德的组合,最后落实为传统的有情宇宙观与西方的原子个体观、传统的群体性道德与西方的个体性道德、传统的天地国亲师之情与现代社会的公共理性之间的组合。他称之为新“儒法互用”。

宗教性道德乃私德,为个体安身立命之所;社会性道德为公德,是维系现代社会生活的基本规范。李泽厚强调,前者不能代替后者却可以对后者起范导作用。一方面,自由主义的政治理念和理论将成为今日儒学“外王”方面不可或缺的因素;另一方面,传统儒学作为“宗教性道德”对自由主义的“社会性道德”仍然可以起着某种范导作用。西方因为由圣

① 李泽厚:《历史本体论·己卯五说》,第56页。

爱和理性而来,从耶教到康德,"敬畏"成了道德的主要情感。中国因为由亲子、乡土自然感情的提升而来,合理性的人间情爱便成了中国传统的道德情感。李泽厚认为,传统道德可以在现代社会性道德中起某种润滑、引导作用,可以将个人主义理性原则适度软化,"以情来润理"。对天地不仅有感恩、崇敬,也应有亲近、亲密之情,这是中国式的仁义情感。这种道德情感对现代生活可以有引导、示范但非规定、建构的作用。宗教性道德不能规定个体独立的契约基础上的社会性道德,却可以作为个体心安理得甚至安身立命的私人道德。李泽厚反复强调要排除儒家宗教性道德对社会性道德的主宰,但主张在情感上,天地(自然界和神灵)国(乡里、故土)亲(亲人朋友)师(老师、历史经验)仍然可作用于现实生活,并协助建立当今迫切需要的中国现代社会性道德,以期"重构两种道德分途而又协作的新的'礼仪之邦'"①。

基于现代视野,李泽厚将传统儒家道德提炼为以"天地国亲师"为代表符号的情感、信仰和观念。他认为,在社会性道德得以充分奠基,中国传统儒家的宗教性道德可以在保护个人权益的同时注意集体权益、人际和睦、家国利害、环境关怀、乡土情结等,从而减轻由极端个人主义带来的种种隔离、自私、孤独、异化、人情淡薄等病症。以下我们从"天地"(有情宇宙)、"亲"(亲情)两方面来考察他的有关论述。

1. 天地 · 有情宇宙观 · 乐感文化

由于是"一个世界",儒家赋予此自然、此世界、此宇宙(不再有被世界、被宇宙)以巨大的情感性的肯定色彩。"天地之大德曰生""生生之谓易",这是一个充盈着生意的世界,万物、自然、生命等一切都是美好的、和谐的。李泽厚称之为儒家的"有情宇宙观"。用这种充满积极情感的"哲学"来支持人的生存,从而人能与"天地参",以共同构成"本体",此即李泽厚所谓的"乐感文化"。他认为,"乐"在中国哲学中实际具有本体

① 李泽厚:《历史本体论 · 己卯五说》,第 81 页。

的意义,它正是一种“天人合一”的成果和表现:一则是对世界的赞赏,一则是对人的本体性地位的肯定,如此,何乐而不有呢? 人可以“万物皆备于我”,人是“天地之灵明”,人可以“为天地立心”,这是人的使命,也是人的神圣。

这完全不同于西方的罪感文化,罪感文化是以现世人生的有限性、罪性为根基的。罪感文化往往是“两个世界”的架构:现实世界和理想世界、现象世界与本体世界。现实世界是有罪的、有限的、残缺的,而超越的理想世界才是无限的、完美的。罪感文化对于“此世”“此生”是一种批判的、逃离的态度,它把“活”的意义建构在不活、他世、上帝,而不是建构在此“活”本身上。

李泽厚强调,此“有情宇宙观”并不是一个实在论式的解释,并不认为宇宙本身真的有情,与其说宇宙有情,不如说是人有情。他说:

> 人生一无所本,被偶然扔掷在此世间,无所凭依,无所依皈,只能自己去建立依归。……儒家对待这悲剧,是强打精神、强颜欢笑,“知其不可为而为之”,故意赋予宇宙、人生以积极意义,并以情感方式出之。我已说过,一切“乾,元亨利贞”“天行健”“天地之大德曰生”“生生之谓易”等都不是理知所能证实或论证的,它只是人有意义赋予宇宙以暖调情感来作为“本体”的依凭而已,即所谓“有情宇宙观”是也。①

李泽厚对西方“两个世界”的文化心理有诸多的批评。他认为,西方基督教造一个超验的对象以越出此有限的人性、人际、世界,以便灵魂有所安顿。“但此超验的安顿中,却难分神魔,执着于此,反倒可以服从于黑暗的蛮力。因为所谓由自我站出来开显世界,让存在者成其所是的生存(existence),也仍然逃脱不了这个由历史性的权力/知识的威逼力量所约

① 李泽厚:《论语今读》,第28—29页,安徽文艺出版社,1998年。

束的有限人生。追求超验的灵魂、抽象的'倾听',反而可以盲听误从,失去一切。倒不如'莫笑田家腊酒浑,丰年留客足鸡豚;山重水复疑无路,柳暗花明又一村';人生本旅居,如能使岁月在情感中淹留,有时如画,则乡关何处,家园何在,此即是也。又何必他求?"①李试图通过天人合一、有情宇宙的乐感文化来应对西方体用隔绝、主客二分的罪感文化。在这里没有浮士德式的无限追求,也没有陀斯妥耶夫斯基式的痛苦超越,而是在社会活动中保持人际的和谐,在世俗生活中取得精神的安宁,在此生此世中寻找精神的快乐和超越。这是一种世间的、感性的、生动的、平和的、充满诗意、审美的中国智慧。

李泽厚承认中国传统对人的有限性、过失性缺乏深刻认识,容易漠视人世苦难和心灵罪恶,缺乏对极端神圣、极端罪恶的深度探索。但是,他完全不同意西方传统的这种高远、深远一定优越于中国的说法。"其实,由于缺少足够的平面展开,即人情世事的温暖支援,人只与上帝有内在关系反而容易陷入绝对隔离和怪异孤独的境地。"

2. 亲与亲亲为仁

李泽厚认为,儒家的根源是一种以关爱和秩序为基调,具有浓厚的道德意味的亲情,这种亲情就是"仁"。正是这种道德情感、道德意识的不断辐射、不断渗透,逐渐形成一种民族性的文化—心理结构。他说:

> 尽管不一定自觉意识到,但建立在血缘基础上,以"人情味"(社会性)的亲子之爱为辐射核心,扩展为对外的人道主义和对内的理想人格,它确乎构成了一个只有实践性格而不待外求的心理模式。孔子通过教诲学生,"删定"诗书,使这个模式产生了社会影响,并日益渗透在广大人们的生活、关系、习惯、风俗、行为方式和思维方式中,通过传播、熏陶和教育,在时空中蔓延开来。对待人生、生活的积极

① 李泽厚:《历史本体论·己卯五说》,第105—106页。

> 进取精神，服从理性的清醒态度，重实用轻思辨，重人事轻鬼神，善于协调群体，在人事日用中保持情欲的满足与平衡，避开反理性的炽热迷狂和愚盲服从……它终于成为汉民族的一种无意识的集体原型现象，构成了一种民族性的文化—心理结构。①

李泽厚认为，儒家的秘密在于情感，这种情感是以亲子之情为轴心的辐射和展开，父母与子女之间的人间情感，是真切之“仁”的根源和模本，所谓“亲亲，仁也”。孔子的贡献在于使外在的社会规范理性化、情感化。“孔子将上古巫术礼仪中的神圣情感心态，转化性地创造为世俗生存中具有神圣价值和崇高效用的人间情谊，即夫妇、父子、兄弟、朋友、君臣之间的人际关系和人际情感，以之作为政治的根本。”②此可谓“化礼为情”，以人情为交往秩序的根基。儒家文化发展的另一方向则是“化情为礼”，将情感本身规范化、理性化、神圣化，直至形成以仁为基础的天人合一、情理合一、礼法合一。李泽厚说：

> 中国儒学把这种自然的爱(也包括母子的爱)塑造转换成一种非常社会化的理性情感，即把自然情感纳入特定社会所要求的“合理性”的规范法则之中，追求它们的交融统一。中国儒学讲求的“慈”、“孝”，是父母必须具有某种权威地位和道德责任来养育、规范和教导自己的子女，子女则必须服从、接受这种管辖、规范和教导，并终身供养、敬重父母来作为回报。……在爱的亲情中，已经渗入和融合了强大的社会所要求的“合理性”。并且，以这种情感理性化的父子关系为轴心，扩而充之，通过从远古的“礼乐教化”到后来的“家规”“族训”，以“三纲五伦”为准则，把人的各种自然性的情感欲望(包括夫妇一伦来概括的男女性爱关系)，与社会要求的“合理性”紧相联系，使情感里面注入、渗透或交融着理性，亦即将情感本身规范化和理性

① 李泽厚：《中国古代思想史论》，第25—26页。
② 李泽厚：《历史本体论·己卯五说》，第181页。

> 化,从而极大地减弱了或脱离开具有种种强大本能力量和盲目性的自然情欲和原始冲力。所谓"文化心理结构",归根结底,本就是指在文化传统长期塑造下的人们心理中情理结构的特定状态,它主要为表现自然情欲和社会理性的不同比例、配置和关系的组合。①

这就是中国传统的礼乐精神,以理化情,以礼化情,直至情理、德礼的高度统一。他认为,"以礼化情"的重要环节就是汉代出现的"儒法互用"。汉代的"儒法互用"被认为是儒学"转化性创造"的典范,"其转化性的'创造'在于,把阴阳家、道法家原为中性的'天''道''阴阳',赋予了儒学的情感性。也即是说,将情感性极强的孔学主要范畴——'仁',注入'天''道''阴阳'之中,作出了宇宙人情化的系统开拓,成为儒学的新时期"。② 更重要的是,汉儒将这种原典儒学所强调的以亲子情为主轴的人际等级关系和人性积极情感的培育和规范输入到汉代政刑体制中,形成了所谓"以孝治天下"的礼法政治体制。在这种精神原则的主导下,儒家的精神逐渐渗透到法律之中,并成其核心,从而实现了深层的情理结构在表层体制之中的渗透和互动,最终形成了儒学无处不在的大文化系统。

以"人情"为基,伦常为重,利害为轻;情义为重,讲理为次;教化为主,刑罚为辅;灵活性强,形式性弱;这就是原典儒学渗透刑政法律的结果。它反映了儒家礼制刑政的情感根基,"对中国儒学来说,所有外在的理性规范、命令要求,一切礼制体系,最终还必须建立在这种内在情感的需要或原因之上。'理性'在中国没有至上的位置,它也就没能成为一种真正独立的力量或工具(所以纯粹思辨和形式逻辑都不发达),而总与情感以及其他心理机制和形式如直观、灵感、感受等密切交融在一起"。③

---

① 李泽厚:《历史本体论·己卯五说》附录二《中日文化心理比较试说略稿》,第303—304页。

② 李泽厚:《历史本体论·己卯五说》,第198页。

③ 李泽厚:《历史本体论·己卯五说》附录二《中日文化心理比较试说略稿》,第305页。

在此,李泽厚试图以中国重"情"的文化来回应西方重"理"的文化,以"暖"性的文化来回应"冷"性的文化。西方的个人主义把人还原为理性的、经济的个体,这种个体人格是自主的、理性的,同时又是功利的、利己的。建立在这种个人主义原则之上的人际关系就是契约的、程序的、律法的。这种人际关系是理智的甚至是冰冷的,形式的、机械的意味太浓。李泽厚并不否认现代社会公共秩序的基础是个人主义,但是仅有这种个人主义尤其是这种个人主义发展到极端就会造成人际间的疏离、冷漠甚至自私,它需要具有人情意味的文化做它的范导。他期望,由真切之仁所培育成的温暖的人际关怀和人情味,能化解冷酷的利益关系,给中国和世界带来芬芳。

"社会性道德"和"宗教性道德"的两分结构有着丰富的理论启示。比如它涉及多种伦理层次的关系问题。如果说"社会性道德"是每个人都必须遵守的基本道德或"底线道德",那么在这种社会性道德之上,是否还需要更高要求或更高层次的道德,这个更高层次的道德的内容应该是什么。如果说"社会性道德"的基本原则是平等、公正(权义均衡)的话,那么在其之上就还有奉献、惠助和关爱。那么在"底线伦理"之上,就应该还有从"爱""人间情义"出发的"关爱伦理"或"美德伦理"。这种"美德伦理"可以是宗教性的,也可以不是宗教性的。比如,对于"天地国亲师"的关爱之情完全可以出之于"人间理想"。与社会性道德相对的不一定就是宗教性道德,其中还有丰富的理论空间值得挖掘。

四、审美本体与天地境界

(一)散文时代的"活"

"我活着"是李泽厚哲学的逻辑起点。"我活着"是抹不掉的"绝对起点",一切问题都源起于"我活着"。其次,"我活"是一个虚无的存在,它需要每个人自己去打发、去筹划。由颓废到革命,由纵欲到禁欲,由享乐人生到教世济众,人总需要有点什么来对付这个“人活着”。人在千差万别的谋生、工作、职业、行当、作为以实现自己的生存和生活中,力图取得、说明、筹划、宣扬其“意义”“价值”和“使命”。① 再次,“我活”是有时间性的,是一个有限的存在,这是一个有“终结”的存在。面对此有限性,有人叹息哀伤,有人强颜欢笑。人为何生?生为何?这是人生最大的痛苦。人生如梦如幻,人生是无规定的、有限的存在,此虚幻成为人生的最大的空洞和深渊。

正是在这个意义上,有所谓“时间逼出信仰”,人们总想停住或挽回时间,总要填补这个有限存在的空洞,总要追求依托,实现对自己有限性的超越。李泽厚认为,当人发现人的存在具有烦、畏等基本品格,还只是个“大浑沦”,人活着的“精细节目”并未涉及,人总得寻找办法来应对这个“烦”“畏”,总得“筹划意义”应对空无。

这又是一个典型的“现代之后”的问题。从一般的、大众生活的逻辑上说,“人活着”首先要解决肉身的生存问题,这是人无可回避的存在方向;其次要解决权利、伦理等人与人之间的公共秩序问题,没有稳定的群体秩序,个体就没有基本安全和基本自由。只有在物质基础、公共秩序的问题“基本解决”以后,在“上帝已死”之后,个体的存在才呈现为一个真正的虚无。所以,李泽厚说,上帝死了,轰轰烈烈的斗争平息了,失去英雄的现代散文生活把有限性—时间问题更突显出来。

李泽厚念念不忘的是要解决人生的终极存在问题,其体系必须归于某种宗教性、终极性的维度,这个维度最后被定格于“审美”。李泽厚之所以最后抓住了审美当然与康德哲学的影响有关,也与他个人的精神气质有关,不可忽视的是也与他这种“历史终结”的后现代理路有关。简单地说,真的问题(科学技术、物质生产)解决了,善(公共道德和公共秩序)的问题解决了,从逻辑上说,剩下的就只有美的问题了。就如同一个生活

① 李泽厚:《历史本体论·己卯五说》,第91页。

在“良好社会秩序”的人,他已衣食无忧、家庭幸福、职业成功,剩下的当然是寻求感性的刺激和升华了。

(二)情本体·审美本体

李泽厚指出,历史本体论是“将人的感性存在、感性生命当作哲学的焦点。它以为不是认识,不是道德,不是心、性、理、气、道,不是上帝、灵魂、物质、绝对、精神,而是多元且开放的情感,才是生命的道路、生活的真理、人生的意义”。① 在李泽厚看来,非感性的存在(如理性)是“非本真本己”存在中的历史建构,它是为了与人共在、活在世上而组建的共同规则。只有人的感性的、自然的存在才是本真的、当下的、具体的、终极的存在,而情感是感性存在的本质。“一切都将消逝,你什么也挡不住、留不下,除了你独有的这份人世体验和心理情感……只有它能丰富你的‘此在’,只有它能使你感到自己独特的存在。”②你所拥有的情,你所依归的情就决定了你的生命态度和生命意义。“你所依归的‘情’是为国为民为世界? 是为名为利为权力地位? 是为科学而科学,为艺术而艺术? 是为冒险、旅游或爱情? ……这其实就是中国传统说的‘立命’问题,即建立自己生命的意义,这与其说是伦理道德问题,更不如说是信仰—宗教的情感问题。”③李泽厚反对任何虚设的绝对的宏大的主宰,而主张个体应该寻求属于自己的那份真切的情感,只有在这份情感世界中,个体才成为个体,才获得自由和永恒。“……别让那并不存在的、以虚幻的‘必然’名义出现的‘天命’‘性体’‘规律’主宰自己。重要的是让情感的偶然有真正的人生寻找和家园归宿。”④

---

① 李泽厚:《实用理性与乐感文化》,第 108 页,生活·读书·新知三联书店,2005 年。

② 李泽厚:《历史本体论·己卯五说》,第 124 页。

③ 李泽厚:《实用理性与乐感文化》,第 99 页。

④ 李泽厚:《历史本体论·己卯五说》,第 110 页。

李泽厚所说的感性不是自然的本能的感知，而是积蕴着理性、历史、文化的感性，这样的感性自然已是主体性的心理结构，它主要体现为三个方面即自由直观（理性的内化）、自由意志（理性的凝聚）、自由审美（理性的积淀）。审美被认为是最高的主体形式。与外在自然世界的人化相对，审美形成内在自然的人化，是感性与理性的交融统一，是人性最鲜明突出的表现。他说：

在认识领域和智力结构中，超生物性表现为感性活动和社会制约内化为理性；在伦理和意志领域，超生物性表现为理性的凝聚和对感性的强制，实际都表现超生物性对感性的优势。在审美中则不然，这里的超生物性已完全溶解在感性中。……它实质是一种愉快的自由感。①

作为历史，总体高于个体，理性优于感性；但作为历史成果的审美，总体、理性却必须积淀、保存在感性个体中，在此，人类（历史总体）的积淀为个体的，理性的积淀为感性的，社会的积淀为自然的。通过审美，感性之中渗透了理性，个性之中具有了历史，自然之中充满了社会；总体、理性、社会最终落实在个体、自然和感性之上。② 由此，审美实现了主体性的最终方面，即人作为个体的真正的自由感受，即由必然王国（历史、总体、社会、规律、理性）达到了自由王国（个体、偶然、创造、自由）。

早在《康德哲学与建立主体性论纲》中，李泽厚说：

如果说，认识论和伦理学的主体结构还具有某种外在的、片面的、抽象的理性性质，那么只有在美学的人化自然中，社会与自然、理性与感性、历史与现实、人类与个体，才得到真正的内在的、具体的、全面的交溶合一。如果说，前二者还只表现在感性的能力、行为、意

---

① 李泽厚：《批判哲学的批判》，第 431 页。
② 同上，第 473 页。

> 志中，那么后者则表现在感性的需要、享受和向往中得到人与自然的统一。这种统一是最高的统一。也是中国古代哲学讲的“天人合一”的人生境界。这是能够替代宗教的审美境界，它是超道德的本体境界。……美的本质是人的本质最完满的展现，美的哲学是人的哲学的最高级的巅峰。①

在此，李泽厚阐明了其哲学宗旨，即审美是人生的本体境界和最高境界，而美的哲学是第一哲学。李泽厚进一步认为，审美不仅是主体的、自然的、感性的、自由的，同时美可以“启真”，可以“储善”。自由审美是自由直观、自由意志的钥匙。所谓“以美启真”就是以直观、灵感、隐喻、显喻等并非逻辑形式的思维来启迪、引导而发现真理。② 个体的自由直观可能是一种创造性直观，它不是理性思辨，不是感性经验，却拥有突破现有思维格局和既定经验的巨大力量。它不是纯理性的东西，而总与个体的感性、情感、经验以至气质、天赋有关，它可能受到美感因素的影响。由此，审美感受可能开启对科学发现的一个强有力的途径，例如对类比、同构、相似等的强烈敏感便可能与科学的发现有关。李泽厚引杨振宁的话说：“有时候，如果遵循你的本能提供的通向美的问题而前进，你会获得深刻的真理，即使这种真理与实验是相矛盾的。”

“以美储善”是指超道德的审美境界“储备了能跨越生死不计利害的道德实现的可能性”。“‘民吾同胞，物吾与焉’，‘仁即天心’，在这种似乎是平凡淡泊的‘存吾顺事，没吾宁也’中，无适无莫，宁静致远；必要时就视死如归，从容就义，甚至不需要悲歌慷慨，不需神宠狂欢。”③在此，善恶已不是由自己的行动来决断，而是凭自己的心境来感悟，这是本体与境界的融合。有如此境界，善已在其中矣。“道德的人，则是由‘集义所生’的

① 李泽厚：《批判哲学的批判》，第473页。

② 李泽厚：《历史本体论·己卯五说》，第264页。

③ 李泽厚：《关于主体性的补充说明》，载于《批判哲学的批判》，第486页。

'浩然之气'统领身心,所以是'至大至刚''沛然而莫之能御'的伟大人格,这也就是那保持无限可能、充分开放、'无适无莫''从心所欲不逾矩'的美学人格。"①道德修养到一定程度,道德人格同时也是美学人格,至此善与美已为一体,此时也可以说美即是善,甚至是因美而致善了。"如果回到生死主题。从丧礼为首的亲子哀到墓前挂剑的朋友谊,它不仅是认知(确认关系),不仅是伦理(义务行为),而更是审美的情感(情况)呈现。它即是前述'诗意栖居'的敞开、绽开、展露。"②

(三)今日情本体:生活即艺术

还是回到当今的问题语境。李泽厚问道,在后现代社会的散文世界里,还有"情"吗?还需要"情"吗?家庭或将消失,人已走向纯粹个体,既已无家可归,还能诗意栖居?夫妇情、朋友谊、乡里恋、故土思还有意义吗?李泽厚认为,正是在这种散文化的时代里,情感和审美的意义被突显出来。现代科学技术迅猛发展,自动化、计算机日益推广,机器不断替代人的各种力量和功能。社会总体物质水平发展了,人却被技术所统治和控制,个人的孤独、忧郁、无聊、焦虑、虚无、恐惧反而增加。人处于各种形式的异化之中(人的非自然化,总体对个体的压抑,技术的控制),而情感、审美正是克服异化实现"人的回归"的健康途径。此时,"不再是外部的生产结构,而是人类内在的心理结构问题,可能渐成为时代的焦点","如何使每个个体的身心、潜能全面而健康地开发成长和实现"将是时代的中心课题。③ 李泽厚说:

> 既无天国上帝,又非道德伦理,更非"主义""理想";那么,就只有以这亲子情、男女爱、夫妇恩、师生谊、朋友义、故国恩、家国恋、山

---

① 李泽厚:《历史本体论·己卯五说》,第266页。
② 同上,第106—107页。
③ 李泽厚:《哲学探寻录》,载《世纪新梦》,第17页。

水花鸟的欣托，普救众生之襟怀以及认识发现的愉快、创造发明的欢欣，战胜艰险的促乐，天人交会的归依和神秘经验，来作为人生真谛、生活真理了。……为什么不去认真地感受、体验、领悟、探手、发掘、“敞开”它们呢？……这就是生命的故园情意，同时也就是儒家的“立命”。“命”并非别的，它关注的正是这个非人力所能主宰、控制的人生偶然。①

李泽厚认为，如果去掉那些特定年代的内容，经过了历史洗礼和文化积淀的情感形式，恰好可分为七种，即亲情、友情、爱情、人际关系情、乡土家园情、集体奋进情、科学艺术情。归依情感便是人生立命，便是个体人生的创造的偶然的实现。李泽厚企望以“情感”来对抗理性、功利、技术，以“美”来对抗异化。

李泽厚肯定“美是一切异化的对立物”，审美是“自然人化”（理性的积淀）和“人自然化”（纯粹感性的显现）的统一，从而审美是真正的“天人合一”。他说：

如何使社会生活从形式理性、工具理性的极度演化中脱身出来，使世界不成为机器主宰、支配的世界，如何在工具本体之上生长出情感本体、心理本体，保存价值理性、田园牧歌和人间情味，这就是我所讲的“天人合一”。……这个“天人合一”首先不是靠个人的主观意识，而是靠人类的物质实践、靠科技工艺生产力的极大发展和对这个发展所作的调节、补救和纠正来达到。②

“天人合一”的一个含义就是在一个新层次上实现“人的自然化”。李泽厚一直肯定，人只有在自然的状态下才是最真实的存在，才能获得真正的自由，才能进行真正的创造。只有实现“人自然化”，才能走出权力一知

① 李泽厚：《历史本体论·己卯五说》附录一《初拟儒学深层结构说》，第285—286页。

② 李泽厚：《历史本体论·己卯五说》，第261页。

识一语言,才能从技术、总体、社会的统治中解放出来。"'人自然化'要求人回到自然所赋予人的多样性中去,使人从为生存而制造出来的无所不在的权力一机器世界(科技机器、社会机器和作为二者现代结合的语言信息机器)中挣脱和解放出来,以取得诗意生存,取得非概念所能规范的对生存的自由享受,在广泛的情感联系和交流中,创造性地实现人各不同的潜在的才智、能力、性格。"①"人自然化"在此与传统文化的自然主义精神是一致的,无论儒道佛,都是把当下的、直接的"自然"的存在作为最本真最高级的生命存在方式。

李泽厚一方面强调各种人际之情,一方面强调审美之情,而他实际上看重的是后者。李泽厚强调在艺术创作、"游戏冲动"中,人可以充分实现个体的自由和创造。在当今全球经济一体化的世界进程中,个体之间的差异将越来越受到挑战,同时,个体寻求自身的差异性将日趋突出。个体为了实现自身,就得努力自己去寻找,自己决定,自己负责。为此个体将不可避免地走向"艺术生活"和"游戏冲动"。艺术使人体验艺术中的时间,从而超越现实的时间。人在此体验中,情感泯灭、消化了分、定、位、所,在对人生、对历史、对自然宇宙的交会、沟通、合一之中,泯灭了主客之分,在超时间的艺术经验中体验到永恒的本体。如此,生活的要点不在于生活,而在于品味、欣赏和创作。"一切均消逝而去,唯艺术长存。"

李泽厚在其《历史本体论》最后总结道:

而所谓"天地境界"或审美境界,即以对生活、自然和艺术的自由享受,使个体从集体、从理性、从各种约束中解放出来,其目标、前途、遭遇并无一定之规,从而不可预测。命运偶然性、个体特异性、人的有限性、过失性和对它们的超越,在这里充分绽出。这就是生命,就是道路,就是真理,就是"情况",也就是自己,就是他的、我的、他的、

① 李泽厚:《历史本体论·己卯五说》,第262页。

她的“我活着”和“我意识我活着”。①

可是,“艺术只是供片刻观赏或创作的作品”,激动过后,人还是沉沦在日常生活中,奔走忙碌于衣食住行、名位利禄。如果生活、人生本身即艺术,该多么好。按照这个逻辑,生活的理想境地自然是“生活即艺术”。所以,无论是亲子情、男女爱、夫妇恩、师生谊、朋友义、故国恩、家园恋、山水花鸟的欣托,还是普救众生之襟怀以及认识发现的愉快、创造发明的欢欣,战胜艰险的悦乐,天人交会的归依感和神秘经验,都可以作为人生真谛、生活真理。你的经历、遭遇、希望、忧伤、焦虑、失望、欢愉、恐怖,你的回忆、留恋、期待、执着、追悔,不正是你的经验吗?不正是你的生活吗?不正是这些才证明你活着吗?② 这算是李泽厚对传统“即凡而圣”所做的现代解释。

在这种理解中,或者在这种心境中,生活的意义不在于别的,就在于活着,就在于日常生活的偶然经历。“别让那并不存在的、以虚幻的‘必然’名义出现的‘天命’‘性体’‘规律’主宰自己。重要的是让情感的偶然有真正的寻找和家园归宿。”③无须梦想天国,无须神思狂宫,就在这平凡琐碎的日常生活中,就可以找到“道路、生命和真理”。此时,虽是平常的起居作息,平常的环境,平常的人和自然,然而却有“不平常”的心境。在此心境中,平常已成为生活的本体,已成为生活的全部真理,此心此情已经有了对平常生活的绝对肯定,还有了对平常生活的精心品味。“活着不易,品味人生吧。”无论是幸福还是不幸福,是痛快还是快乐,都要生活着并品味着。“也许,只有这样,才能战胜‘死亡’,克服‘忧’‘烦’‘畏’。”这实在是充满了禅意。

李泽厚在这里所完成的是一个典型的“任何平凡都不平凡、任一瞬间

---

① 李泽厚:《历史本体论·己卯五说》,第126页。
② 李泽厚:《哲学探寻录》,载《世纪新梦》,第31页。
③ 同上。

都永恒”的赋义或解释过程。这是与“即圣即俗”“担水砍柴,莫非妙道”“即有限而无限”的精神宗旨是一脉相承的。对李泽厚来说,这正是一个典型的“历史终结”之后散文化时代的生存哲学。

李泽厚孜孜以求的就是这种以生活本身为本体、为终极的生命存在和心灵境界。在这里,没有彼岸,没有外在的人格神,没有虚幻的绝对,没有本体现象两种世界的分裂,有的是极高明而道中庸、即凡即圣、即体即用的生活境界,有的是情感、艺术和审美。它是以“一个世界”为背景,以当下、此生为根基,即有限而无限,即平常而本体,在日常生活中体味超越时空的永恒。这是乐道妙赏、安详愉悦的心灵境界,在这种安详和愉悦中,主客互泯、物我两忘,存在获得了自身,时间仿佛不在。

它既超越了“人生不满百,常怀千岁忧”的死亡感伤,也不复是“战战兢兢,如临深渊”那纯由理性主宰、以极度理性凝聚来彻底压倒和征服自然情欲和世间一切其他感情的道德意志,也不是依赖外在上帝的救赎。它是人生本旅居,岁月在日常情感中淹留,乡关何处,家园何在,此即是也,又何必他求。此即是天人合一、乐感有情、当下即是的中国智慧。

李泽厚最后以极具庄禅意味的乐感文化、实用理性提供了一种后现代的生存规划,他抓住情感、审美、艺术的途径来寻求散文时代个体的生存皈依,具有重要的理论意义,但这个归宿与传统儒学究竟有多大关联是值得质疑的。儒家的个体归极绝不能离开对社会人群的责任和承担,儒家天地境界中的自然、愉悦、审美只是善的内化、生命化、审美化的结果,是善的凝聚成就了美。

李泽厚思想体系中真正具有儒学意味的是历史本体(先验道德的根源)、情本体(道德情感作为本真本己的存在)、两种道德(宗教性道德与社会性道德)以及“天地国亲师”的意义架构。李将历史主义(人类历史总体)的方法引入道德形上学,既避免了大多数道德形上学的神学性和独断性,也使道德获得了某种超越特性。其次,李对儒学价值明确的后现代定位具有重大的思想启示意义。虽然不少学者提示过儒学的后现代价值,但如此明确地从现代意义系统中撤出来,并在最大程度地认同现代性的基础之上探索儒学的后现代价值,李泽厚无疑是最有代表性的学者之一。

（原载赵士林主编《李泽厚哲学思想评论》,上海人民出版社,2012 年）

从主体世界到整体世界

——成中英儒学简论

成中英意图建立一个更具整合性、开放性的儒学体系，这个体系的核心部分是创造的和谐的本体宇宙论，这是一个充满生机的整体本体模型，存在被理解为和谐的、辩证展开的系统。与此相应，成中英对现代新儒学的心性偏向给予了相当程度的批判和扭转。在他看来，当前儒学重建的一个重要向度是反省儒学主体化、内在化的弊端，正视客体与知识，面向生活世界，积极参与社会建设和文化创造。为此，成中英在本体论、认识论、方法论上进行了一系列的重要探索，为客观性、外向性的儒学重建作出了奠基性的努力，成为20世纪儒学发展的重要环节。

一、重建儒学的方法反省

（一）新儒学与新儒家：客观主义和理性主义的儒学

成中英提出“新儒学”与“新儒家”的区分，是对重建儒学的方法反省，同时也阐明了其重建儒学的基本方向。他说：

> 新儒学是指当代学者对儒家演说的学术研究并在此一研究基础上作出力图公平而恰当的评价以为个人理解、行为或公共政策改革的参考；新儒家却是当代哲学思考者的一家之言，在已经确认或坚信的价值基础上发展和创立一套价值的体系或思想的命题，倡议其普遍真理性和必要性。前者以历史观察与理性分析为方法，后者则往往诉之于个人体验、憬悟与直觉。前者是跳出固定的儒家传统讲，后

者则接着一个儒家传统讲。①

我们不必简单地按照这一区分给20世纪的各种儒学贴上新儒学还是新儒家的标签,而应注意到两种不同儒学类型的方法特征,尤其是它明确提出了一种理性的批判的儒学类型。这一儒学类型强调对事实和价值进行客观的考察和理性的分析,强调真实及知识对于价值和理想的条件性和批判性,显示出客观主义和理性主义的基本倾向。成指出:

新儒学与新儒家的不同是:前者以批判的理性为方法去裁决真实性与现实性,而后者则以内在体验为真实性与现实性的方法。前者力求在客体性的基础上建立知识,而后者则力求在主体体验的基础上印证价值;前者力求在知识研讨的基础上作出价值判断,也以知识为条件重建逻辑或价值,后者则仅在先行肯定价值判断,是否再寻求知识的手段或工具以实现价值理想或目标则因人而异。如以两者的弱点来说,显然前者有可能使人追求知识不能确信价值或根本不能掌握价值;后者则有可能形成价值的独断、偏见与傲慢,因缺乏知识而造成与现实的不相关。②

如何判断"真实性"对任何一种哲学来说都是一个根本性的"本体—方法"问题。这里涉及对待真实性的两种方法,一是以个体主观体验为真实性,一是以理性的方法来判定真实性。以个体主观体验为一种真实,实际上就是以主观性为真实性。个体的主观性可能是真实的,但它的真实性只局限于个体主观的范围。与主观性相对的是外在客观性,外在客观性是指个体之外的真实性,是不依赖于个体主观意识的真实性,它是"我"之外的所有的真实性,这是一个更大、更硬的真实世界。"以理性来判定真实性"就要求个体能够区分两种不同的真实性,能区分主观性和客

---

① 成中英:《合外内之道》,中国社会科学出版社,2001年,第399页。

② 同上,第403页。

观性、个体世界与外在世界、现实性和理想性。一个个体如果以主观代替客观，结果是生活在一个内在的封闭的空间里，却把自我当成了整个世界。从这个意义上说，新儒学不同于新儒家，它试图走出自我封闭的精神空间，面对广阔的现实世界。“以理性来判定真实性”还应有一个更深的含义，就是不能简单地以主观性为真实性，真实性应该经过知识的检验和理性的批评。具体地说，主观性只有当下的真实性，而不一定具有持久的、公共的真实性。

成中英“新儒学”的一个重要特征是理性主义，即通过理性来考察现实、审定价值，直至重建儒学传统。这一立场肯定了人的主体性，肯定了人的理性的创造能力和重建能力，而不是简单地把人的主体和理性视为宇宙意志或历史意志的工具。成认为，我们可以接着传统讲，因为不能否定历史有效的作用，历史透过语言、行为、习惯和制度永远活在我们的生活中，但是：

> 不可不认知一个企图超越历史的开放的理性思想的存在，它表现在运用理性的分析与综合方法来作考察与评价，也表现在一种基于经验与导向功利的公共空间与公共语言的逐渐形成。此一理性是从多元的文化比较立场、普遍人性以及科技持续革命中人类生活需要与满足方式的改变的基础上演化出来的。①

这是对人的理性能力的充分信任，它肯定了文化创造过程中的理性维度。这一理性维度在中国传统文化中是相对缺乏的，人的主体理性在很大程度上屈服于天道和历史经验的支配之下。人的主体理性应该尽可能意识到历史的经验的开放性，并在不断地考察和反省中获得知识、确立价值，由此才能真正体现人类文化的创造性。成说：一个生活世界和文化传统的存在是以其能够认知与回应及转化自然世界与其他历史性的生活世界

① 成中英：《合外内之道》，第399页。

与文化传统的能力为条件的。所以，在儒学重建的方法意识中成中英特别强调以下几点：

(1)首先要了解传统儒家的特质和功能。不过，重建儒学不是单纯的从历史上重新认识儒家，儒学建立的重点还在其正面对发展中的人类社会和具体的人性需要提出理想和实现理想的建构。它不是排斥现实，而是了解现实，带领现实；不是关闭未来，而是开创未来。

(2)要了解现代社会生活的实体，不能脱离现实的结构和文明状态来讲述儒学，不能不就现实的需要和问题来考验和坚实儒学。儒学的最终意义是要能解决它试图解决的种种社会的、精神的现实文化问题。

(3)重建儒学须是在文化整体的内涵多元化的基础上进行，儒学不必定为一尊。①

这三点方法正好切中新儒学如何从极端的传统主义和极端的道德理想主义中摆脱出来，面向客观现实，面向生活实体。

(二)面向现实世界：外向化的儒学

成中英认为："中国哲学因着眼'一元整体、相对观照'，未能透视一元中的二元性、相对中的对立性，乃陷入了主体的突出与客体的隐藏，虽可说是一种内在超越的进路，然却失落了外在观察与独立认知的一面。"②中国哲学的主体思维过早淹没了"客体思维"，从而破坏了思维的均衡或整体性。

中国传统哲学主张天人合一、内外合一，却忽视了内外、主客的某种对立，忽视了一元中的二元性、整体性中的差异性。老子说"不出户，知天下"，孟子说"万物皆备于我"，佛学讲"万法唯识"、陆王有"吾心即宇宙""心外无物"，尽管各自的内涵有别，但都是明确的主体性思维倾向。这

① 成中英：《合外内之道》，第337页。

② 同上，第400页。

种思维倾向的极致是主张内在的“心”是包容一切、贯通一切的本体。在这种思想架构中，内外分别被认为是一种表象，或是低层次的认识，而道、本体是贯通为一，并最清晰、最充分地呈现为主体之“心”。从存在的角度（本体的层次）说，内在蕴含了万物，内在的蕴含就是万物的蕴含（道通为一、一物一太极）。从认识的角度说，内向的体验和把握就是认知天下（不出户，知天下），内即是外。基于主客差异的视野，这种主体化思维会导致主体消融了客体，其结果是以内在的真实性取代了或掩盖了外在的真实性，实际上是丧失了外在的真实性。

通过对宋明儒学以及现代新儒学过度内向化的反省，成中英确立了客观化、外在的批判方向。于此，成中英提出了一个内外上下的分析模型：儒学被分成“指向社会伦理的儒学”与“指向心性修养的儒学”，指向社会伦理的儒学在于建立一个礼乐化的伦理秩序，可以古典儒学为代表；指向心性之学的儒学在于开拓一个至善的精神宇宙，可以宋明儒学为代表，就儒学的整体发展来看，两者应该是互动互补的。儒学的理想是圆融知行、主客、个群、天人，儒学必须实现理性和经验、内省与外观兼顾，纵贯与横贯并行，经验与思索共存。中国人的思想原型是以寻求一整体方法上的平衡与互补，以及思想和行止上的圆融为最高目标和最高理想。

成中英指出，古典儒家重视的是横贯的社会世界，而宋明儒学重视的则为纵贯的形上世界。古典儒学自形下实践指向形上学，开拓了一个充满生机的形上世界，宋明儒学自形上学指向形下实践，却不能真正开展和实践一个社会理想。宋明以来中国社会走向僵化，儒学的自我封闭也是一个重要原因。宋明儒学在心性形上学化、内在的精神建造上有明显的成就，在社会实践上却显示了其封闭及软弱的一面，它对社会缺乏批判力，对文化缺乏创造力。宋明以来，除了卓行独异的李贽之外，几乎所有学者都不敢批判社会制度，对君主专制更是不敢置喙。若不是明亡的惨痛教训，恐怕连黄宗羲也不会写出《明夷待访录》。

在宋明儒学内部，成中英对朱子哲学表示了更多的同情。成认为，朱子系统掌握外在性程度以获得超越应比陆象山更能达到我们对所谓真实的超越的认识,也更具有开放性。在当代新儒家中,牟宗三先生对重视客体的理世界的朱熹提出批评,以为他并非承继正统,此一观点显出了儒家生活世界的萎缩。成说:

> 当代新儒家往往就价值的理想层次进行了思考与冥想,往往忘却了广大与精微知识理论与现实的重要相关性,更蔑视了知识所包含的主体的客体(观)性与客体的主体(观)性,也就是未能理解客体性像主体性一样具有同等的本体性。①

对客体性的忽视必然意味着对现实世界的漠视和无知。宋明儒学所启示的心性修持之路的最高顶点只能是"圣贤气象"和"天人合一"境界,除了满足少数人的宗教性的精神需求外,并不能带动社会的发展或主导现实社会秩序的建立。这是儒学与社会现实脱节的一种表现。如果儒家无法主导实际的社会生活,它的生命力自然也受到了限制。儒学如何重建参与社会、建立秩序的生命力,至今仍是一个紧迫的问题。成说:

> 若没有西方入侵,中国儒家学说也会必然面临内在的精神崩溃和精神麻痹的危机。"五四"运动充分说明了此一危机的深度、广度和持久度。"五四"以后,固然有现代新儒学的兴起,但这并不表示中国儒家的内在危机已经解除。由于现实社会生活和国家生活所具备的现代生活实体的体质需求(如民主和科学的要求),任何不足以改变及增进或反射现实生活的思想,都不具备真正的显学地位。在这种意义下,新儒学只是一种学术思想,而非如原始儒家那样是生活准则的转化力量和标准的建立者。②

在重建儒学的过程中,如何面对及真正掌握、解决现实世界中的问题就成

① 成中英:《合外内之道》,第408页。

② 同上,第336页。

为理论上的一个大挑战。

成中英对单一心性儒学的思维脉络，尤其是它的现代进展提出了方向性的质疑，他明确指出了心性儒学（包括宋明儒学及现代新儒学中的心性儒学方向）在了解真实世界、参与社会实践方面的贫弱。这种外向化的贫弱与其内向化的形上学有关，其形上本体（本心）局限于内在的精神性，并常常以圆融的形态为终极，在根本上缺乏不断开展、上升的开放性和创造性。在典型的心性儒学系统中，儒学的目标也是内在化的，个人精神人格的完善成为最终的目标，甚至以为个人精神人格的完善可以直通一个理想的社会秩序。这是一种只有内圣而没有外王的儒学，社会实践和道德实践只是实现内圣的手段，而社会实践的展开和效果在实质上被认为与内圣无关。既然外在的事业或功业并非目标，也与内圣没有必然的关联，那么了解现实、参与现实、改造现实就失去了真实的意义和内在的动力。久而久之，在这种内向化、境界化的自我封闭中，儒学的生命力、影响力逐渐萎缩，它越来越停留于一种学思形态或是表现为某些精英的自我修持。

（三）儒学与现代性批判

如果说新儒学必须面对现实社会，那么它当下的重要内容就是如何面对现代生活及现代性。成中英认为，儒学要理解现代性、吸收现代性，同时也要批判现代性。吸收现代性是基于现代性的立场来批评儒学，批判现代性是基于儒学来批评现代性。因此，儒学与现代性不是简单地背离或服从的问题，而是相互批评相互促进的辩证关系。这显然是一种辩证综合的思路，是期望儒学通过吸纳现代性而实现一种更完整的儒学形态。

成中英指出，儒学的重建必须认知现代生活的实体，必须切入现代社会。对于现代社会的特征，成作如下描述：

（1）整体性和个体性相互决定以及个体性突出。个体人在现代社会中具有更重要的地位(个人自愿的德行伦理转化为契约性的责任伦理)。

(2)理性和知识性的强势发展以及理性客观认知世界能力的中心化。伦理的理性化和知识化也促进了责任伦理的发展,取代了古典德行伦理的中心地位。

(3)社会和生活方式开放性和多元性的发展。①

新儒学要面对这一现代性的结果,并积极与现实生活实体衔接。面对个体性、知识性和多元性的课题,新儒学必须进行充分的自我批判和自我调整,必须充分理解这些现代课题的社会意义和文化意义。具体地说,新儒学必须努力开拓"民主和科学"这两个现代性的生活世界。

同时,儒学应具备批评现代性的眼光。通过笛卡尔哲学,成中英指出现代性的五大特征及其缺欠:一、强调自觉的原子方法论思考。这种化约式、原子式的思考相信任何复杂体都化约为不可再分的原子个体,它使思想具有自身统一的明确性,但是它丧失了整体性的关注。二、建立怀疑论的知识起点与上帝论的知识基础。这种基础主义要求知识有一个绝对的起点,可是这个绝对的起点越来越不确定。三、严格批判感官知觉。笛卡尔以为感性根本无法掌握及表现理性的真理。理性真理的最终模型是数学,他说过,我们想象一个千角形困难之极,然而我们却可以毫无困难的用概念去界定什么是一个千角形。一方面,这种抽象性、形式性消除了具体性,另一方面由其引发的技术主宰力量对人类的自我控制力越来越构成挑战。四、树立人的身心二元与本体真实的精神物质二元。这种二元论所导致的是物质与精神二元分殊,以及物质化的主宰和精神世界的萎缩。五、缺乏对伦理的关注。② 西方现代性的建立是以外向性的知识理性为基础,并以对世界的认知和利用为价值的核心。西方文明已具备了高度理性的形式包含在政治制度、经济制度与社会制度的建制与运用之

① 成中英:《合外内之道》,第348页。

② 同上,第49—55页。

中，我们可以质疑这样的制度是否只是另一种理性工具。简言之，西方的现代性危机是工具理性的极度膨胀与价值理性的阙如。

在此，成中英明确肯定后现代性的某些文化价值。成说："后现代对现代性的批判可以总结为：理性标准的体是抽象普遍，一元僵化，理性标准的用是权威中心、自我界定。理性知识掩盖了权力意志与欲望形成工具理性。"①在成看来，现代性的基本危机是：个体主体性的抽象理性不但掩盖了个人的主体意识，更掩盖了集体或群体意识，不但未能转化主体的价值或实现主体的价值，反而助长了非理性的自我意识与权力意志的执著与发展，理性最终沦为个人权力意志的工具。如果缺乏价值的指导和制约，理性只能成为意志的工具，只能表现为追求知识和技术的技能。西方的现代性是一种工具理性的片面发展，如果价值理性不能跟上工具理性的进展，其结果只能是高度发展的知识和技术技能沦为自我意识和权力意志的工具。

儒学在此正可以批评现代性、回应现代性。儒学所关心的是善良意志的实现，而不是权力意志，它所关心的是群体的和谐而不是个体的扩张。在儒家看来，与人的认知能力和实践能力的转化与提升的同时，如何面对人的品质的转化与提升，是任何时候都不容忽视的问题。从知识与价值的关系来说，传统儒学重视价值却忽视了知识的地位与作用，现代性开发了知识却忽视了价值，而新儒学正是要在价值主导的前提下，充分正视、重视知识的地位和作用，从而在新的整体中实现知识与价值的均衡。

（四）收敛的儒学与扩张的儒学

现代儒学的重建面临一个基本的选择，它关系到儒学的基本定位，即是把儒学收缩为一个单纯的伦理道德文化体系，还是将其作为全面安排人类文化的思想体系。"收敛的儒学"坚持一个特定的道德立场或价值

① 成中英：《合外内之道》，第58页。

立场(如注重和谐、共生、群体、责任),并依此来指导人生、社会和文化,它并不企望由道德来阐明一切文化现象,而将道德视为生活、文化体中的一个部分、一个方面。收敛的儒学不再是泛道德论或道德本体论,而只是道德优先论或道德规范论,道德只是行为系统中的一个因素,而不是全部,也不一定是终极根源。“扩张的儒学”则试图由道德来解释一切文化现象,或至少是将道德视作一切文化的本原,将道德视作一种形而上的力量或实体。扩张的儒学是一种宏大的儒学,它试图将儒学建成解释、规范一切文化活动的大文化系统。在这样的架构中,儒学是一个文化系统,而不是文化系统中的一个要素、一个部分或一个方面。

按照这一区分,只有冯友兰儒学具有明确的收敛性特征,因为他主张一种道德的形上学,并不企望用道德来解释一切文化现象。杜维明儒学具有一定的收敛性特征,因为他并不想使儒学成为一个完全的大文化系统,而只希望儒家文化成为文化理想的一个方面。其余大部分的现代儒学体系都是扩张的,都致力于某种道德形上学的建立。成中英的新儒学试图通过批评古今中西,整合现代性与后现代性、知识与价值、个人与集体,以建立一个更加均衡、更加完善的文化系统。将通过吸纳现代性和批评现代性所实现的是一种更完整的儒学体系。例如,成中英并不期望儒学仅仅完成批评现代性的任务,而是要求儒学既能批评现代性又能吸收现代性,由此建立一个完整的文化系统,这一文化系统不仅要开出科学与民主的生活世界,也要建立一个价值主导的世界,从而实现知识与价值的均衡。这是一种宏大的儒学建构,这一宏大的儒学既要开出民主和科学,又要修正民主和科学;既要开出现代性,又要批评现代性;既要开出知识,又要主导知识。

儒学要完成这样的文化整合,就必须要深入存在与生命的本体,在这个意义上,新儒学的重建就是一种道德形上学的重建或存在本体的重建。它所寻求的不是局部性的解释,而是对存在与文化作整体的根源的解释。任何本体论都有排他性,在一个意义系统中本体论只能是一个,有本体论要求的理论系统,都旨在建立一个自我圆融的意义系统和文化系统。简言之,扩张的儒学或宏大的儒学试图建立一个完全的解释系统、意义系统和文化系统。在这一思想系统中,最核心的部分自然是它的存在论和本体论。

二、本体宇宙论:创造的和谐

(一)本体诠释学

成中英的本体学是整体本体、过程本体,严格地说是具有一定方向性的过程本体。成说:

> 所谓本体,是整体的一个函数,所谓方法论,是另外一种函数。……我提的本体是一个整体化的观点。……因为人就是一个整体,人就是一个本体。也可以说宇宙就是个本体,因为它是一个完整的存在。①

这一整体有两个重要的特征,一是机体性、和谐性、关联性,一是过程性、创造性。

成中英的整体本体观从“诠释循环”的概念中获得重要的方法启示。“诠释循环”或“诠释圆环”的概念表明了诠释的结构性和过程性,它表明语义的整体和部分之间形成一个互动的循环过程,一方面部分(词义)决定整体(语境),一方面又由整体决定部分,整体与部分之间没有真正的起点或支配者,它们之间只是一个动态的循环互动的过程:部分的变化引起整体的变化,整体的变化又引起部分的变化,如此循环往复。成认为,这种诠释圆环具有本体性,因为整体本体的运动就是呈现为循环展开的过程。比如,我与世界之间就永远处于一种动态的关系之中:

---

① 成中英:《中国文化的现代化与世界化》,和平出版社,1988 年,第 112 页。

> 如何掌握自我结构来显示真实的宇宙世界,以自己的主观性、主体性和自我意义的展开来与世界的客观性、客体性和世界意识相互循环、相互影响,以产生更完整的整体结构。①

整体既是一结构,又是一过程,从静的方面看是结构,从动的方面看是过程,也可以说从静的方面看是本体,从动的方面看是方法。成认为,整体既是本体,也是方法,真正的方法论是本体论,本体可看成结构;而真正的本体论是方法论,方法可看成过程。成指出,本体诠释学尤其要表达本体与方法的互动,新方法的建立会导致新本体的建立,而本体的重建则引起方法的更新。强调方法对于建立本体的意义是成中英本体诠释学的要点之一。

本体诠释学既是本体与方法的统一,也是完整性与一致性的统一。完整性只是事物本体的一个要求,事物本体还需要一致性。太偏重完整性,就是一个本体的思考,太偏重一致性,就是一个理性的思考。本体与方法的结合就是要使完全性与一致性获得一种均衡。本体是不断发展的系统,这一发展的一个重要动力因素是由于人的参与。人是整体本体的一部分,会参与本体的发展和变化。成中英将人的参与过程概括为四个阶段:第一阶段是现象分析;第二个阶段是本体思考,对完整性的要求;第三个阶段是理性批判,是对一致性的要求;第四个是秩序发生阶段,是把完整性和一致性结合起来。

综上所述,成中英的本体学具有以下几个特征:(一)辩证性。本体的过程表现为相反的力量之间的互动,如整体与部分、结构与过程、完全性与一致性等。(二)动态性。整体与部分是不断变化的,部分的变化导致整体的变化,整体的变化导致部分的变化。(三)能动性。整体具有内在的自我完善的力量,这是一个不断整合的系统,它发现差异、寻找差异,

---

① 成中英:《论中西哲学精神》,东方出版中心,1996年,第67页。

并把差异整合在一个新的系统内。(四)整体性。一切现象、事物最终都可以收摄在一个具有一定秩序性的系统之内,可谓至大无外。没有事物不以系统的方式存在,这是一个典型的整体性、关系性、生态性的视角。

(二)和谐、创生的宇宙观

成中英认为,西方倾向于形式的、机械的、冲突的思维方式,而中国则倾向于整体的、辩证的、和谐的思维方式,中国的自然哲学传统是一种和谐本体论或和谐宇宙论。成对"和谐"和"冲突"作如下的界说:

> 任何两个可区分,但仍然有伴存或继存关系的力量、过程或抽象思考对象,如果它们各自的耐力、具体性、能产力及价值有赖于对方的支助,则我们可以说,这二者形成了一个和谐的整体,或一种有机的统一。相反,如果两个可区分的力量、过程或抽象思考的对象之间缺乏和谐、乃至相互抵触伤害,甚而摧毁对方的状态,那便是冲突。①

在成看来,儒家伦理即是一个整体性或机体性的思维体系,"和谐"是它的中心观念。他说:

> 对儒家来说,和谐乃是实在界的基础状态和构成;而冲突则不隶属于实在界,它不过是一种不自然的失序与失衡,是没有永久意义的。在儒家的眼光里,这个世界是一个变化和发展的过程。不错,世界上的确有相异、相对、不合、敌视等现象,但儒家坚持:整个宇宙、人类社会、个人生活的大方向基本上是趋于和谐与统一的。整部《易经》便表达了这种思想。②

对儒家来说,世界的本质是"和谐",自然或整个实在,无论是作为移动中

---

① 成中英:《论中西哲学精神》,第176页。

② 同上,第177页。

的宇宙,或作为事物的整体,都是相互联结或相互联系的网络。而不和谐只是暂时的、过渡性的现象,它最终还是要归属于“动态和谐”或“辩证和谐”。和谐不再只是一个价值性、理想性的概念,而是个本体性的概念。和谐性常常意味着整体性、系统性、关联性、结构性、生态性、群体性等,它主张互生、互成、互补、互动,而否认绝对的支配性、独立性、个体性等。

成中英主张《易经》是中国哲学的原点,他认为,《易经》自然观的基本模型正是“和谐化辩证”,儒道均认同这一立场。所谓“和谐化辩证”包括以下的要点:

1. 万物之存在皆由“对偶”而生。

2. “对偶”同时具有相对、相反、互补、互生等性质。

3. 万物间之差异皆生于原理上的对偶、力量上的对偶和观点上的对偶。

4. 对偶生成了无限的“生命创造力”“复”的历程、以及事物与事物之间的“互化性”。

5. 各种对偶之间的互生关系从属于一个更大的架构或整体,对偶性、冲突性从属于互生性、整体性。世界的根本乃一整体,万物有本体上的齐一性,那么冲突便可在此架构中化解。

6. 人可经过对自我以及实在的了解,以发现一个架构或系统来消化、容纳对偶的差异、冲突、互补、互生。①

在这种“和谐辩证法”的思想模型中,并不是简单地否认差异、冲突与对立,而是把它们看作局部性、暂时性、从属性的环节,占主导性、甚至终极性地位的是互补、互生、不断整合差异的和谐化、系统化、整体化过程。社会冲突基本上是由于个人与环境、与时代、与众人缺少和谐之故,这种状态会由个人或团体的理性努力来改善,最终达到和谐。生命的本

① 成中英:《论中西哲学精神》,第183页。

质是和谐的，生命经由冲突，化解冲突，最终达到更高层次的和谐，化解冲突是实现本体和谐的途径和过程。这一思想系统即是“和谐本体论”或“和谐宇宙论”，它并不否认事物的多样性、创生性，也不否认事物之间的冲突与对抗，而是强调事物的本体或本质过程是一辩证和谐的动态过程。

与“和谐辩证法”相对的是“冲突辩证法”，成中英认为，冲突辩证法的要点有三：1）肯定实在或历史是一个客观冲突的过程，这种冲突意味着敌对、憎恨与不合作，其间没有互补与互依。2）欲解决冲突状态之逻辑矛盾，只有设法将冲突的两面在一个更高的层次上综合起来。3）这一辩证运动朝向更好的、更高的存在形式迈进。与和谐辩证法相比，冲突辩证法认为冲突是世界真相中不可或缺的元素，是实现进化的必要因素，每一次新的综合都根植于冲突。和谐辩证法强调和谐化的辩证运动；冲突辩证法强调否定之否定的辩证运动；前者强调对偶之间的互补、互生，后者强调对偶之间一方面对另一方面的征服或战胜。和谐辩证与冲突辩证的终极目标均指向一个新的整体，但是，和谐辩证强调过程的包容性、容纳性、整合性，而冲突辩证则强调过程的斗争性、冲突性、征服性。

儒家重视和谐辩证体现出一种“包容性的人道主义”立场，它意味着“人及自然二者相互依附于一个连续发展的整体。这个同时包含人及自然的现实整体必须被视为一个能容许人及自然能在其中相互转化的动态的创造的转化过程”。① 万物之间的和谐，不但是人类在行动上的基本考量，也是万物之间关系发展的自然限制。重视冲突辩证则会体现一种与包容性人道主义相对的“排他性的人道主义”，这种人道主义排除了人与外界的真实关连和内在联系，成为一种排他性的人类中心主义，它要求充分体现人的权力意志。成中英认为，人类的权力意志在寻求自我肯定、自我膨胀或自我荣耀的过程中不可避免地导致个人自我的内在分裂，因而失去其与万物分享共同根源的感觉，并进一步导致为了征服及占有的永

① 成中英：《合外内之道》，第135页。

无休止的争夺及冲突。而在包容性的人道主义视域中,人不再是世界的中心,人意识到包括人与自然在内的整体的和谐关系,人的道德关怀的对象不只是人类自身,同时包括任何事物——时与地、人类与自然、现在与未来等。

成中英宇宙论的另一特征是创生。成认为,儒家宇宙论的一个简洁而完整的表述是:"一切事物相互关联形成一个连续发展的整体。"这一命题道出了存在的两个基本特征:一是整体性、系统性、有机性,一是发展性、创造性。经过一番创造的解释,成中英从《易经》中概括出事物创生、变化的九个基本原则,它们是:

1. 包容天、地、人及万物的道(即实在界),既是一变化的过程,又有一有秩序的结构。

2. 道的创生力量是无限的。

3. 变化过程永远有阴阳两种相反相成的动能。

4. 道乃一,道是一切对偶之源。

5. 事物分化乃阴阳互动的表现,事物与道不异质。

6. 万物化生由道之性,凡是能跟随或发展道之性的东西,皆有善于其中。

7. 人有能力了解变化之动迹,以自己的行为来配合这动迹,乃能成就至善于世界。

8. 人一旦了解变化,便能参与变化,知悉本身与世界之间的和谐。

9. 人事间的失调、不幸与缺陷,起源于人不能够了解变化的真相,以及未能与世界和谐。

从整个20世纪来看,"和谐"与"创生"逐渐成为现代新儒学最重要的范畴。熊十力自觉援易入儒,使生生不息之创生性在儒学那里获得了根本性的地位。这种尊生、健动、活泼的儒学一改传统儒学僵化、陈腐、教条的负面印象,由此开启了一个重建儒学的大方向。在这一健动活泼、创生不已的儒学宇宙论中,我们尤其要注意人的地位,其中如何体现、如何理解人的创造性是最为关键的。儒家与道家虽同样重视天地自然创生之道，但儒家不排斥人作为主体对于创造过程的参与性，并不排除人通过认知来了解并参与到天地创生的过程之中。在儒家看来，人是“天地间的灵明”，人的生命力是创造力的真正体现，人类是“天道生生”最显著的体现者，人类有更高的知识及行动能力来参与天地的创造活动。成说：

> 人在符合其知识及行动能力的同时，又不扭曲，伤害，忽略及违反人及自然之间、自然与自然之间的和谐及平衡的价值状态。人有足够的智慧来成就此事……这种智慧是作为了解人及环境关系的反省理性及作为维持人及自然关系的实践理性的结合。①

可以用“替天行道”来形容人的创造性活动，人的认知和实践必须符合和谐创造的天道原则和价值原则。因此，“在这样的思考下，任何科学知识都必须从一个超越知识的实在及价值系统来加以判断。同样的，任何行动都必须从一个超越行动的系统或过程，从事物的互动、循环、平衡及和谐的角度来加以评估”。②“只要人类创造力是持续作用于宇宙创造力，并时而把平衡、持续、和谐、健康的建设性循环等价值纳入考量，则人类创造力将可潜力无穷。”③

成氏儒学意图实现“和谐”与“创造”的整合，但总的来说，仍是偏于和谐弱于创造。成中英非常重视天道人道的创造性，可是，他讨论创造性的重点仍在强调创造性应遵循的价值限制（如和谐、持续等）。这当然符合儒学的传统，但是要想使创造性范畴在儒学里真正落实，就必须要正面讨论创造性，必须要说明创造性的真正动力和真实表现。成中英主要是从辩证综合来讲创新，这是一种整合式的创新，其实整合创新必须以分化创新为前提，没有分化、独立、对立产生出来的新因素，如何能产生新的整

① 成中英：《合外内之道》，第 146 页。
② 同上，第 146 页。
③ 同上，第 148 页。

合？成的立场仍然是整体的、系统的，而没有充分注意到部分的、个体的能动性，最有活力的往往是部分、个体（相对小的系统）。不充分尊重个体、部分，没有充分的个体主体性，整体就没有活力之源。传统儒学的重点显然不是鼓励每个人最大程度地发挥自己的创造力和潜能。为了使创造性得以落实，恐怕需要使个体也获得某种本体性的地位。

另一个值得注意的问题是，注重“生”和注重“创造”是有区别的，创造必定意味着新的事物、新的整体的出现，创造性必须意味着某种开放性、多元性、发展性。在这个意义上，尊重生命，不仅是维护生命，更需要发掘生命的能动性、创造性。从表面上看，中国文化传统中不乏创新的思想线索，《大学》引汤之《盘铭》说：“苟日新，日日新，又日新。”其实，这种日日新只是注意到了事物的变动不居，事物的不断变化最终消融在更大的往复循环之中。在天道的笼罩之下，人的最高境界不是创造，而是体悟、顺应。

关注创造性已是现代儒学重建的重要的理论支点，新儒学不只是要指引创造性、规范创造性，同时也必须真正地了解创造性、消化创造性。正如要实现知识与价值的均衡一样，不只用价值去引导知识，同时还要真正地去实现知识，并用知识来批评价值，如此，才算实现了真正的整合。因此，在新儒学中如何安顿、体现、落实创造性还需要更具体、更细致的理论努力。

由于创造性义涵的突显，道德范畴的意义也获得了极大的拓展。如果说“道德”或“仁”是儒学的中心概念的话，那么它的内涵应该是“创造的和谐”及“和谐的创造”，用传统儒学的说法就是“万物并育而不害”，这个并育不仅是共存，而且是共同发展。这样一来，道德不仅是消极意义上的和谐秩序的维护，不仅是仁慈、同情、关心，同时更意味着生命力、能动力的拓展。这种儒学不再以仁爱、正义为核心立场，而是以和谐、创造为根本精神。

（三）正视客体性存在

儒学最终要进一步解决人如何参与宇宙创造过程的问题，亦即人的生命价值如何呈现出来。在此，成中英充分意识到客体存在、客观问题和知识问题的重要性。人要想参与世界，就必须要了解这个世界，而了解这个世界就必须承认这个世界的多样性、复杂性。如果把这个世界约化成一个本原，尤其是约化成一个内在的本原（心），就会导致内省可以代替外观的逻辑结论，甚至发展到内在的精神境界就可以直通外在现实的改变。而经验事实告诉我们这只是一个幻相，忽视了客体世界就等于遗漏了大部分的客观世界。

成中英致力于这种客体存在论的发掘，以之弥补传统儒学存在论的不足。这个存在论的调整是对存在的客观化、客体化面向的揭示，是给予主体与客体以同样的本体论地位。它既意味着对外在世界的丰富性、复杂性的承认，也意味着对人的理性能力的充分尊重和释放。如果不止于一种纯粹心灵状态的追求，而是要参与社会、改造现实、建设文化的话，那么正视、了解、把握外在世界就是一个前提性的问题。

中国传统哲学主张天人合一、内外合一，这种思维倾向的极致是主张内在的“心”是包容一切、贯通一切的本体。在这种心学化的思维方式中，内外分别被认为是一种表象，或是低层次的认识，再丰富的世界最终都本于一心。从存在的角度（本体的层次）说，内在的本体蕴含了万物（道通为一、一物一太极）；从认识的角度说，内在的内向的体验就是知天下（不出户，知天下）。这种极端的主体化思维丧失了外在世界的真实性和丰富性，最终封闭了自我。按照这个路向，儒者至多只能成为自了汉，只能局限于个人心性修养的自足，而不可能有其他的文化承担。

成中英明确指出，放弃外观外求，只求良知之诚明、缘心求理，这固然有一体圆融的感受，却并非真正安排了人生和世界。他认为，先秦周易、儒家哲学，以及宋明理学中的程、张、周等都是主张内外并重的。而陆王、现代新儒学中的心学偏向是值得注意的。比如，在牟宗三的心学体系里，

"成就个人道德创造的本心仁体总是连带着成就其宇宙生化而为一切的"。这种个人本心与外在世界的直通是缺乏理据的。成提出不能忽视"大心以观之"的外观,有外观才有内省,有内省而有外观,应该是内省与外观并行。

三、知识与价值的平衡与整合

(一)"价值—知识"论

成中英所构想的"合内外之道"的哲学,很大程度上就是知识与价值的平衡和整合,所谓主体与客体、经验与理性、内省与外观、行动与认知、内圣与外王、群体与个体的关系问题,很大程度上都与价值与知识问题有着内在的关联。在他看来,西方哲学的特色是如何在知识宇宙中安排价值;中国哲学的特色则是如何在价值宇宙中安排知识,而西方的问题是始终没有安顿好价值,中国的问题是始终没有充分重视知识的地位和作用。一个合理的解决之道就是建立价值与知识之间的平衡与整合,即以价值化的中国哲学融纳知识化的西方哲学,直至形成一新的哲学系统。成甚至认为,如何建立一个知识与价值互动的生活世界并由此创造地发展人的生活、完善人的行为,是当前人类面对二十一世纪的最大挑战。

成中英认为,西方哲学一直以知识问题为核心,企图建立一个知识性的宇宙。西方哲学把价值问题视为人的主观性问题,并不纯粹是宇宙客观性的问题,因而不予以重视。如休谟严格区分事实与价值,主张价值纯然是人的建构。康德区分了"理论理性"和"实践理性",虽然承认前者是现象之事,后者是本体之事,但两者的关系究竟如何,仍未有明确的答案。西方传统理性主义基于理性,排斥意识与价值于知识之外,导致"知的宇宙"与"意的宇宙"的分歧。面对纯粹知识理性的局限,近代欧美又出现了强调生命意志的哲学潮流,它们试图表明生命、意志并非理性所能完全导引。"人文的活动不只是知识的活动,而是各种迥异价值的活动。这些不同层面的活动，无法用先定的科学知识予以解释和涵盖。”①美国的实用主义哲学则开启了以知识包容价值的实用理性方向。总的来说，西方的问题是如何在知识化的宇宙中安排价值问题，即如何安排人的意志活动，如何安排人的理想、需求、目标，以及人所追索的生活意义。价值的问题在西方哲学一直未得安顿，当代西方世界的知识爆炸、意义失落所引发的社会失衡、文化变质，更加促使人反省西方文化的价值危机。

成认为，与西方哲学相比，中国哲学本质上是价值哲学，是对宇宙价值、人生价值、人类价值、社会价值深沉的肯定与体验。这样的哲学处处扣紧人生和社会的中心价值来谈问题。“如是的宇宙观是价值的宇宙观，所观想的宇宙是价值的宇宙、价值的世界。人类的思考、知识、决定、行为，都要在这个价值宇宙中安排。”“用价值来规范知识、人生或人的行为，足以显示价值之为本，知识之为末；价值之为先、知识之为后。”②但是中国哲学对于实现价值目标的知识工具不予重视，甚至视之为支离窒碍，因而欠缺对知识做精微性及广大性的探索，这反而限制了对价值的了解、建立和实践。

在对中西哲学传统的交互反省中，成中英特别感受到实现价值与知识的平衡和整合的重要性。价值的重要性在于价值不能被知识所排除，不能完全由知识来建构；知识的重要性在于价值要与知识相结合，以知识来了解价值、认清价值、选择价值和指导价值的落实。成主张应该建立“价值的知识论”和“知识的价值论”。所谓“价值的知识论”，是指自知识的立场来宣示、了解价值的形成条件及本源，同时也是了解价值的结构与意义，进而了解知识对于价值形成的影响。所谓“知识的价值论”，是探寻知识宇宙的意志基础。两种理论的均衡发展才能实现知识与价值的合理整合，我们把这种价值与知识完全互动的理论称为“‘价值—知识’论”。

---

① 成中英：《知识与价值》，中国广播电视出版社，1996年，第305页。

② 同上，第310页。

“价值—知识”论首先肯定价值宇宙的基础性、支配性、优先性。成认为，“所有真实世界中的事物都是作为价值，为了价值，朝向价值而产生的，这也表示实现即是真实，而真实即是价值”。① 对于整个宇宙而言，价值的问题并不只是人的主观问题，也是宇宙的客观性问题。成强调：

> 任何科学知识都必须从一个超越知识的实在及价值系统来加以判断。同样的，任何行动都必须从一个超越行动的系统或过程，从事物的互动、循环、平衡及和谐的角度来加以评估。②

比如，对待人类科技发展就应该有一个超越科技本身的价值评估。如果科技发展不接受任何约束，那么这种科技力量最终会成为个人权力意志的工具，其结果是难以预测的。人类的创造力应该受到高层价值（天的宇宙论和地的生态学）的约束和引导，这些价值包括：平衡、持续、和谐、健康等。透过这种价值优先的立场，我们才能够深入理会中国传统文化的价值所在。

“价值—知识”论其次肯定知识的重要地位。成认为，价值展现的是人的自由意志世界，却也只是一个行为的可能性世界。它的实现必须考虑到知识问题，也就是客体现实条件与实践能力问题，不然的话，一个可能性的世界永远停留于一个可能性的世界。具体地说，知识有两大作用，第一，知识能够增益对价值的把握与了解，而价值也需要不断地诠释与不断地认识。知识是价值实现的条件及基础。“透过知识对价值的反省，我们可以改变或重建价值，把不切合生活的价值淘汰，并把切合生活与生命世界的价值创造出来。此即知识具有改变价值的作用。”③这是知识、理性对价值的批评、反省、重建（发现和选择）的作用。第二，价值必须扣紧生活的现实及生命的真实，落实在个人及社会生活中。通过知识可以最

① 成中英：《合外内之道》，第140页。
② 同上，第146页。
③ 成中英：《知识与价值》，第312页。

大程度地了解现实条件和指导主体实践，以最终完成价值的实现。

“价值—知识”论最终寻求价值与知识的平衡互动，即：

1. 基于知识来凝聚价值，也就是在客体性上建立具体的价值批判。

2. 基于价值来探求知识，也就是在主体性的要求上利用知识来满足价值。①

知识与价值不但是内在的关联与相互依恃，而且在生活的运用中是相互开展相互需求的，可以说，价值与知识的相互补充又相互渗透形成了人的生活世界。整个社会系统也可剖析为知识系统和价值系统，知识系统与价值系统是促使社会发展或退化、文化更新或闭塞的两大力量。大致说来，知识带来文化的活力，价值带来社会的稳定。

成中英从知识与价值、客体与主体的整合角度创造地解释了“致广大而尽精微，极高明而道中庸”。他认为，“广大”（广度）和“精微”（深度）可以看成客体性存在的两个层次，也代表了世界外在性存在的两个方式，也就可以把“致广大”和“尽精微”看成知识发展的两个方向。同时，我们可以把“高明”和“中庸”看成主体性存在的两个层次，也代表了人的心性存在的两个方式。高明指价值的完满性，中庸指价值的可行性与实践性。

成中英的“价值—知识”论确实较完整地实现了价值与知识之间的互动、互补，对于纠正传统儒学或德性或问学的单一偏向有着重要的理论意义。但是，成中英多多少少忽视了价值世界与知识世界在本原层面上的独立性，价值世界原本只是一个各种目标的可能世界，如果它不需要被阐明、选择、落实，它就不需要知识世界；知识世界的独立性更不用多言了。价值与知识的整合在根本上出于一种价值本体（如创造的和谐）的要求。

---

① 成中英：《合外内之道》，第405页。

（二）内外整合之道

对于儒学来说，内与外主要涉及两个方面，一是内在的德性和外向的格物求知；一是内圣和外王。所谓内外的均衡应该是德性与知识、内圣与外王的均衡，而不是过分强调其中某个方面的支配性地位，以致使另一个方面变得无足轻重。成中英认为，知识与道德互为基础的内外均衡之道实际上是传统儒学的一个重要线索。

《论语》中谈到学、思、知之处甚多。孔子说："不知命，无以为君子也，不知礼，无以立也，不知言，无以知人也。"（《尧曰》）这样的知是要了解如何做人，如何做事，这种知识是蕴含于道德之中、服务于道德实践的。孔子明确强调外向的学，而且学是知的重要方法。孔子说："生而知之者，上也，学而知之者，次也。困而学之，又其次也，困而不学，民斯为下矣。"（《季氏》）又说："好仁不好学，其蔽也愚；好知不好学，其蔽也荡。"（《阳货》）可见知识对于仁的意义。孔子十分重视学与思之间的均衡，他说："学而不思则罔，思而不学则殆。"（《为政》）又说："博学而笃志，切问而近思。"对知与仁之间的关系，孔子有一个直接的讨论："知及之，仁不能守之；虽得之，必失之。"（《卫灵公》）可以明确的是，这里的知不完全是直觉、觉悟的觉知，既是学而知，那么这个知或多或少包含了对事理的"对象化"认知。显然，孔子已注意到知识与道德之间互为基础的关系，一方面知不及仁，这个知就没有达到它应该达到的目标；一方面无学无知，也无法实现真正的充实的仁。

宋明理学中的理学路向更加充分地自觉到"向外"格物穷理的意义。程伊川说："未致知，怎生得行？勉强行者，安能持久？"（《二程语录》）又说："穷理亦多端：或读书讲明义理，或论古今人物，别其是非，或应接事物而发其当然，皆穷理也。"（《二程语录》）很明显，穷理是要向外求索的，其目的在于别是非、发当然。这就是通过认知来决定是非，发明道德。伊川说过："致知须涵养，涵养在致知"，清楚地表明了向外求知与内在德性修养之间互动关系。伊川感受到客观的格物穷理的重要，把理客观化和结构化了。朱子顺着伊川这一理路,把穷理之学发展得更广大,更精微。

可以说,朱子那里已有相当充分的知性精神。他把格物的范围定得很广,“日用之间,事之所遇,物之所触,思之所起,以至于读书考古”,都是穷理的对象。朱子说:“穷理者,欲知事物之所以然与所当然者而已。”(《朱文公文集·答蔡季通》)又说:“今且就这事上理会个合做底如何。少间又就这事上思量合做底因甚是恁地,便见得这事道理合恁地,又思量因甚道德合恁地,便见得这事道理原头处。”(《朱文公文集·答蔡季通》)这是由表及里,步步深入,直至事物之根源。成中英同时指出,朱子关于理有一个创见,即是“理一分殊”。朱子一方面主张一物有一理,物物各有其理,一方面又主张物物一太极,承认事物在本体之理上的统一性。这说明朱子仍然重视心性一体之源,而不是一味向外逐驰。朱子说:“学者须是培养,若不做培养工夫,如何穷得理。”(《朱文公文集·答吴伯丰》)一方面是向外穷理,一方面是在内用敬,两者并重持久,才能实现“豁然贯通”的至极之境。

成中英认为,实际上存在着一个内外并重的儒学传统。他说:

> 宋代理学发展原因固多,但就思想的脉络以及观念意蕴逻辑的延伸来看,宋代理学诸子有关理的哲学乃先秦儒学有关知与学的哲学的自然发展,也可以说是孔子之知的观念的自然发挥,为其知的观念在特殊的哲学要求下开出的果实。①

先秦儒学已经注重到向外求学求知的重要性,宋明理学更是注意到了探求外在事理的本体论依据,朱子继承了此一理性的眼光,建立了一个综合北宋诸子之学的理性哲学系统。伊川朱子强调心理对立、以心求理,正好是对宋明心学与整体儒学作一重要的推进和扩展,亦可视为基于传统基础上的创新。如此,儒家对知与理的意义的发展有着内在的生命、内在的

① 成中英:《合外内之道》,第201页。

逻辑,这是儒学整全发展所必需的。历史是发展的,有变易有发展才有历史。所以,成说,朱子之理学不但不是“别子为宗”,而且是继善成性的一个重要步骤。①

基于“合内外”的整全儒学的立场,使得成中英对儒学的历史有了独特的理解和评价。从方法上说,对儒学作何种定位,就会导致对儒学的历史作何种的解释。

四、从心体到整体

牟宗三之后,现代新儒学有了一些重要的变化,成中英儒学就是其中的一个代表。与牟宗三相比,成中英的变化主要体现在以下几个方面:从道德本体到整体本体(道德宇宙论与创化宇宙论),从主体性偏向的到整体、全体的均衡,从内在化儒学到外向性儒学等。

(一)形上学:心体与整体

牟与成都讲形上学,但讲的方式大不一样。牟的讲法更为传统,他要寻找一个绝对的出发点,这个出发点是自由无限心,要一心开二门。自由无限心一方面是道德自律的必然要求,一方面是来自人自己的真实体证。自由无限心的理论结果是道德精神即宇宙精神,可名之道德宇宙论。由于它收缩到一个原点,从人的道德自律意识(自由意志)讲起,最后要讲到整个宇宙、整个存在。这种讲法比较神秘,比较曲折,也不容易立得住,因为我们一般很难从道德意识推到整个存在。牟的问题是一开始就把心体讲得太圆满,既是圆满,那么这个心体就不需要发展了,也不需要再辩证展开了。这样一来整个体系实质上被封闭了,最后要靠“坎陷”“开出”硬去展开。杜维明讲心体就不再把心体讲得太圆满,而是强调心体的本

① 成中英:《合外内之道》,第358页。

体性不在于它的完善,而在于它不断提升自我的无限的内在动力。这样一来,心体实质上成了一个不断发展、不断转化的无限过程。即便如此,这种极端的唯心论仍然是十分曲折的。

成是过程本体和整体本体的讲法,他并不要寻找一个绝对的起点,他只是肯定一个辩证综合的过程。在这种形上学中,绝对的东西只是这个辩证展开、辩证综合的过程,而不是某个实体。成不设定一个完美的实体,不讲宇宙的原点,而是讲宇宙确定不已、生生不已的创造过程,即宇宙在本质上是一个无限的不断和谐化、创造化的过程。这是一种更有包容性的讲性,它不仅仅围绕着道德讲,也不仅仅围绕着精神性讲,它是一种客观存在论。成所讲的是整体本体,是一个辩证展开的无限历程,这个本体是至善本体,它的至善性不是现实性而是它的最终目标。

牟是道德论的讲法,成是创造和谐论的讲法;牟是主观唯心论(心学)的讲法,成是客观存在论(存有学)的讲法;牟是实体论的讲法,成是过程论的讲法;牟讲的是心体,成讲的是整体。总的来说,成试图建立一个创造的、和谐的、辩证发展的价值宇宙,这种讲法更具开放性、包容性。

(二)内向的儒学(主体世界)与外向的儒学(整体世界)

以牟宗三为代表的内在化的心性儒学自有其逻辑的、文化的和历史的形成机缘,而随着心性儒学的极盛和终结以后,各种外向化的儒学自会纷纷登场。这种儒学转向不仅是儒学外在性目标(改造社会现实)的确认,它更需要本体论、知识论、方法论的深层转变。其中一个重要内容就是狭隘的道德本体及泛道德主义的解构。

内在化儒学的实质主要不是儒学目标的内在化(内圣),而在于解释一切问题、实践一切问题的内在化,即一种极端的内在化思维。它以为内在的世界可以完全包含外在的世界;它以为内省可以代替外观;它以为内在的道德问题解决了,其他一切问题都会迎刃而解。显然,对这种片面内在化的纠正,就需要存在论的转换,即明确主体性存在与客体性存在的差异和平等，承认有一个丰富多样的外部世界。成中英指出，我们应该了解到客体世界实际上具有无限的广度和无限的深度（致广大而尽精微），它是我们通过内在体证无法达到的世界。

上面说的是主观世界的定位和限制，其中一个具体的方面就是道德价值的定位和限制。道德只是一个价值性的指向，至于此价值如何实现？此价值与彼价值有什么关系？诸如此类，都不是仅凭人的道德情感或道德意志就能解决的问题。有了道德，只是具备了行为动力和行为目标的一部分，如何实现这一道德是一个复杂得多的过程。

在这个意义上，外向的儒学不仅要求儒学要切入现实生活，要参与改造社会，更要有一个鲜明的存在论的转向，即从单一的主体世界转向到整个世界，从内省转向健全的认知。整个世界是全面的、客观的、丰富的、复杂的，是包含了主客、内外、个群均衡的。

（原载陈鹏《现代新儒学》，福建人民出版社，2007 年）

个体化时代的儒学

引子：生活共同体、意义世界与德性

任何一个社会共同体的文化系统都可以看作生活、制度和意义的耦合。理想的文化耦合状态是，共同体生活拥有一个主导的意义世界，这个意义世界又得到共同体制度系统的支撑，极言之，意义即制度，制度即生活。在一个社会文化系统之中，生活、意义、制度的耦合度越高，这个文化系统就越加稳固。

个体的生活总是拥有这样那样的意义，生活总要进入某种意义之中。同时，没有那个个体不处在一定的共同体之中，个体生活的意义世界一定是在共同体的生活实践中习得的。共同体的制度系统越完善，制度对意义的塑造就越牢固、越深入。从意义的角度看，意义一方面要与生活相契合，一方面要尽可能转化为制度，只有依靠制度的硬性和稳定性，意义才能产生广泛的、社会性的影响，才能成为社会的主导性价值系统。从制度的角度来看，制度系统与意义系统越契合，越能得到意义的阐明和教化，制度系统也就越稳定。意义世界在本质上是目的世界，主要解决"为什么活""行动的目的是什么"之类的问题，意义世界的生命力有两个关键因素，一是良好的合理性论证和教化，一是转化为制度。

个体德性的形成就是意义世界的内化过程，德性可以看作个体对于某种意义世界的深度认同，直至成为一种内在的品德。这个内化过程不仅要通过学习、思考、反省，更重要的是要在共同体中来通过生活实践来习得。美国学者麦金泰尔（A. Maclntyre）认为，要解释清楚一个德性概念,必须依次进行三个阶段的阐释:第一阶段:对德性实践的背景论述。第二阶段:个人生活叙述秩序的背景论述。第三阶段,对德性传统的论述。离开特定的历史、传统及社会基础就无法理解其德性概念。他说:"我们永远是在某种有着它自己特点的机构制度的某个具体的社会共同体的范围内学会了或没有学会践行德性。"①

先天地讨论人的德性没有太多实际的意义,即使同情、友爱、仁慈、善良这类最可普遍化的人类德性在具体的社会情境中也会有复杂多样的表现。在此,我们应由德性形上学转到德性社会学。人一旦开始生活就进入一个社会共同体——家庭,随着成长的历程,个体会进出于不同层次、不同形式的共同体或社群(学校、乡村、城镇、单位、国家、宗教团体、社团等),正是在共同体生活实践的摔打中,个体的德性逐渐形成。不是德性支配生活,而是生活养成德性。在这个意义上,个体的德性与个体的生活经历相一致,群体的德性与群体的生活世界相适应。这就是生活、共同体和德性之间的内在关联。

一、德礼之间:纳上下于道德

中国文化系统稳定和成熟的主干是儒家文化,或者说儒家文化在国家政治层面以及社会生活层面真正实现了思想—制度—生活的耦合。这一儒家型的中国文化系统奠基于周,成熟于汉。

周文化是儒家文化的重要源头,它的重要贡献是礼乐文化系统的初步建立,这个礼乐文化系统开启了生活(日常生活和政治生活)伦理化(意义化)以及伦理礼乐化、制度化的文化进程。这套意义系统是如此契合传统的自然生活方式,同时又能满足现实的政治需求,以至于它的生命力不可阻挡。关于此,王国维在《殷周制度论》中所论甚详:

① 麦金太尔著,龚群等译:《德性之后》,中国社会科学出版社,1995年版,第246页。

> 中国政治与文化之变革，莫剧于殷、周之际。……殷、周间之大变革，自其表言之，不过一姓一家之兴亡与都邑之移转；自其里言之，则旧制度废而新制度兴，旧文化废而新文化兴。……欲观周之所以定天下，必自其制度始矣。周人制度之大异于商者，一曰"立子立嫡"之制，由是而生宗法及丧服之制，并由是而有封建子弟之制，君天子臣诸侯之制；二曰庙数之制；三曰同姓不婚之制。此数者，皆周之所以纲纪天下。其旨则在纳上下于道德，而合天子、诸侯、卿、大夫、士、庶民以成一道德之团体。周公制作之本意，实在于此。
>
> 以上诸制，皆由尊尊、亲亲二义出。然尊尊、亲亲、贤贤，此三者治天下之通义也。周人以尊尊、亲亲二义，上治祖祢，下治子孙，旁治昆弟；而以贤贤之义治官。故天子诸侯世，而天子诸侯之卿大夫士皆不世。盖天子诸侯者，有土之君也；有土之君，不传子，不立嫡，则无以弭天下之争；卿大夫士者，图事之臣也，不任贤，无以治天下之事。……且古之所谓国家者，非徒政治之枢机，亦道德之枢机也。使天子、诸侯、大夫、士各奉其制度典礼，以亲亲、尊尊、贤贤，明男女之别于上，而民风化于下，此之谓"治"；反是，则谓之"乱"。是故天子、诸侯、卿、大夫、士者，民之表也；制度典礼者，道德之器也。

王国维在此反复强调的是政治治理的礼法制度原则与道德原则的统一。周公制礼作乐的要点是"合天子、诸侯、卿、大夫、士、庶民以成一道德之团体"，这个道德的基本原则是"尊尊、亲亲、贤贤、男女有别"。此种即政治即道德的意义系统正是对自然自发的家庭宗法秩序的一种提炼和总结，"尊尊、亲亲"既是道德，又是政治；既是自然人伦，又是社会秩序。周奠定了儒家文化的大方向，这恐怕正是孔子所谓"郁郁乎文哉，吾从周"的本意。

只是，周朝的礼乐文化，无论是制度的设置，还是思想的发展都是刚刚开始。从周至汉，经过大约五百年的磨合，礼乐文化的思想—制度系统才得以成熟稳定。其间，孔孟荀董等的思想贡献，秦的兴起（大一统）和快速灭亡（暴秦不久），汉武帝的雄才大略等都是非常重要的历史环节。中国文化自汉代起基本实现了意义、制度与生活的高度耦合，成为一个早熟的超稳态的文化系统，绵延两千余年，直至遭遇西方文化的系统冲击。

对于儒家天道性命的意义系统，我们尝试作一个简略的归纳：

天道——天德流行，天理至善，化育万物，生生不息

人道——心性层：本性为善，本心为仁，良知本心

原则层：仁义礼智信，三纲，名教

方法层：格致诚正，致良知，行善积德，成己成物

实践层：忠孝节义，温良恭让，礼义廉耻

人格层：君子，圣贤

王道层：替天行道，天下一统，尚贤尚德，德治天下，内圣外王

对于儒家来说，仁义只是一个形式原则、方向原则，它的具体内容要在实际的生活世界中落实、呈现。韩愈在《原道》开篇即说："博爱之谓仁，行而宜之之谓义；由是而之焉之谓道，足乎己，无待于外之谓德。仁与义，为定名；道与德，为虚位。故道有君子小人，而德有凶有吉。"韩愈的意思是道家的所谓"道德"是空的，儒家的仁义才是具体的。我们顺着韩愈的话说，对于儒家来说，仁义为虚位，忠孝为定名，儒家内圣外王、仁义礼智的方向原则在具体的生活中落实为忠孝。孔子说孝悌是仁之本，孟子说：

> 仁之实，事亲是也；义之实，从兄是也；智之实，知斯二者弗去是也；礼之实，节文斯二者是也；乐之实，乐斯二者，乐则生矣；生则恶可已也，恶可已，则不知足之蹈之手之舞之。①

孝是纵向、尊卑之序，悌是横向、长幼之序，孝悌二字即可统括人伦。

---

①《孟子·离娄上》。

甚至一个“孝”字即可。《孝经》云：“夫孝，天之经也，地之义也，民之行也。”《孝经》分述天子之孝，诸侯之孝，卿大夫之孝，士之孝，庶人之孝。其《士章第五》曰：

> 资于事父以事母，而爱同；资于事父以事君，而敬同。故母取其爱，而君取其敬，兼之者父也。故以孝事君则忠，以敬事长则顺。忠顺不失，以事其上，然后能保其禄位，而守其祭祀。盖士之孝也。

《广扬名章第十四》曰：

> 君子之事亲孝，故忠可移于君。事兄悌，故顺可移于长。居家理，故治可移于官。是以行成于内，而名立于后世矣。

儒家的仁义原则，在现实社会中具体落实为忠孝原则，而这个忠孝原则与传统社会最基础的家庭宗法结构是一致的，这就是仁义—忠孝—宗法三者之间的融合。基于血缘自然秩序的宗法人伦实质上是中国传统社会的最基本的制度形式，这个制度形式由于是自然的素朴的，也就被认定是天然的、天道的，它不仅具有天然的情感基础，也具有超越的天命依据。这个宗法人伦的“上下”秩序（是生活也是制度）不仅合于道德，而且出乎天理，这就是传统生活世界中意义与制度的耦合状态。

二、传统社会的内在结构：宗法生活共同体

传统儒家意义世界的建立虽然离不开历史的机遇和先贤的贡献，但是一个重要的前提是它必须来源于生活、契合于生活，而且越在文明发展的初期，文化意义的生成就越和原初的、自然的生活状态密切相关。可以说，正是扎根于农耕的家族式生活滋养了儒家文化。

在传统的生活世界里，人在家里，家中乡中，家乡即国。《管子·权修》曰：

天下者,国之本也;国者,乡之本也;乡者,家之本也;家者,人之本也。

与此相应,何兹全先生指出:

国和家两系的合一,构成周代国家形式的一面。这一国家形式的性格,在中国历史上有着深远的影响。氏族一级消灭了,家却保留下来成为社会组成的基层单位。个人组成家庭,家组成国。……家与国之间有村落。村落代替了族但又包含着族,一个村落往往是一族一姓,地缘中有血缘。这样的国家特性一直维持到近代。①

中国文化的一个主要根源是家庭、家族文化。钱穆先生说:

中国文化是一种现实人生的和平文化,这一种文化的主要泉源,便是中国民族从古相传一种极深厚的人道观念。此所谓人道观念,并不指消极性的怜悯与饶恕,乃指其积极方面的像后来孔子所说的忠恕,与孟子所说的爱敬。——中国人的人道观念,却另有其根本,便是中国人的家族观念。——家族是中国文化一个最主要的柱石,我们几乎可以说,中国文化,全部都从家族观念上筑起,先有家族观念乃有人道观念,先有人道观念乃有其他的一切。

又说:

中国人所谓"天人合一",正要在父母子女之一线绵延上认识。因此中国人看夫妇缔结之家庭,尚非终极目标。家庭缔结之终极目标应该是父母子女之永恒联属,使人生绵延不绝。短生命融入于长生命,家族传袭,几乎是中国人的宗教安慰。——孝是时间性的人道之直通,弟是空间性的人道之横通。孝弟之心便是人道之核心,可以从此推扩直通百世,横通万物。中国人这种内心精神,早已由夏、商时代萌芽胚胎了。②

① 何兹全:《中国古代社会》,北京师范大学出版社,2007 年版,第 96 页。
② 钱穆:《中国文化史纲》,商务印书馆,1995 年版,第 50—51 页。

梁漱溟先生称中国传统社会组织为“伦理本位”的社会，社会组织实质以家庭生活为样本，社会关系即是人伦关系：“既在相关系中而生活，彼此就发生情谊。亲切相关之情发乎天伦骨肉，乃至一切相关之人，莫不自然而有其情。因情而有义。父义当慈，子义当孝，兄之义当友，弟之义恭，夫妇，朋友乃至一切相关之人，随其亲疏、厚薄，莫不自然互有应尽之义。”①慈孝友恭等德性正是在家庭人伦关系中产生，整个社会关系都是家庭关系的某种延伸。“由是而家庭与宗族在中国人身上占极重要位置，乃至亲戚、乡党亦为所重。习俗又以家庭骨肉之谊推于其他，如师徒、东伙、邻右，社会上一切朋友、同侪，或比于父子之关系，或比于兄弟之关系，情义益以重。”②中国传统社会秩序的维系不在于法律而在于礼俗，礼俗的根本在于情义。

传统德性生活正是围绕家庭人伦关系为中心来展开。梁先生说：

> 每一中国人，统为其四面八方由近及远的伦理关系所包围；其日常实际生活，触处都有对人的问题。这问题比什么都迫切；如果人的关系弄不好，则马上好不了。——父子、婆媳、兄弟、夫妇等关系一弄不好，便没法过日子。乃至如何处祖孙、伯叔、长幼，如何处君臣、师弟、东家伙伴、一切朋友，种种都是问题。③

家庭是一种典型的集体化的生活共同体，在这样的生活共同体中只有集体、整体而没有个体，个人是依附在人伦关系之中，淹没在人伦关系之中。村落可以看作家庭组织关系的延伸，家、乡共同体有两大特征：一方面是天然的血缘情谊，一方面是共通的利益。而且伦理关系与利益关系形成一种对应：“我们可以看出中国社会，其经济结构隐然有似一种共产。但此共产，其相与为共的视其伦理关系之亲疏、厚薄为准：愈亲厚愈

① 梁漱溟：《乡村建设理论》，上海世纪出版集团，2002 年版，第 25 页。

② 同上，第 26 页。

③ 同上，第 35 页。

要共，以次递减。——此其分际关系自有伸缩，全在情理二字上取决，但不决定于法律。”①在这样的共同体中，相对清晰的个人利益并不存在。

对于中国传统德性的乡村生活背景，费孝通先生讲得同样透彻、生动。费先生认为，中国传统社会就是以君臣、父子、夫妇、兄弟、贵贱、亲疏、长幼、上下等“差序格局”来形成整个人际网络。“在这个差序格局里，社会关系是逐渐从一个一个人推出去的，是私人联系的增加，社会范围是一根据私人联系所构成的网络，因之我们传统社会里所有的社会道德也只在私人联系中发生意义。”②在“差序格局”中，每个人面对的都是具体的人际关系，不同的关系类型对应着不同德性准则：

> 从己向外推以构成的社会范围是一根根私人联系，每根绳子被一种道德要素维持着。社会范围是从“己”推出去的，而推的过程里有着各种路线，最基本的是亲属：亲子和同胞，相配的道德要素是孝和悌。“孝悌也者其为仁之本欤。”向另一路线推是朋友，相配的是忠信。“为人谋而不忠乎？与朋友交而不信乎？”③

在这样的社会组织中，很难找到一个统一的道德观念，费认为，传统的“仁”只是“逻辑上的总合”，而没有具体实际的意义。费先生对传统德性生活的描写给人印象深刻：

> 乡土社会的地方性的限制下成了生于斯、长于斯的社会。常态的生活是终老是乡。——每个孩子都是在人家眼中看着长大的，在孩子眼里周围的人也是从小就看惯的。这是一个“熟悉”的社会，没有陌生人的社会。④
>
> 熟悉是从时间里、多方面、经常的接触中所发生的亲密的感觉。

① 梁漱溟：《乡村建设理论》，上海世纪出版集团，2002年版，第27页。
② 费孝通：《乡土中国》，北京大学出版社，1998年，第30页。
③ 同上。
④ 同上，第9页。

> 这感觉是无数次的小摩擦里陶炼出来的结果。这过程是《论语》第一句里的"习"。"学"是和陌生事物的最初接触,"习"是陶炼,"不亦悦乎"是描写熟悉之后的亲密感觉。在一个熟悉的社会中,我们会得到从心所欲而不逾规矩的自由。这和法律所保障的自由不同。规矩不是法律,规矩是"习"出来的礼俗。从俗即是从心。换一句话说,社会和个人在这里通了家。——在乡土社会中法律是无从发生的。"这不是见外了么?"乡土社会里从熟悉得到信任。——乡土社会的信用并不是对契约的重视,而是发生于对一种行为的规矩熟悉到不假思索的可靠性。①

个体的基本德性就是在这样一种自然、亲密的环境中不知不觉地养成了,德性是在生活中熏染而成,不是先有一个德性的结构,然后在诸种机缘下被生发出来。

实际上,生活世界中已经蕴含了某种生命、生活方式,是生活世界养成德性,而不是德性支配生活。况且,在传统生活世界里,整体生活世界更是支配性的,个体并没有突显出来,个体还没有成为独立的主体。直到个体有了自觉,并且能反思、批判,直至重新选择甚至重新建构自己的生活世界。如此,生活世界才不是单向的绝对的力量。传统儒学只是肯定了一种意义秩序,并且给予这个意义秩序以某种程度的阐明,可是,这个意义秩序与传统的宗法式的生活共同体是绑定的,这就使得传统儒学的意义世界缺乏批判性,也因此导致它对现代化进程回应乏力。

三、"个体化时代"的德性生活

无论是佛教文化的传入,还是元、清两代的异族统治,都没有撼动中

① 费孝通:《乡土中国》,北京大学出版社,1998年,第10页。

国传统社会的基本结构，也就不可能动摇以家庭秩序为核心的基本伦常。直到遇到西方文化，中国文化才开启了“三千年未有之变局”（李鸿章语），这个变局的重要表现之一就是“乡村”和“家庭”的衰落，代之而起的是一个全新的社会结构和社会组织形式——“个体化社会”。只是这个变化竟是如此曲折漫长，直到二十世纪持续地改革开放以来，中国作为一个乡村大国才出现了实质性的巨变。

1957 年，新中国第一个五年计划完成后，工业在工农业总产值里的比重由 1949 年的 30% 上升到 56.7%，初步建成了独立的工业体系。再看城市化水平，新中国成立前，我国的城市化水平只有百分之十几，到改革开放前，达到百分之二十几，最近三十年间我国城市化水平不断上升，几乎每年增长一个百分点，特别是最近这十几年，增长得更快。① 2011 年，我国的城市人口首超农村人口，而且城市化的进程还在提速。随着乡村、家庭的萎缩，随着市场化进程和城市化发展，中国社会的开放度和流动性日益增强，加之全球化、网络化的影响，中国开始进入“个体化时代”。

从以家庭、乡村为本的亲缘共同体到以个体为本的契约共同体的转变，是当代中国社会正在经历的巨变，这个巨变不仅是中国社会的变化，也是每个个体生活世界的变化。管东贵曾指出，“历史的发展大势是政治渐渐脱离跟血缘的关系，但由于社会上一直没有发展出另一种东西替代血缘作为政治上最可靠的依恃力——血缘成了政治上既不可缺又不可取的东西。这种取舍两难的情形我称它为‘血缘情结’”。② 这个纽结，直到近期迅猛的市场化、城市化进程才被打破。由此，个体的生活世界被重新塑造。曾经的共同体的支配力和凝聚力逐渐减弱。德国学者埃利亚斯说：

---

① 瞿振武：《广州日报》，2012 年 1 月 20 日。

② 管东贵：《从宗法封建制到皇帝郡县制的演变》，中华书局，2010 年，第 111 页。

> 在那些更加庞大、高度集中和不断城市化的国家社会里，单个人在越来越高的程度上要靠自己谋生立业。他们的流动性增加了。从前他们那种必需的和终其一生的对家庭、血亲、地域社团和其他这类集体组织生活相称的协调性，与他们对后者的那种不言而喻的认同需要，都在减弱。①

集体性减弱的结果是，人越来越以“个体的”方式存在，个体开始摆脱他所依附的氏族、家庭、地域共同体等，而作为一个纯粹的个体的人来处理在经济、法律、政治上的权利和义务。与个体直接或间接相关的是各种社会共同体，有一个重要的共同体就是属于全民的公共社会或国家，或者说公共法律、政策、制度体系，由此个体获得一个实质性的身份——公民。个体可以通过契约形式进入或离开任何一个社会组织、单位，或者就以个体的方式工作、生活。在家庭淡化之后，中国社会的个体化进程将快速发展。

要略言之，在传统社会的上下差序格局之中，个体并没有独立出来，简化地说是有“自然个体”而无“社会个体”。中国开始了近代化进程之后，“社会个体”的进程也才开启。经过漫长的历史变迁，直至最近几十年，中国才开始进入实质意义上的“个体化时代”。这个“个体化”进程的重要标志是个体的政治、经济权利在法律上得到保障，个体可以作为原子式的个人以契约的方式进入或退出各类社会组织或各类共同体，个体不再绝对从属于或依附于任何社会组织，即使是家庭。于是就有了公共社会，它是自由个体契约化存在的场所，谓之陌生人社会。这个“陌生”不是指彼此间的冷漠，而是指彼此之间不存在任何“先在的”利益纠结，大家可以清楚明白地相处，好比君子之交淡如水。维持这个公共社会的基本秩序主要依靠法治，而不是道德。道德不再是维持社会基本秩序的主体力量，而有可能真正成为一种自律的自我修行的力量。

---

① 埃利亚斯：《个体的社会》，翟三江，陆兴华译，译林出版社，2003 年，第 139 页。

进入个体化时代，传统儒学的意义世界将面临真正的挑战。如前所述，传统的德性生活主要围绕宗法人伦展开，个体化所冲击的不仅是具体的忠孝伦理原则之类，而且针对德性形上学的生活基础，具体地说，是德化生活世界的基础——亲缘共同体完全被边缘化了。当家庭、乡村、礼俗、农本、宗法秩序的主体地位消失之后，也就意味着传统儒学德化生活、德化社会的基础基本丧失了，而只留下了德化心性的空壳。德性、仁义只是一个方向，它本身是空的，它要在现实生活中展开，它所面对的将是一种全新的生活现实：被释放的个体、职业生活、公共社会、契约化共同体、城市、市场、流动而陌生的个体等，人与人之间的关系联结基本上呈现契约的、利益的、法律的形态。我们认为，面对新的社会进程，传统的德性生活将发生分化，一方面具体化为与现代社会相适应的契约伦理、正义伦理、职业伦理等；另一方面，个体德性将摆脱对于某种社会秩序的依附，而可能真正以自我的完善为目标。

（2014年第四届“马中西哲学论坛”会议论文）

后　记

我是幸运的，刚从出版岗位回到教学岗位，就有一个整理出版自己论文集子的机会。借着这样一个机缘，我可以重温自己的过去，特别是能看到自己的种种不足，当然，也能感受到曾有的那些真诚。

于是，东拼西凑了这些文字，大部分是期刊论文，还有一些论著选节和会议论文。

感谢张智彦、王生平两位老师，我早些的论文全靠他们的帮助才得以发表。我竟没有请他们喝一杯茶，抽一支烟。

感谢白奚、陈新夏两位教授，由于他们的信任和支持，我才下定决心重返研究岗位。

感谢我们的系主任程广云，他的催问基本保证了我整理文集的进度。

人到五十，终有所悟。我今后要做的就是：静静地阅读，细细地思索，慢慢地写作。

丙申五月于北洼居

图书在版编目（CIP）数据

现代之后的儒学：冯友兰新理学及现代新儒学研究 / 陈鹏著. --北京：华夏出版社，2017.5

ISBN 978-7-5080-8870-9

Ⅰ. ①现… Ⅱ. ①陈… Ⅲ. ①冯友兰（1895-1990）—哲学思想—研究 Ⅳ. ①B261.5

中国版本图书馆 CIP 数据核字（2017）第 081400 号

现代之后的儒学：冯友兰新理学及现代新儒学研究

作　　者　陈　鹏
责任编辑　罗　庆

出版发行　华夏出版社
经　　销　新华书店
印　　刷　三河市少明印务有限公司
装　　订　三河市少明印务有限公司
版　　次　2017 年 5 月北京第 1 版
　　　　　　2017 年 7 月北京第 1 次印刷
开　　本　670×970　1/16 开
印　　张　19.25
字　　数　253 千字
定　　价　59.00 元

华夏出版社　地址：北京市东直门外香河园北里 4 号　邮编：100028
网址：www.hxph.com.cn　电话：（010）64663331（转）